한국학교사회복지사의 역할

찾아가는 이야기

한국학교사회복지사의 역할

찾아가는 이야기

윤철수 著

 한국학술정보[주]

본 서는 2006년도 나사렛대학교 교내연구비 지원에 의해 수행되었음

목 차

표차례

그림차례

제 I 장 서 론

제1절 연구의 필요성

학교는 교육활동이 이루어지는 공적(公的)기관으로서 두 가지의 특징을 가지고 있다. 하나는 조직(system)으로서의 일반적 특성과 두 번째는 교육기관으로서의 특성과 문화를 가지고 있다. 현대의 학교는 공적(公的), 관료적 운영구조 속에서 사회의 전통적 가치관에 영향을 받은 교사들과 이러한 영향력으로부터 비교적 자유로운 학생들이 함께 교육활동을 함으로써 사회·문화적 요소를 반영하는 속성을 갖는다. 학교사회복지사는 이러한 학교의 속성 안에서 핵심 구성원인 교사들과 관계를 맺고, 그들 문화와의 상호작용을 통해 학생복지 활동을 통해 자신의 역할을 수행한다. 그러므로 학교사회복지사의 역할은 학교조직의 특성, 교사문화, 학교사회복지사의 전문적 역할 등과 함께 사회·문화적 환경과의 상호작용 맥락에서 고찰되어야 한다.

학교사회복지사의 역할을 충분히 이해하기 위해서는 학교조직과 문화에 대한 이해가 선행되어야 하며 이러한 토대(土臺)위에 학교사회복지사의 상호작용 과정을 이해하는 맥락적인 고찰이 필요하다. 그리고 학교사회복지가 출현하게 된 배경과 시간의 흐름에 따라 고찰되어야 하는데 왜냐하면 학교사회복지사가 속해있는 학교는 사회·문화적인 영향을 받고 있으며 학교사회복지는 이러한 상황 속에서 나타나는 학교의 요구를 수용해야하기 때문이다. 이러한 추론은 시대적 사회상에 영향을 받는 학교의 속성과 학교사회복지의 역할 변화 과정(process)을 통해 확인될 수 있다.

　먼저 학교가 시대적 사회상을 반영하는 사실은 어원을 통한 추론에서 확인할 수 있다. 유럽의 경우 영어의 school, 독일어의 schule, 프랑스어의 cole의 어원인 그리스어의 schole는 여가(餘暇)를 뜻하는 말로, 고대의 학교는 유한계급의 교양 습득 장소로 출발하였음을 추측하게한다(김승호,1999). 이후 근대 산업혁명으로 인한 실업학교의 발달, 19세기 민주주의가 성장하면서 국가 주도 아래 공공적 성격을 가진 국민보통교육제도의 보급, 20세기에는 공교육 중심으로 학교는 발전되었다(파스칼대백과사전, 2002). 이와 같이 학교는 그 시대 사회·문화의 영향을 받아 학교는 그 대상을 유한계급에서 국민 대중에게로, 특권을 누리는 사적(私的) 성격에서 공공적 성격으로, 관념적 교양중심에서 실용적 지식중심으로 변화하고 있으며 학교 기능도 학문의 추구에서 국가적 이데올로기의 확대 및 재생산으로 변화하고 있다(김석원 역, 1996).

　이렇게 시대·사회적 변화가 학교에 미치는 영향으로 인해 학교사회복지는 등장하게 되었다. 미국의 경우 학교사회복지는 1906, 7년 사회·경제적 불황으로 말미암아 학교에 나오지 못하는 학생들의 가정을 방문하는 방문교사(visiting teacher)로 나타났다. 이들은 주로 학교와 가정의 연결을 통하여 교육기회의 불평등한 배분을 해결하고, 방과 후 다양한 프로그램과 교사들과의 협력을 통해 학생들의 학교생활에 방해되는 문제를 해결하였으며, 임상활동을 중심으로 하는 정신건강사업과 직업교육을 중심으로 역할을 개척하였다(Smith, 1908; South End House Association, 1908; Arnold, 1909). 이후 학교사회복지사의 역할은 1920년대의 정신건강운동과 1930년대의 치료적 역할을 강조하는 시대적 상황에 영향을 받았고, 1940년부터 1960년까지는 개별사회사업 발달의 영향을 받아 임상적인 접근을 강조하였다. 1970년대와 80년대에 들어서면서 교육적 권리나 의무 등을 강조하여 90년대부터 2000년대까지는 학교개혁과 학교와 지역사회의 연계망 확립 및 공조의 능력이 학교사회복지사의 중요한 역할로 부각되는 등 시간의 흐름에 따라 역할의 범위가 점차 확대 변화되고 있었다 (Allen-Meares, 1996; Allen-Meares, 2000; Franklin, 2000).

학교사회복지사의 역할은 가정 방문으로 시작하여 사회·문화적인 상황에 영향을 받으며 변화하고 있으며(Costin, 1969; Allen-Meares, 1977; Hare & Rome, 1999), 학교사회복지사의 역할을 이해하기 위해서는 시대적이고 학교와 학교사회복지사의 상호 관계적 맥락에서 조명되어야 함을 발견할 수 있다.

우리나라는 1993년부터 민간복지관과 개인으로부터 시작되었지만 1997년이 되어서야 서울시 교육청과 교육부에서 학생들의 생활지도 향상을 목적으로 시범사업을 시작하였다(성민선 외 2004). 그 이후 학교사회복지사들은 우리나라 학교 조직과 문화 속에서 자신들의 위치와 역할을 활착(活着)하고자 다양한 노력을 실시한 결과 주로 임상적인 효과를 중심으로 전문성을 나타내고 있었다(서울대학교 사회복지연구소, 1997; 서울시 교육청, 2000, 2001, 2003). 이러한 현상은 시범사업이라는 단기간에 학교사회복지의 효과성을 입증해 내기 위해서는 임상적 역할에 집중할 수밖에 없었으며, 이들의 임상적 역할은 초기에 학교사회복지의 유용성을 알리는 데 기여하였다.

그러나 이러한 임상적 역할 이외에도 학교사회복지사들은 다양한 활동과 역할을 수행하고 있었지만(영등포여자상업고등학교, 1998; 한가람고등학교, 1998) 학교사회복지사의 역할에 대한 연구에서는 이들의 노력과 활동이 충분하게 나타나지 못하고 있었다(유영준, 1998; 윤혜은, 2000; 최정호, 2000; 이민진, 2002). 이러한 연구들은 우리나라 학교의 특성과 학교사회복지사와의 상호작용을 충분히 고려하지 않은 상태로 외국의 오랜 기간동안 형성된 결과적 역할로 우리나라 학교사회복지사의 역할을 측정하였기 때문에 나타나는 현상이라고 보인다. 더 나아가

12

시대적 상황과 학교와의 상호작용에 대한 충분한 고려가 이루어지지
않는다면 우리나라의 학교사회복지사들은 임상적 역할을 주로 하는 상
담교사, 학생에 대한 인간적 이해가 높은 훌륭한 교사와의 차별성을 상
실하고 자신의 역할과 정체성에 대한 혼란을 경험하게 될 것이다.

따라서 오늘날 우리나라에서 조명되어야 할 학교사회복지사의 역할 연
구는 학교사회복지사가 학교 안에서 어떠한 상호작용 맥락에서 역할수행
을 이루고 있는가를 총체적으로 고찰하는 것이며(홍순혜, 2000; 2004),
학교사회복지사와 학교와의 상호작용의 맥락에서 역할수행 과정을 조명
하는 연구는 학교사회복지에 대한 충분한 이해를 제공하며 더 나아가 시
대의 변화에 따라 전문적 대처를 해야 하는 학교사회복지사들에게 정체
성과 식견을 제공할 수 있다(McCullagh, 1993; Allen-Meares, 1996).

위와 같은 문제를 제기하면서 본 연구자는 역할 상호작용론(Mead,
1934; Turner, 1974)에 근거하여 '학교사회복지사의 역할은 어떠한 상
황과 맥락에서 형성되는 무엇이다'라는 과정적 의미로 규정하였고, 학교
사회복지를 주제로 이루어지는 다양한 교육과 워크샵, 슈퍼비전 모임
등에서 학교사회복지사의 역할수행 과정의 중요성을 발견하였다. 이러
한 발견을 토대로 '학교사회복지사의 역할은 학교사회복지사와 학교 조
직 특성과의 상호작용 안에서 이루어지며, 이들의 개별적인 경험은 학
교사회복지의 정체성 확립과 깊은 관련을 갖게 될 것이다.' 라는 생각을
하게 되었고 이를 확인하고자 3년 이상의 경험을 가진 학교사회복지사
세 명을 대상으로 사전 심층 면접 조사를[1] 실시하였다. 사전 면접을
통하여 '학교사회복지사들은 학교 조직과의 상호작용을 통하여 일련의

---

1) 사전 인터뷰를 실시한 대상은 다음과 같다(기간: 2003년 4월 4일~5월 23일).
   - 1996년부터 근무한 경력 7년 이상 기혼 여성 학교사회복지사
   - 1998년부터 근무한 경력 5년 이상 미혼 여성 학교사회복지사
   - 2000년부터 근무한 경력 3년 이상 기혼 남성 학교사회복지사
   이상 3명을 대상으로 연구를 위한 사전 심층 면접을 실시함.

역할수행 과정을 경험하고 있었으며, 그들의 경험은 개별적인 의미를 넘어서 우리나라 학교사회복지사의 역할을 형성하고 있음'을 발견할 수 있었다. 그러므로 학교사회복지사의 역할수행 연구는 한국 학교사회복지의 특성을 반영한 학교사회복지사의 역할 정립과 정체성 형성에 기여할 수 있다는 확신을 갖게 되었다.

이러한 관점에서 출발한 본 연구는 학교에서 1년 이상 근무하고 있는 학교사회복지사를 대상으로 학교와의 상호작용을 통해 나타나는 역할수행 과정과 그 의미를 규명하는 탐색적인 연구이다. 따라서 다음 세 가지 상황적 사실을 중심으로 학교사회복지사의 역할수행 과정과 의미에 대한 연구 필요성을 제기하고자 한다.

첫째, 학교사회복지사의 역할수행 과정 안에는 학교사회복지사와 학교 특성과의 상호작용이 내포되어 있다.

학교사회복지는 사회복지 방법을 통해 학교 교육의 목표를 달성하는 실천적인 학문이므로 학교에 대한 이해가 전제되어야 하며 학교사회복지사의 역할은 학교 조직과 학교사회복지사의 상호작용을 함께 고려해야 한다. 이러한 맥락에서 학교의 특성을 살펴보면 학교는 관료제적인 특성을 지니고 있으며(Miles, 1959; Katz, 1964; 김종철, 1984; 노화숙, 1985; 박용헌, 1985; 윤정일, 1995), 집단적 문화, 애정, 공감 특히 인간관계가 중요하며 가족, '우리'라는 의식이 매우 중요하게 생각하는, 가부장적인 위계를 갖는 특성을 가지고 있다(배성근, 1991; 유윤석, 1995; 이용숙, 1997). 또한 교사들은 개인주의, 문서주의, 보신주의, 현재주의 등의 특성을 갖고 있으며, 학생들에 대한 역할은 가부장적인 유교문화에서 비롯된 '무한책임성'에 영향받는 등 독특한 교사문화에 의해 영향을 받고 있다(대한교원총연합회, 1982; 황기우, 1992; 강승호, 1997; 이병승 외, 2003; 윤정일 외, 2003). 학교사회복지사들은 이러한 교사문화에 틈략(闖略)하여 적응하는 등 학교 특성들과 상호작용을 통하여 그들의 역할을 수행하고 있다. 그러나 학교사회복지사의 역할수행은 학교 조직의 특수성과 밀접한 관련이 있으나 그 동안 학교사회복지연구에서 는 이에 대한 반영이 미흡하였기 때문에 우리나라 학교 조직 특수성 안에서 학교사회복지사의 역할수행 과정과 그 의미 고찰이 필요하다.

둘째, 학교사회복지사의 역할수행 과정은 학교사회복지사가 행하는 실재 행위를 중심으로 역할에 대한 폭넓은 시각을 제공해 준다.

기존의 학교사회복지사 역할연구는 학교사회복지사가 행하는 실재적 역할을 충분히 반영하지 못하는 몇 가지 한계를 갖고 있다. 첫 번째 한계 는, 지금까지의 연구는 학교사회복지사의 역할에 관한 연구가 절대적으로 부족하다는 점이다. 학교사회복지의 연구경향을 분석해보면 2000년대 이 후 연구 주제로는 대부분 프로그램의 효과성이었고, 학교사회복지사의 역 할에 대한 연구는 7.4%로 가장 낮게 나타나고 있다(임종호 외, 2003). 이 는 우리나라가 학교사회복지의 불안정적인 태동의 시기를 맞이하여 실천 현장이 극소수이기 때문일 수 있겠지만 다른 연구 주제들과 비교하여 절 대적으로 적은 비중을 차지하고 있다. 기존 학교사회복지사 역할 연구의 두 번째 한계는 Costin(1969)이 연구하고 그 후에 Allen-Meares(1991)가 정리한 미국 학교사회복지사의 역할을 기준으로 삼고 있다는 점이다(최유 미, 1998; 유영준, 1998; 최정호, 2000; 윤혜은, 2000; 이민진, 2002). 미국 학교사회복지사의 역할은 약 90여 년 동안의 사회·문화적 상황 안에서 형성되었으므로 우리나라 학교사회복지사의 역할 기준으로 선정하기에는 다소 무리라고 보여진다. 왜냐하면 학교사회복지가 태동된 시대적 상황은 미국과 다르며 역할이 형성되어 온 기간도 서로 다르기 때문이다. 세 번째 한계는 위의 연구들은 학교 현장에 있는 학교사회복지사를 대상으로 진행 한 연구가 아니라는 점이다. 주로 교사나 학생들이 인식하는 학교사회복지 사의 역할, 지역사회복지관 사회복지사 역할수행실태나 역할 인식 연구가 주류였으며, 학교사회복지사의 범위를 지역사회복지관, 청소년 단체, 상담

실 등 청소년 복지 유관기관프로그램 담당자에게로 확대 적용하여 학교사
회복지사의 역할을 연구하기도 하였다(오정미, 2001). 이렇게 주변인들의
제한된 시각을 통해 연구된 학교사회복지사의 역할은 주변인의 주관적이
고 제한된 시각을 통해 나타나는 국지적인 내용이므로 학교사회복지사의
역할이라고 설명하기에는 무리가 있을 수 있다.

　이밖에 학교사회복지사를 직접적 대상으로 하는 연구도 있었지만(김
달님, 2002; 김성실, 2003), 참여 관찰기간의 한계, 대상 사례의 한계,
서울시교육청 시범학교라는 특수한 상황의 한계 등으로 학교사회복지
사의 역할을 전체적으로 고찰하는 데에는 무리가 있다고 판단된다. 또
한 기존의 역할에 대한 비판을 하면서 제도화의 단계와 학교의 학생문
제 수준에 따라 역할이 달라진다고 주장하기도 하였지만(오영재, 1999)
이것도 학교문화의 요소와의 상호작용을 충분히 반영하지 못한 채 연
구자의 개념을 중심으로 제한적으로 다루고 있었다.

　따라서 본 연구에서는 학교사회복지사의 역할수행 과정을 고찰함에
있어서 학교에 상주하여 1년 이상의 근무경력을 갖고 있는 학교사회복
지사를 직접 대상으로 연구한다는 점, 외국 학교사회복지사의 역할이
기준이 아니라 우리나라 학교 조직과 문화 속에서 상호작용하는 학교
사회복지사의 역할을 고찰하는 등 기존 연구의 한계를 극복하고자 한
다. 이와 같은 요소들을 포함하여 기존 연구의 한계를 극복한다면 학교
사회복지에 대한 폭넓은 이해를 제공할 수 있다고 본다.

　셋째, 제도화를 목전에 둔 한국의 현실에서 학교사회복지사의 역할수
행 연구는 학교사회복지사의 역할, 정체성 등과 관련된 자료와 정보를
제공할 수 있다.

　우리나라 학교사회복지 실시는 1993년에 2개 학교에 불과하였지만
2004년 5월 현재 전국 78여 개 학교에서 실시되고 있으며 그 운영의
형태도 학교 자체 운영, 민간 단체 지원, 교육청 및 교육인적자원부 등

으로 점차 확대되고 있는 추세이다(한국학교사회복지실천가협회, 2004).

이러한 확대에도 불구하고 학교사회복지계는 학교사회복지사의 역할과 정체성을 정립하지 못하고 있고, 교육계에서는 학교사회복지사의 역할을 직무·규정화 하지 않는 상황 속에서 시범사업이 진행되고 있다. 이러한 시기에 학교사회복지사의 역할수행 과정을 연구하는 것은 학교사회복지사의 역할정립과 직무 개발에 유용한 함의를 제공할 수 있으며 우리나라에 적합한 학교사회복지 모형을 개발에도 중요한 기초자료가 될 것으로 판단된다.

제2절 연구 문제 및 의의

학교사회복지에 대한 정확한 이해를 위해서는 학교사회복지사들이 학교조직의 특수성 안에서 어떠한 상호작용과정을 통해 역할수행하는가를 종합적으로 이해하는 것이 중요하다. 그러므로 본 연구의 목적은 학교사회복지사들과 학교와의 상호작용으로 형성된 역할수행 과정을 연구하는 것이다. 이러한 연구 목적에 따라 연구를 진행한다면 학교사회복지의 확대 실시로 점차 역할에 대한 중요성이 고조되고 있는 시점에서 우리나라 학교사회복지의 총체적 이해를 도모할 수 있을 것이다.

이를 구체화하기 위한 연구문제는 다음과 같다.

[연구 문제 1] 학교사회복지사들의 역할수행 과정은 어떠하며 그 과정을 통해 얻어진 주관적 경험의 의미는 무엇인가?

[연구 문제 2] 학교사회복지사들의 역할수행 유형은 어떠한가?

본 연구는 다음과 같은 연구의 의의를 갖는다.

첫째, 본 연구는 학교사회복지사의 역할수행 과정에 영향을 줄 수 있는 조건과 상황을 발견함에 그 의미가 있다. 우리나라 학교 조직의 상황 속에서 형성되고 있는 학교사회복지사들의 역할과 그 역할수행에 영향을 미칠 수 있는 그들의 경험은 학교사회복지사들의 역할수행을 위해 논의되어야 할 중요한 요소이며 이를 발견하는 것은 한국 학교사회복지를 이해하는 데에 중요한 기초자료로서 의미를 갖는다.

둘째, 본 연구는 학교사회복지사의 정체성 확립에 기여할 수 있는 근거를 제공함에 의미가 있다. 지금까지는 학교사회복지에 대한 기본 지식과 단위 프로그램의 효과성, 외국 학교사회복지사의 역할을 기준으로 학교사회복지사의 역할에 대한 주변인의 인식 등에 대한 연구가 주류를 이루었다. 그러나 본 연구는 학교사회복지사와 학교와의 상호작용 과정을 통한 역할수행 경험과 그 의미를 연구하였으므로 학교사회복지사의 정체성을 논하는 근거가 될 수 있다.

셋째, 본 연구는 학교사회복지사가 학교교육 목표달성에 기여하는 존재임을 설명할 수 있을 것이다. 학교사회복지사들은 학생과 교사, 교사와 학부모 등의 내부 소통을 원활하게 하는 기능을 수행하며 학교와 지역사회와의 연계를 통하여 학교를 개방체계로 변화시키는 역할을 수행하게 된다. 따라서 본 연구는 학교를 개방 체계로 변화시키고 교육목표달성에 기여하는 존재로서 학교사회복지사의 역할수행을 확인할 수 있다.

제Ⅱ장 문헌고찰

　본 장에서는 학교사회복지사들의 역할수행 과정을 분석하는 기본적인 틀을 형성하고자 다음과 같은 내용의 문헌을 고찰하였다.

　첫째, 학교 조직과 문화에 관한 문헌들을 살펴보았다. 학교사회복지사는 학교 조직과 문화와의 상호작용을 통하여 역할을 수행하기 때문에 학교 조직과 문화의 특성을 고찰할 필요가 있다. 학교의 특성 중에서 일반적 조직으로서 학교의 특성과 한국 학교 조직의 특성 그리고 학교 조직을 구성하는 교사들의 문화를 통하여 학교에 대한 조직과 문화를 이해하고자 한다.

　둘째, 역할수행 과정에 대한 관련 문헌을 살펴보았다. 역할에 대한 이론적 정의, 역할이 형성되는 과정과 내용을 고찰하였으며, 또한 학교사회복지사와 비슷하게 2차 셋팅(secondary setting)에서 역할을 수행하는 사회복지사들의 역할수행에 관한 내용을 살펴보아 학교사회복지사의 역할수행 과정의 이해를 도모하였다.

　셋째, 학교사회복지사의 역할을 고찰하였다. 학교사회복지는 학교 안에서 사회복지사의 역할을 통하여 학교사회복지를 구현하므로 고유한 역할이 무엇인지를 살펴본다. 외국 학교사회복지사의 태동과 역할에 대하여 살펴보고 우리나라에서 연구되어진 학교사회복지사의 역사와 역할도 함께 살펴보아 학교사회복지사의 역할수행 과정을 살펴보았다.

　이와 같이 세 가지 측면으로 문헌을 고찰하여 본 학교 조직과 문화 안에서 형성되는 학교사회복지사의 역할수행 과정이 어떠한가를 알아보고, 이 과정에서 나타나는 의미를 발견하고자 한다.

제1절 학교에 대한 이해

1. 학교 조직의 특성

조직에 대한 개념으로 Hicks는 사람들이 일할 때 나타나는 관계, 권력, 목표, 역할, 활동, 의사소통, 기타요소들의 구조로 정의하였고(왕기항, 1987: p.17에서 재인용), Etzioni(1964)는 특정 목적을 추구하기 위해 구성되고 재구성되는 사회적 단위라고 정의하였고, 김종철(1984)은 어떠한 공동의 목표를 추구하고 있는 사람들의 집단이며 동시에 어떠한 목적을 수행하기 위한 업무의 체계라고 하였다. 조직에 대한 다양한 개념 정의들을 종합해 보면 조직을 구성하고 있는 중요한 개념요소가 존재하고 있음을 알 수 있다. 조직 개념을 설명하는 중요한 요소로는 조직이 갖고 있는 특정한 목적성, 조직을 구성하고 있는 구성원의 존재와 특성, 조직으로서의 실체성, 공식적 과정과 비공식적 과정이 나타나는 문화성, 그리고 다른 조직과 구별되는 경계, 환경과의 끊임없는 상호작용을 발견하게 된다. 따라서 학교도 하나의 공적(公的)조직으로서 이러한 개념구성 요소에 따른 특성을 소유하게 된다.

먼저 학교가 가지고 있는 특정한 목적을 이해하기 위해서는 그 시대상과 문화를 이해해야 한다. 왜냐하면 학교는 시대와 상황에 따라 그 특수한 목적이 영향을 받기 때문이다. 어원을 통한 추론에서 살펴보면 유럽의 경우 영어의 school, 독일어의 schule, 프랑스어의 cole의 어원인 그리스어의 schole는 여가(餘暇)를 뜻하는 말로, 고대의 학교는 유한계급의 교양 습득 장소로 출발하였음을 추측하게 한다(김승호,1999). 근대의 학교는 산업혁명으로 직업교육기관인 실업학교가 발달하였으며, 근대국가 성립에 따른 초등교육 중심의 국민교육제도가 정비되었다. 그리고 민주주의가 성장하면서 19세기의 학교는 국가 주도 아래 세속적 · 공공적 성격을 가진 국민보통교육제도가 보급되었으며 20세기에는 의무교육연한 연장 등의 공교육 중심의 학교로 발전되어갔다(파스칼 대백과사전, 2002).

이와 같이 학교는 어떠한 시대에 들어서면서 갑자기 나타난 것이 아닌 세계 도처에 존재하였던 제도이며(Tyler, 1988) 사회 · 문화의 영향을 받으며 독특한 목적을 달성하기 위하여 다른 사회 조직체와 직 · 간접적 관계를 유지하고 있는 사회조직체이다(Waller, 1961). 위의 조직체계의 구성요소에서도 언급되었듯이 학교는 19세기 중반까지만 하여도 한 교실에서 다양한 수업목표를 수행할 수 있는 이른바 개방체계(open system)가 일반적이었지만 19세기 후반에서부터 교수와 학습의 기능적인 분화로 '권력의 다원주의'가 나타나게 되면서 점차 폐쇄체계로 변해가고 있다(Musgrove, 1971). 즉 사회의 발전 속도가 학교의 적응 속도를 앞질러감으로써 학교는 사회와 상호작용의 요소를 확보하지 못하게 되자 학교 내부의 독특한 문화를 중심으로 폐쇄체계를 형성해 나가고 있었고, 이에 따라 학교의 폐쇄적 특성은 강하게 나타난다고 보인다.

학교의 특성에 대해 언급한 학자 중 Waller(1983)는 학교는 일정한 구성원이 존재함과 학교는 명확한 정치구조를 갖고 있으며 정치구조는 수많은 상호작용 과정에 의해 영향을 받고 있고, 학교는 사회적 관계의 긴밀한 연계망이 있으며 '우리' 의식이 충만하며 학교 자체의 고유한 문화가 존재한다고 보았다. 그러므로 학교에 대한 이해를 높이기 위해서는 학교 구성원들의 존재와 특성을 파악해야 하며, 학교의 정치구조가 어떠한지, 학교는 어떠한 사회적 관계망이 존재하는지를 알아야 학교체계의 성격을 파악할 수 있다. 그리고 학교 자체의 고유한 문화는 인간 자체를 다루는 기관(human service agency)으로 다른 집단과는 다른 독특한 감성적 문화 부호(codes)가 존재함을 이해해야 함을 말해주고 있다. 비교적 학교의 특성을 잘 정리하였던 Waller(1963)는 '학교는 상호작용하고 있는 폐쇄체계임을 강조하면서 학교의 우리의식과 학교의 특수성을 고려해야 함'과 '학교 정치구조의 전제주의적 성격을 갖고 있다'는 두 가지 의견을 강조하였다. 그러나 이러한 시각에 대하여 '학교 문화의 독특성과 학교를 폐쇄체계로 인식하는 것과는 구분되어야 하며 모든 학교가 전제적인 정치구조를 갖는 것이 아니다.' 라는 이견이 많아 많은 논란을 가져오고 있다(Tyler, 1988).

이 외에도 Owen(1987)은 학교조직의 특성으로 변화촉진자가 없으며 변화에 대한 보상체제가 없고, 변화의 속도가 느리다고 보았고 Miles는 목표 구체화의 어려움, 투입변인의 다양함, 교직원들의 역할수행 결과 확인의 어려움, 조직원들의 상호의존성이 낮음, 주변환경으로 간섭받거나 주시의 대상이 되고 있고, 비전문가들에 의해 비판을 받기 때문에 자율성 침해가 되기 쉽고, 구성원들의 전문적 기술향상을 위한 투자가 낮음을 특성으로 들었다(현동화, 1986). Cambell, Corbally, Nystrand는 학교는 사회적 기관이고 규모가 다양하며, 학교는 계층적 조직이고, 학교조직의 목표는 모호하며 학교의 기술이 확실하지 않고, 업무구조는 학교마다 다르며, 학교 내에는 교장을 중심으로 하는 권위구조와 합법적인 의사결정기구인 위원회구조가 함께 공존하고 있음이 특징이라고 말하였다(주삼환 역, 1986) Blau & Scott(1962)은 학교의 특징에 대하여 복잡한 제도적 조직을 갖고 있는 사회체계이며 학교교육의 목적을 달성하기 위하여 소수의 경영자와 사무직원, 학생들의 상호작용 조직체라고 설명하였다. Bidwell(1974)은 학교의 봉사성과 공공성, 복지의 대행기관으로서의 성격, 그리고 학생과 교사의 이원적 역할 구분을 특징으로 제시하였다. 백현기(1981)는 학교는 전문적 방법과 기술을 필요로하는 조직이고 인간관계가 중요시되는 만큼 인간이해를 위한 전문적 지식이 필요하다고 하였고 남정걸(1984)은 학교는 지역사회와 밀접한 관련이 있음과 학교의 계층구조는 다차원 구조, 관리 권한과 전문적 권한과의 갈등이 나타날 수 있는 구조, 학교의 의사결정과정에서 권위주의와 합리주의의 가치갈등이 나타날 수 있음을 그 특성으로 말하였다. 다른 학자늘도 학교 조직의 특성에 대하여 비슷하게 언급하고 있는데 대부분 '교육'이라는 목표를 구체적으로 명시하기 어려운 점, 이원적 조직구조, 전문가 조직, 관리 표준화의 어려움, 결과 측정의 어려움과 사육조직, 이완조직 등을 말하고 있다(Miles, 1959; Katz, 1964; 김종철, 1984; 노화숙, 1985;윤정일, 1995; 박용헌, 1985).

여러 학자들의 견해를 정리해 보면 학교 조직의 특성은 공적(公的)조직이지만 환경에 영향을 받는 특성, 기술하기 어려운 목표이지만 분명한 교육 목표를 갖고 있는 특성, 집단적인 일체감이나 연대감을 바탕으로 하지만 동시에 개인적인 특성이 존중된다는 점, 관리 권한과 전문가 권한이 동시에 인정되는 조직이라는 점, 획일성과 통일성을 선택하면서 전문적 교육활동을 강요한다는 점 등등 대비되는 가치와 특성이 공존하는 것을 발견할 수 있다. 따라서 학교 조직은 일반적 관리 시스템과 추구하는 교육활동이 공존되어 나타나는 현상을 조직의 특성이라 말할 수 있겠다. 주로 관리와 운영의 면에서 발견하게 되는데 학교 조직의 특성 중에서 가장 큰 영향력을 미치는 것은 관료제의 특성이며, 다른 특성들과 결합하여 학교 조직의 특성의 주류를 이루고 있다(Max, 1968; Wayne & Cecil, 1978; Silver, 1983; Thomas & Robert, 1983;남정걸, 1984; 윤형원, 1985). 학교는 교사들의 역할수행 관리의 어려움을 해결하기 위하여 기능적 분업과 공식적 직무로서 직원역할의 정의, 직위의 계층질서, 전문화 과업의 분배 등을 교무분장으로 표준화하여 나타내고 있다. 그러나 이것은 학교 조직의 구성원인 교사들에게 주어지는 관리업무이므로 교육활동과는 달리 근무활동이 인사에 주로 반영되는 구조를 갖기도 한다. 또한 전문가들로 구성된 교사들의 장학은 학교마다 과목마다 각각 다르기 때문에 관료제의 일반 규제들을 활용하며, 주변환경에 민감한 공적 조직이라는 점을 감안하여 교장-교감-주임교사-교사로 이어지는 복잡한 기능적 분업, 규칙과 규정에 입각한 행동을 통해 권위의 계층제를 형성하고 있다. 또한 교육활동의 다양성을 장려하지만 관리자에 의한 활동 영역을 통제는 문서로 이루어지는 실천 문서주의로 나타나게 되는데 이로 인한 학교의 획일화, 대형화, 복잡화, 행정업무의 증가로 오히려 지역사회나 학부모들의 학교교육에 대한 불만과 불신이 나타나는 것 등으로 확인할 수 있다(Bidewell, 1974; 남정걸, 1984; 주삼환, 1985).

관료적 학교조직의 특성에 대하여 살펴보면 박용헌(1985)은 오늘날의 학교사회는 예전에 비해 기능이 다양하고 조직구조도 복잡해졌기 때문에 학교사회를 포함한 모든 사회체계의 제도적 조직이 관료화되고 있다고 설명하였고, 남정걸(1984)은 계층구조, 기능적 분업, 규칙과 규정, 문서주의 등의 영역에서 학교의 관료적 특성을 정리하였다. 또한 Bidwell(1974)은 학교체제의 역할과 과업 조정의 면에서 학교 운영차원에서 나타나는 교직원의 역할규정 등에서 관료제의 특징을 말하였고, Sergiovanni 와 Starratt(1983)는 관료적 특성을 적용하였기 때문에 학교 조직의 운영에 최대한의 목적 달성에 도모한다고 말하면서 학교는 관료제에 적응하고 있다고 말하였다.

학교조직의 관료적 특성은 조직 운영과 관리 측면에서는 목적달성을 도모한다는 장점도 있지만 반대 현상이 나타나기도 한다. 즉 현대 사회의 변화에 따라 학교도 거대화, 획일화가 이루어지면서 구성원간의 인간관계가 밀접한 특징에서 벗어나 획일적이고 업무중심의 인간관계가 나타나는 등 관료제 조직의 특징이 나타나기도 한다.

따라서 이러한 문헌을 근거로 본 연구에서는 학교사회복지사의 역할과정을 분석할 때에 관료제 영향으로 인해 나타나는 학교조직의 특성을 중심으로 역할과정을 분석하고자 한다.

2. 학교 문화의 특성

학교조직의 또 다른 특성은 독특하게 존재하는 학교 문화이다. 학교 문화에 대하여 Owen(1995)은 학교 구성원들이 공유하고 있는 철학, 가치, 이념, 가정, 믿음, 기대, 태도, 규범 등이 학교라는 특정 조직에서 어떻게 나타나고 있는가를 나타낸다고 하였고, Hoy 와 Miskel(1996)은 학교에서 당연한 것으로 받아들여지고 그렇게 행동하기를 기대하는 가정, 규범, 기준, 태도, 철학, 이념 등의 결합체로 보았다. 조남두(1992)는 학교 조직문화를 잠정적으로 학교조직의 구성원들이 공유하여 구성원들의 행동과 조직체의 행동에 기본 전제로 작용하는 학교 고유의 가치, 신념, 의례, 일화, 커뮤니케이션, 상징, 영웅 등의 총체로 말하며 김창걸(1995)은 학교조직문화를 내재적 문화와 외재적 문화로 구성되며, 내재적 문화에는 기본가치, 가정, 규범, 학교에 대한 태도가 포함되며 외재적 문화 요인에는 의례와 의식, 일화, 역사, 의사소통, 영웅, 상징물 등이 포함된다고 보았다.

학교조직의 문화는 조직 구성원들의 생각과 공유, 표현하는 과정 속에서 이야기(story), 상(Icons), 의식(rituals)을 통해 나타나며 이는 구성원의 행동을 조정하고 통제하게 된다.(Firestone & Wilson, 1985; Sathe, 1985). 또한 행동관리 스타일, 관리기술, 구조, 제도, 전략 , 행동, 공유가치, 신념, 이념, 목표가 학교 조직 구성원들에게 작용되어 표출되는 복합적 상징물로 학교조직의 문화는 나타난다(Harrison, 1970; Pascale & Athos, 1981; Deal & Kennedy, 1982; Owens & Steinhoff, 1991; 김준기, 1991). 또한 학교조직의 문화는 그 시대와 문화의 영향을 받기 때문에 유교적인 전통 문화에 영향을 받은 우리나라 학교문화의 특성에 대하여 살펴보고자 한다. 배성근(1991)은 1차적 집단의 문화, 즉 애정, 공감, 가족적 신뢰와 믿음 등이 중요한 교육적 가치를 지니고 있고, 조직 목표 달성을 위해 교사와 학교를 일체감을 갖고 있다고 하였다. 특히 학교 조직에서는 인간관계가 중요하며, 학교조직생활을 '부자(父子)관계'와 같이 일생동안 고정된 인연으로 생각할 수 있게 교사의 신분을 보장하며, '우리'라는 인식이 강조된다고 하였다. 이는 전통적인 유교문화가 아직도 학교 사회에 영향을 주며, 이를 바탕으로 인간관계 중심의 조직문화가 나타남을 알 수 있다.

따라서 우리의 학교 문화는 전통적 유교주의에서 비롯된 '관계'와 밀접한 관련이 있으며 이를 가족관계에 비교하기 때문에 가족주의 문화라고 표현할 수 있겠다. 이러한 특성은 학교사회복지사와 교사와의 갈등이 있을 때에 학교는 '관계'의 개념에 소속된 교사들의 입장을 먼저 고려하는 이유로 설명된다. 본 연구에서는 이러한 학교의 특성을 고려하여 학교사회복지사들이 학교문화 속에 존재하는 '우리'라는 인식 속에 포함되고자 노력하는 역할도 매우 중요한 역할수행 과정으로 조명하고자 한다.

학교문화 중 하나는 최고 경영자로서 교장의 역량이 과잉 발휘되어 왔고 그에 따른 교사나 학생들의 권리는 축소되고, 조직구성원이 지닌 개인적 배경이나 성향이 배타적이거나 자의식이 강함으로 인하여 폐쇄적인 분위기가 창출되는 것이다(이금연, 1987; 강성호, 1999; 강명옥, 2000). 이는 학교를 운영함에 있어서 학교장의 역량과 인식이 중요함을 말하면서도 집단을 이루고 있는 구성원의 성향과 분위기도 중요하게 작용한다는 것을 의미하며 학교사회복지사는 이러한 폐쇄적인 분위기에 어떻게 적응하고 있으며, 그 적응의 의미를 규명하는 것도 한국 학교사회복지의 충분한 이해를 위해 반드시 필요한 부분이다.

유윤석(1995)의 연구에서 언급된 가족문화(family culture)유형에서 구성원들은 의무감을 초월하여 학생들에게 헌신하는 것은 물론 다른 사람에게도 관심을 갖는다. 다시 말하면 가족으로 인식되어지지 않으면 그 조직 내에서는 타인으로 인식을 받게 되며 이러한 인식은 주구성원인 교사에게 어떻게 인식되는가가 매우 중요한 문화결정요소로 작용할 수 있다는 것이다. 또한 이용숙(1997)은 한국 학교 문화의 특성에 대하여 분화 인류학적 연구를 통하여 우리나라 학교의 핵심적 문화는 획일성과 위계성이라고 말하며 특히 교직원들과의 관계는 가부장적 위계관계의 성격을 강하게 갖고 있다고 하였다. 여기에서 교장은 '가장(家長)'의 지위를 갖게 되고, 신임교사는 '새 며느리', 교감은 '시어머니', 경력교사는 '손윗동서' 등의 역할을 하도록 기대되고 이에 어긋나는 행동을 하는 교사들은 직접·간접적으로 제재를 받게 된다고 하였다. 이러한 특징이 잠재적 교육 과정에 반영되고 있다고 하면서 획일주의, 권위주의와 순종주의, 형식주의와 결과 우선주의, 여유 없음과 체벌에 순응, 비교우위주의와 경쟁적 동료관계의 수용 등으로 설명하고 있다.

상기 학자들의 견해를 종합하여 본 연구에서의 학교문화란 학교라는 조직체의 특수성을 고려한 것, 즉 구성원들이 공유하는 철학, 가치, 이념, 가정, 믿음, 기대 태도, 규범 등이 학교라는 조직이 내재하고 있는 각종 특성이 시대성과 문화성에 반영된 것을 말한다. 또한 외부 환경에 대한 구성원들이 반응 태도, 전략, 행동, 공유가치 등을 말하며 조직 구성원들의 의사소통과 학교 내에서 교사집단 간 갈등에 영향을 미칠 수 있으며 상호 협력적 문화를 공유한다면 학교 교육목표 달성에 영향을 미칠 수 있음을 발견한다.

학교조직 문화를 고찰할 때에 학교는 제도적으로 주어진 역할(role)과 개인이 갖춘 인성(personality)의 상호 균형 관계, '우리'라는 동지적 감정을 중시하며 이는 상호간의 인간관계가 중요하게 다루어지는 특성을 갖고 있음을 잊지 말아야 한다(Etzioni, 1964; Katz, 1964; Waller, 1961; 박용헌, 1985; 진원중, 1986). 왜냐하면 학교는 교사들로 구성되어 있으며 교사는 자율적으로 일하며, 새로운 교육의 혁신 사상을 몸소

익히고 이를 실천하며, 전인적인 인격형성을 통한 인간다운 인간을 만드는 전문적인 지적 능력이 있기 때문이다(정우현, 1977; 김종철, 1984). 이러한 전문직으로서 교사들은 학교 조직 내에서 말단의 지위를 갖고 있지만 그들에게 허용되는 권한과 책임은 크기 때문에 학교 문화를 형성하는 중요한 구성원으로 존재하고 있다. 또한 교사들은 같은 교사라도 견해와 입장에 따라 상이한 차이가 있을 수 있으므로 다양한 교사 문화를 형성하고 있다.

Bullough(1989)의 연구에 의하면 교사들은 그들의 역할수행과정에서 서로 다른 이데올로기로 인하여 심한 모순과 갈등을 경험하였으며, 이 것은 교사간이 직무수행 과정에서 긴장을 일으키는 중요한 요인이 되고 있다. 또한 Sachs & Smith (1988)는 교사들이 학교에서 문화의 한 부분으로서 사용하는 의식, 지식, 감정, 그리고 가치의 형태는 사회적 구성의 결과라고 말하고 있다. 교사들은 다양하고 역동적인 사회적 관계망 속에서 자신의 의식, 지식, 감정 그리고 가치 판단에 따라 행동하는 전문가로서의 권한과 책임을 부여받고 있다. 학교사회복지사는 학교 조직에서 원만한 활동을 하기 위해서는 그들의 역할수행의 방법과 내용이 교사들의 인정과 협력 안에서 이루어져야 한다. 그러므로 학교사회복지사는 교사들의 개별적인 태도와 판단을 존중하면서 사회복지의 방법과 가치를 실현함으로써 교사 문화에 적응할 수 있도록 해야 한다.

교사문화에 대한 다른 각도의 의견을 종합해 보면, 개인주의 특성, 이로 인한 개인적인 전략에 의존하여 고립, 교직에 대한 이데올로기는 자신들의 권력을 강화하기 위하여 학부모와 학생들에게 자신의 이데올로기 생산, 교사들은 상호 불간섭 등이 두드러진 특징으로 나타나고 있다(Hargreaves, 1982; Wood, 1983; Fieman-Nemser & Flooden, 1984). 이러한 교사문화의 특성은 외부적으로는 학부모들에게 영향을 받고, 내부적으로는 개인주의 특성에 기인하는 등, 개별적이고 독립적으로 집합적 문화를 형성하고 있다.

우리나라의 교사문화에 대하여 이인효(1990)는 인문계 고등학교 교사들을 중심으로 진행된 연구에서 교사문화의 상급 행정기관의 지시와 학부모의 욕구로 형성된 유능과 복종이라고 말하고 있고, 김풍삼(1992)은 제도적 요인과 학생, 학부모, 사회구성원, 동료교사, 관리자 등의 요구와 기대라고 한다. 김희복(1991)은 학부모 문화를 중심으로 살펴보았는데 학부모들은 교사들을 차별자, 관리자, 입시전문가 등으로 규정하고 있다고 하면서 교사문화는 이러한 시각에 영향을 받고 있었다.

상기의 연구들은 주로 교사들의 업무 수행에 영향을 주는 핵심 요소를 밝힘으로써 이에 영향을 받는 것이 교사문화라고 설명하고 있다. 그러나 외부의 영향에 대한 자생적 대응 요소도 교사문화에 충분한 영향을 미칠 수 있다고 판단되지만 위의 연구에서는 다루지 않았다. 그러나 황기우(1992)는 이러한 자생적인 요인을 포함하여 연구를 진행하였는데 교사문화의 특징을 비교적 상세하게 밝히고 있었다. 즉 교사들은 긴급성과 즉시성을 요구하는 업무로 인해 과도한 부담, 유능함의 기준으로 학생통제를 중요하게 생각하는 문화, 공식적 모임보다는 비공식적 모임에 적극성을 보이며, 학부모와 지역사회의 특성이 교사문화에 반영된다고 말하고 있다. 또한 교사들은 자신의 보호하는 차원에서 집단 규범을 형성하고 있었고, 행위에 영향을 주는 요인으로는 보수성, 개인주의, 현재주의, 보신주의이며 이들은 구성원들과의 상호작용을 통하여 교사문화를 형성하고 있다고 보았다. 교사문화는 학교 구성원들에게 공식적인 지위나 행정적인 규정보다도 더 실재적이며 현실적인 요소가 된다. 학교사회복지사는 학교에 투입되면서 가장 먼저 교사문화를 접하게 되며 이러한 교사문화는 학교사회복지사들의 역할수행과정에 큰 영향을 줄 것으로 예상된다. 왜냐하면 학교는 교사들로 구성되어 있고, 교사들의 문화는 학교의 분위기에 영향을 주기 때문이다.

그러나 무엇보다도 교사문화를 이루는 바탕은 교사들의 교사상(敎師像)에서 비롯된 '무한책임2)적 담임제도'일 것이다. 이는 교사는 교직으로 부름을 받았다는 소명의식을 가진 부모와도 같은 존재이며, 모든 학생을 사랑해야 하며, 정규교과 이외의 활동에 적극적으로 참여하여 학생들의 전인적인 영역을 책임지는 교사가 되어야 한다는 교사상을 중심으로 생겨났다(대한교원총연합, 1982; 박종태, 1983; 김문채, 1985; 강승호, 1997; 이형행, 1999; 이병승 외, 2003; 윤정일 외; 2003). 이러한 교사상(敎師像)은 학교사회복지사가 학생의 문제에 개입할 때에 담임교사와의 역할 갈등과 혼란을 발생할 수 있는 요소이지만 이는 개인적 요소로 해석하기보다는 보편적인 학교문화의 특수성으로 인식해야 하겠다. 이러한 교사상(敎師像)이 잘 나타나 있는 것이 바로 '담임교사' 제도이다. 담임은 학급에서 일어나는 일은 물론이고 학교 밖에서 일어나는 일까지 책임을 지는 부모와 같은 존재이다(조희자, 2000). 담임교사의 역할과 책임은 학교라는 물리적 장소, 또한 수업시간과 방과 후로 구분되는 시간적 개념을 넘어서 적용되고 있으며 이러한 책임의 확산은 학급 학생에 대하여 '내 학생은 내가 책임진다.'는 생각으로 이어져 주변 전문가의 도움을 부담스러워한다. 이것은 학교의 특성 중에서도 '우리의식', '개별주의', '보수주의'의 특성(황기우, 1992)과 연계됨으로써 교사들은 학급에서 일어난 일은 우리 집에서 일어난 일과 똑 같으며 우리 반 아이의 문제해결을 위해 다른 선생님의 도움을 받는 것은 무능함의 증거라고 생각한다. 학교사회복지사는 자신의 학생에 대한 역할과 책임을 중요하게 생각하는 담임교사의 특성을 이해하고 이에 맞게 대처해야 원만한 역할을 수행하게 된다.

---

2) 교사들이 느끼는 담임의 역할과 책임감은 문헌상에 제시된 것보다 더 느끼고 있다. 대부분의 담임교사들은 같은 반 학생이라는 이유로 그 학생의 수업시간 이외, 학교 활동 이외의 시간에서 발생하는 사안에 대하여도 책임감을 느끼고 있었다(S공고 김00부장과의 인터뷰, 2003. 11).

이러한 문헌 고찰을 통하여 교사문화는 개인주의, 보수주의, 즉시주의, 현재주의, 가족주의적 인간관계, 전문주의 등으로 나타나고 있었다. 따라서 학교사회복지사의 역할수행 과정은 이러한 교사문화의 특성과의 상호작용의 맥락 안에서 분석하고자 한다.

위의 견해와 의견들을 종합해 보면 학교문화란 외부 상황에 대처하는 학교 구성원의 공통된 태도, 가치, 지식, 전통, 행동규범, 인식체계, 상징 등을 말하며 이러한 학교문화는 시대상과 문화상이 반영되어 나타난다. 학교문화는 관료적 학교조직 안에서 교사들의 전문적 소양과 능력을 동한 인간관계를 중심으로 나타나게 된다. 따라서 학교는 관료조직의 특성, 교육적 목적이 존재하는 특별한 조직, 그리고 보편적인 가족문화와 가부장적 이데올로기가 혼재된 특성을 갖고 있는 조직임을 알 수 있다. 이러한 학교문화의 특성 아래 학교사회복지사가 법적인 보호와 근거도 없이 활동한다는 것은 어려운 일이다. 그러나 학교는 쉽게 변하기 어려운 관료적 조직이기 때문에 학교 조직에 필요성을 인정받게 된다면 안정적으로 활동할 수 있다는 것과, 또한 학교사회복지사의 활동이 교사들에게 인정받게 된다면 교육목표달성에 이바지할 수 있다는 장점이 될 수 있다.

제2절 역할수행 과정의 의미

역할에 대한 정의는 Secord(1964)는 지위와 그 지위에 부여되는 기대를 종합해서 역할이라고 하였고, Brookover(1964)는 지위는 위치에 부여되는 일반적인 기대를 말하며 어떤 지위를 차지하는 특정인에게 기대하는 것을 역할이라고 정의하는 등 개인과 타인의 관계에 의해 주어진 지위에 따라 형성되는 것으로 설명하거나(Deutsch & Krauss, 1965) 문화나 사회에 의해 나타나는 태도, 가치 행위로 설명하고 있다 (Linton, 1936). 다양한 정의를 종합해 보면 사회관계 속에서 개인이 지위에 맞게 행동하고 수행하도록 사회적으로 기대되고 요구되는 행동양식 즉, 지위에 대응하는 개념으로 정리될 수 있다(파스칼 대백과사전, 2002). 이외 국내의 학자들도 역할에 대하여 다양한 정의들을 내리고 있는데 주로 지위를 차지한 특정인에게 요구하는 기대와 기대에 따라 수행하는 구체적인 행동(박용헌, 1978), 특정의 사회적 지위에 따른 사회적 기대(김종철, 1986), 어떤 실체에 의해 어떤 상황 하에 기대되는 태도나 행위(박경묵, 1991)라고 정의하고 있다. 김정규와 권영원(1988)은 역할의 개념에는 신분적 지위, 지위에 관련된 행동의 유형, 기대되는 직업적 활동 등 세 가지가 내재되어 있다고 말하기도 하였다. 그러므로 학교사회복지사의 역할은 학교사회복지사라는 지위에 따라 학교사회복지사로서 정체성을 가지고 수행해야 할 구체적 행위라고 할 수 있겠고 학교사회복지사는 새로운 지위에 적응해야 하며 특정한 권한, 의무, 책임 등이 부여된다고 해석할 수 있다.

그러나 이러한 정의들은 우리나라에서 생성되는 학교사회복지사의 역할을 정의하거나 설명하기에는 많은 한계를 지니게 된다. 왜냐하면 위의 정의들은 특정한 신분주체가 존재한 상황 속에서 존재에 대한 기대, 다시 그 기대가 미치는 특정한 신분주체의 행동 현상을 설명하는 등 현상에 대한 횡적 설명이기 때문이다. 역할은 존재와 사회의 변화에 따라 변동되는 변화의 속성을 갖고 있으므로 그 태동과 발전의 모습은 역할에 대한 정의부분에서는 다룰 수 없다. 학교사회복지사의 역할을 정의하기 위해서는 탄생의 과정과 현재까지의 과정적 상황을 반드시 이해해야 하며 역할을 바라보는 시각과 과정을 이해함으로써 역할수행 과정의 의미들을 귀납적으로 정리하고자 한다.

먼저 역할을 설명하는 이론은 사회로부터 개인을 설명하는 사회 구조적인 관점(Park, 1926; Linton, 1961)과 개인이 자신의 행위를 주체적으로 실행하며 사회에 적응해 가는 것이 역할이라는 개인적인 관점(Mead, 1934), 그리고 사회·구조적인 관점과 개인적인 관점을 통합하여 사회 – 개인적인 관점에서 설명한다(Turner, 1974).

사회·구조적인 관점에서 설명하는 Park(1926)는 모든 사람이 다소 의식적으로 역할을 수행하면서 자아는 사회구조상 위치들의 범위 이내에서 행하는 역할들에 밀접히 관련되어 있다고 보았다. 그리고 지위란 공동체에 의한 인정이며 사람은 사회적인 지위를 갖고 있는 개인으로서 문화나 사회에 의해 역할을 부여받는다고 말한다. Linton(1936)은 더 나아가 역할, 지위 개인의 개념들을 서로 분리하여 지위는 개인과 구별되는 권리와 의무의 집합체라고 하면서 역할은 지위의 동태적인 측면을 나타내고, 개인은 사회적으로 한 지위에 할당되며, 다른 지위들과 관련 속에서 그 지위를 점유한다고 하였다. 개인은 사회·구조적인 현상에 영향을 받으며 이러한 영향에 의해 역할이 부여된다고 보았다.

Mead(1934)는 인간 유기체는 생물학적 유약함 때문에 생존하기 위해서는 집단적 맥락 속에서 협동을 해야 하며 생존 혹은 적응을 촉진시키는 행위들은 지속될 것이라고 가정하면서 인간과 사회와의 상호작용을 역할에 대한 취득과정으로 설명하였다. 그리고 '제도'라는 것은 다양한 개인들 사이의 조직화되고 유형화 된 상호작용이며, 역할 취득의 직접적 효과는 타자(他者)의 역할을 취해보면서 자기 자신의 반응을 통제할 수 있는 것이라고 보았다. 이는 인간의 생존을 위하여 취해지는 집단, 사회, 제도 내에서의 상호작용은 역할을 취득하는 일련의 과정으로 나타날 수 있으며 그 과정을 통하여 사회 속에서 역할을 형성하였다.

그러나 개인의 관점에서 역할을 찾고자 하는 시각과 사회나 조직 안에서 개인의 역할을 규명하려는 시각을 통합하여 개인 – 사회의 상호작용으로 역할을 규명하는 학자들도 나타났다. 역할에 대한 논의와 맥락을 같이하며 Blumer는 사회구조란 상호 작용하는 사람들에 의하여 행위를 적극적으로 함께 모아 맞추어지는 것으로 나타나는 하나의 구조라기 보다는 과정으로 보아야 한다고 하면서 개인들간의 개별적 행동들의 교착이라는 점을 인식하지 않고는 그 전체를 이해하기 어렵다고 하였다(Turner, 1974). 사회조직화의 거시적인 유형들이 역할수행을 위한 상당한 정도의 질서를 제공하고 있는 것으로 보이지만 사회는 그 개인적 역할 담당자와 그들이 수행하는 일들로부터 분리되어서는 개념화될 수 없다고 말하면서 역할은 개인의 본성을 매우 중요하다고 설명한다. 이러한 개인의 본성에 대한 것은 사회에 그 자신을 적응시키고 조정시키므로 개인적인 면에서만 다루어지는 것이 아니라 개인과 개인의 면, 개인과 지위와의 관계 등을 함께 고려함을 강조하고 있다.

역할수행에 대한 언급을 살펴보면 사회·구조적으로 바라보는 시각에서는 개인이 지위를 구성하는 권리와 의무 이행을 역할수행으로 인식하고 있었으며(Linton, 1936), 역할이란 개인과 타자와의 상호작용의 결과이고, 역할수행은 일반화된 타자의 시각으로부터 자신을 평가하는 과정에 의존한다고 말하면서 결과보다는 과정(process)을 강조하는 시각이 있다(Mead, 1934).

이상의 문헌에서 살펴보면 역할의 개념을 구성하는 요소로서 개인의 요소, 사회나 조직의 요소, 그리고 개인과 사회와의 상호작용 요소 등이 고려되어져야 하며 역할을 정의할 때에는 개인의 사회에 대한 적응 및 지위와의 관계를 고려하여 살펴보는 과정으로 인식해야 함을 발견한다.

역할수행에 대한 명확한 언급은 없으나 역할취득 과정을 중심으로 살펴봄으로써 역할수행에 대한 과정적 요소를 발견하고자 한다. 역할취득은 역할인지, 역할취득, 역할평가, 역할음미, 역할감안, 역할실행, 역할조정 등의 과정적(process) 요소를 가지고 있다(파스칼 대백과사전,

2002). 먼저 역할인지(役割認知)는 자신의 역할이 무엇인지를 알아가는
것으로서 역할학습(Mead, 1934)의 개념과 유사하다. 또한 역할취득은
Getzels & Guba가 말하는 역할구속력(Stran, 1971)과 상통하며, 역할
평가와 역할음미, 역할감안 등은 Spiegel이 말하는 역할보안(Spiegel,
1960)과 유사하다. 또한 역할조정은 역할 재안정성(조흥식, 1981)의 개
념과 유사하다. 이렇듯 역할수행은 일련의 요소들로 구성된 과정을 통
해 나타난다고 보인다.

　또한 역할수행 과정과 관련된 개념으로 역할기대도 나타나는데
Sarbin(1954)은 역할기대는 사회구조의 지위를 가진 사람이 또 다른 지
위를 가진 사람과의 관계에서 가지는 권리와 특권, 의무와 책임으로 구
성되며, 역할의 특성, 역할의 규모와 범위, 역할의 명확성, 역할을 기대
하는 사람들의 일치성의 정도에 따라 다르게 나타난다고 보았다(강연
미, 1988: 8 재인용). 새로운 역할을 수행하게 될 때에는 그 역할에 대
한 기대가 무엇인가를 파악하는 일이 중요하다. 만일 역할수행자가 역
할기대를 파악할 기회가 없다든지 역할 기회를 판단할 능력이 정확하
지 못하게 되면, 역할수행에 차질이 오기 때문에 경우에 따라서는 갈등
이나 긴장이 오게 된다고 하였다. 지위－역할체계인 사회나 집단은 성
원들에게 배분된 지위에 상응한 역할을 수행하게 함으로써, 사회 과정
을 원활하게 진행시키고 사회적 여러 관계에 동적 균형을 부여하며 일
정한 질서를 유지, 존속할 수 있다고 본다. Katz 와 Kahn(1978)은 역
할 전개과정을 역할기대, 역할은 지위를 동반하게 되며 이렇게 지위에
의해 부여된 역할이란 개인, 개인과 사회간의 연결에 의하여 존재와 환
경의 요구에 의해 반응되어온 동일한 행위들로 생성되어왔다고 말한다.
역할은 사회의 욕구와 다양한 메카니즘에 따라서 생성되어지는 생성적
존재와 자신의 역할을 찾아가는 근원적 존재와의 상호작용으로 이해하
는 것이 중요하다. 왜냐하면 존재에 대한 역할을 충분히 규명함은 물론

이고 지위와 상황에 따라 변형, 발전을 예측할 수 있게 되어, '상황 속의 존재'로의 이해를 얻게 되기 때문이다.

이와 같이 역할수행 과정과 관련된 개념들은 다양하지만 본 연구에서는 존재의 역할수행에는 일련의 과정이 있음을 확인할 수 있었으며 또한 중요한 의미를 내포하고 있음을 발견할 수 있었다. 그 의미는 첫째, 역할수행 과정을 살펴보면 소속 사회 속에서의 지위를 알 수 있기 때문에 어떻게 하여야 정체성을 형성할 수 있는지에 대한 전략을 모색할 수 있으며, 둘째, 역할수행 과정은 '고정된 규정'이 아닌 '변천하는 합의'의 성격을 반영한다는 것이다. 본 연구에서는 이러한 의미를 중심으로 학교사회복지사와 유사하게 2차 셋팅에서 근무하는 의료사회복지사와 특수교사의 역할수행 과정에서 경험하는 역할혼란과 갈등, 소진 등의 내용을 검토하였다.

먼저 첫 번째로 발견한 의미는 2차 셋팅에서 뒤늦게 생성되어 참여하는 전문가의 경우 누구나 전문성의 불인정, 역할의 중복, 모호 및 갈등 현상이 나타나게 되는데 이는 존재와 조직문화가 상호작용을 하는 자연스러운 결과라고 판단된다. 김윤진(1997)은 학교조직에서 교사의 부적응 및 정신적 어려움의 문제는 학교의 분위기와 밀접한 관계가 있음을 강조하면서 학교에서 가장 중요한 요소는 구성원들 간의 인간관계 유형과 상호작용이라고 말하고 있다. 이러한 인간적 상호작용은 학교 현장에서 근무하는 교사들에게 보람과 의욕을 줄 수 있으며 좌절과 회의를 갖게 할 수도 있는 중요한 것이지만 특수교사들은 학교행정가의 이해부족으로 학교 조직 내에서조차 그들의 역할과 위상을 인정받고 있지 못하고 있었다(송광진, 1995). 또한 특수 교사들의 동료들과의 상호작용이 높을 수록 소진감이 낮아지고, 동료 교사의 지지가 매우 중요하게 작용하는 등 정적인 상호작용 및 지원적 학교의 직무환경은 스트레스를 완화시키고 있는데(박현정, 2001) 학교의 풍토가 폐쇄적인 학교보다는 개방적인 풍토의 교사들이 소진을 적게 경험하고 있다(오봉수, 1992). 따라서 학교사회복지사는 동료들과의 상호작용 정도, 동료 교사들의 지지, 지원, 개방적인 풍토 및 학교장의 지지 등 가부장적인 문화 속에서 '식구'로서 인식되어질 때에 자신의 정체성을 확립하고 전문적 역할을 발휘할 수 있다.

둘째로 역할수행 과정 안에는 변화하는 상호작용의 모습이 나타나고 있음은 의료 사회복지사의 경우를 통해 확인할 수 있다. 의료사회복지사는 법에 의해 규정된 법정 필요 전문가임에도 불구하고 다른 전문가들과 보조를 맞추어 일을 해 가는 과정에서 역할의 혼란과 갈등, 그리고 모호함을 경험한다. 이는 법의 규정만으로는 역할 중복과 모호를 다룰 수 없으며 서로 간의 꾸준한 상호작용으로 역할과 업무 규정을 만들어가야 함을 말하고 있다(권진숙, 1983: 조수정, 1988: 김규수, 1997: 이충순, 1997: 김성희, 2000). 이는 존재의 역할수행이란 규정으로 공식화한다고 하여도 역할이란 '고정된 규정'의 의미보다는 '변천하는 합의'의 성격이 나타난 것으로 볼 수 있다.

또한 2차 셋팅에서 일하는 사회복지사는 사회복지사로서 요구되어지는 역할의 과다현상과 전문성의 불안정, 역할의 모호성, 타 전문직과의 역할 중복 및 역할 갈등으로 인해 소진을 경험하고 있었는데, 소진 역시 사회복지사와 조직 문화와의 상호작용 과정에서 발생하는 요소임을 말하고 있다(조수정, 1988: 장은숙, 1994). 이는 새로운 존재의 탄생 및 성장 과정에 나타날 수 있는 자연스러운 모습으로서 역할수행 과정을 통해 나타난다. 의료사회복지사와 마찬가지로 특수교사 교육 공무원의 신분을 보장받고, 역할과 직무가 있음에도 불구하고 학교 조직 내에서 결정적인 의사과정에 참여하지 못할 때, 학교 행정 관리자들과의 이해 및 교류 관계가 부족할 때 등, 학교 조직과 상호 작용 과정이 부족할 때 어려움을 겪고 있었다.

이와 같이 역할수행 과정을 통해 발견되는 의미는 존재에 대한 정체성을 고찰할 수 있고, 역할의 변화와 발전의 모색이 가능하다는 것이다. 즉 역할수행 과정을 통하여 특정 존재의 역할에 대한 보다 풍부한 이해를 도우며 시간의 흐름에 따른 상호작용을 고려함으로써 역할의 탄생, 발전, 변화를 파악할 수 있다. 역할수행의 과정을 통해 나타나는 상호작용은 특정 존재가 소속된 사회의 토대와 풍토를 파악할 수 있으며 그 사회와 문화에 활착 과정을 보여준다. 따라서 우리나라 학교사회복지사의 역할수행 과정을 연구한다면 사회·문화적인 환경에 영향을 받는 학교에서 새롭게 등장하는 학교사회복지사의 역할 정체성 및 한국적 상황 속에서 풍부한 이해를 발견할 수 있을 것이다. 본 연구는 이러한 문헌적 근거를 중심으로 학교사회복지사와 학교와의 상호작용을 충분히 고려하여 역할수행 과정과 경험의 주관적 의미를 발견하고자 한다. 이상의 문헌 고찰을 통하여 학교사회복지사의 역할수행 과정 연구를 위하여 학교사회복지사, 학교 조직 및 문화 그리고 학교사회복지사의 역할수행 과정에 영향을 미치는 요인으로 학교사회복지사와 학교와의 상호작용 등이 분석 기준으로 참고하였다.

제3절 학교사회복지사의 역할

1. 외국 학교사회복지사의 역할

문헌을 검토하면서 학교사회복지사의 역할에 영향을 주는 두 가지의 요소를 발견하였다. 학교사회복지사의 역할에 영향을 주는 요소는 학교사회복지사의 역할에는 사회·문화적 요구가 반영된다는 것이며, 다른 한 가지 역할은 학교와 학교사회복지사의 노력에 의해 형성된다는 것이다. 따라서 사회·문화적 요구가 반영되는 학교사회복지사의 역할을 먼저 살펴보겠다.

학교사회복지는 19세기 말에서 20세기 초 영국과 미국 등에서 의무교육의 실시에 따라 아동들에 대한 교육서비스로 시작되었지만 주로 학생들의 출결과 관련된 역할을 수행하였다(성민선 외 2004). 1930년대는 아동들의 출결업무를 탈피하여 기본적 요구와 정서적 지지에 초점을 두었고, 1950년대와 1960년대에는 불평등 이슈가 제기되어 학교 내·외의 연합 단체들로 말미암아 환경의 문제에 관심을 두었다. 각 나라 학교사회복지사의 역할은 학생들의 출석문제, 정서문제, 특수교육문제, 가정문제, 물질적 서비스 등 학생중심 서비스에서 점차 학교 중심 통합적 서비스로 역할의 확대가 이루어지고 있다. 이러한 학교사회복지사의 역할 변화를 미국과 독일, 그리고 스웨덴을 중심으로 살펴보겠다.

미국은 1906,7년 방문교사(visiting teacher)에서부터 시작된 학교사회복지사는 의무 교육법의 등장으로 주로 학교와 가정의 연결을 통하여 교육기회의 불평등한 배분을 해결하고, 방과 후의 다양한 프로그램과 교사들과의 협력을 통해 학생들의 학교생활에 방해되는 문제를 해결하였으며, 임상활동을 중심으로 하는 정신건강 사업과 직업교육을 중심으로 하는 활동을 중심으로 역할을 개척하였다(Smith, 1908 : South and House Association, 1908 : Arnold, 1909 : Germain, 1999). 이후 학교사회복지사의 역할은 1920년대의 정신건강운동과 1930년대의 대공황 등으로 사회적 조건으로부터의 개인을 보호하는 역할이 강조되었고, 1940년부터 1960년까지는 다시 개별 임상적인 역할이 강조되었다(Freeman, 1995). 1970년대와 80년대에 들어서면서 학교사회복지사의 역할은 법령의 제정 등으로 교육적 권리나 의무 등을 강조하여 90년대부터 2000년대까지는 학교개혁과 학교와 지역사회의 연계망 확립과 공조의 능력이 학교사회복지사의 중요한 역할로 부각되었다(Allen-Meares, 1996, 2000; Germain, 1999; Franklin, 2000; Dupper, 2003). 이렇듯 미국의 경우 지난 90년간 학교사회복지사는 실천 현장인 교육체계내의 상황 및 사회적 조건에 영향을 받아왔다(Hare & Rome, 1999). 따라서 학교 사회복지사의 역할은 시대 흐름에 따라 변화하고 있었으며 이는 학교 에서 복지욕구가 반영되어 나타난 것이라고 보인다.

본격적인 학교사회복지사의 역할에 대한 언급은 1970년대 후반에서 부터 나타나기 시작하였는데 학교사회복지사의 역할에 대하여는 점차 학교 조직과 지역사회자원과의 연계협력을 강조하였다(NASW, 1978; 한인영 외, 1997). 특히 Allen-Meares (1994)는 Costin(1969)의 연구 결 과에서 당시 학교사회복지사의 역할은 새롭게 등장하는 학생문제나 지 역사회와의 접근에 대하여는 반영하지 못하고 있고, 잔여적 개념의 서 비스에 치중되어 있음을 지적하고, 1990년대에서는 학교사회복지사의 역할이 점차 확대되어야 한다고 말하고 있다(한인영 외, 1997). 또한 학 교사회복지실천에 따라서 학교사회복지사의 역할은 학교나 사회의 욕 구에 따라 영향 받고 있음을 발견할 수 있었다.

독일은 1970년에 2차 교육제도에서 사회교육사(social pedagogues)의 등장에서 시작되었다(조미숙, 2004). 사회복지는 20세기 초 가난한 사람 들을 위한 보살핌과 소수 인종의 문제를 최우선으로 다루는 분야로 등 장하였지만 현재 학교 내의 사회교육학과 서로 융합하여 학교사회복지 개념이 통용되고 있다. 사회교육은 평생교육을 중심으로 등장한 유럽의 전통적인 학문으로 주로 학교와 가정, 지역사회 내에서의 학교사회복지 사는 학교에서 학생들의 행동과 적응향상과 관련된 역할을 수행하고 있다. 특히 1998년에 등장한 비스바덴 모델에서는 학교사회복지사에 의 해 학생들의 일상생활의 모든 활동이 고려되고 가족과 아동의 정서적 욕구를 파악하고 해결하여 학생들이 학교생활에 집중할 수 있도록 도

움을 주고 있다(성민선 외, 2004). 또한 이 모델에서의 학교사회복지사
의 역할은 교사와의 협력을 전제로 다양한 지역사회 연계망을 통해 학
생들의 의·식·주 및 정서적 지원, 및 지역사회와 연계한 방과 후 보
호 프로그램 등을 점차 학교와 지역사회를 연계하는 역할을 수행하고
있었다. 따라서 학교사회복지사는 학교와 지역사회와의 협력을 통해 학
생복지 증진의 역할을 하고 있다.

　스웨덴은 1930년대 후반 한 양호교사가 학교에서 이민자 자녀들에게
점심 급식서비스를 제공하면서 시작되었다(한국사회복지사협회, 2002).
1930년 당시 스웨덴은 각 국에서 온 정치 망명자 및 이민자로 인해 사
회가 혼란하였고 학생들은 부모의 보호를 충분하게 받지 못하며 방치
되어 있었다. 이들은 식사를 제때에 하지 못하였고 방과 후에는 지역사
회를 배회하는 등 다양한 문제가 나타나자 한 양호교사는 이들을 위해
학교에서 점심 급식서비스를 제공하였다. 이를 효시로 하여 1940년대
스톡홀름 고등학교에서 학교사회복지사를 고용함으로써 다양한 프로그
램과 함께 학교사회복지사의 활동이 등장하게 되었다.[3] 그 이후 스웨
덴의 학교사회복지는 학생들의 잠재력을 발전시키고 교육 목적을 달성
하기 위해 학생들을 돕는데 초점을 두고 있다. 스웨덴의 학교사회복지
는 스웨덴을 비롯한 북구 유럽의 전통적 생활가치인 지역사회를 중심
으로 이루어지는 공존의 복지의식을 반영하며 학교사회복지제도가 등
장하였다.

　초기 학교사회복지사의 노력은 역할 정립에 영향을 주었는데 미국의
경우 최초의 방문교사였던 Miss Richman, Miss Marot, Miss Effie
Abrams 등은 그들의 동일한 성과를 위한 헌신적인 노력을 통해 공립
학교에서 인정을 받기 시작하였다(McCullagh, 1993). 이들은 학생들의

---

3) 이상의 내용은 연구자가 속한 해외연수팀이 2001년 사회복지사협회주관 해
　외연수 프로그램에 참가하여 2002년 1월 22일 당시 스웨덴 학교사회복지사
　협회장인 Monica Hansson Johnsson를 예방하여 인터뷰 내용의 일부이다.

문제는 각각 다른 요인에서 발생한다는 것을 발견하게 되면서 학교와 가정 사이를 연결하여 교육적인 불평등을 해소하는 역할을 하였다 (Smith, 1908). 그리고 방과 후 교육활동을 제공하였고, 문화활동의 기회를 제공해 주었으며 학생뿐만이 아닌 사람들에게도 방과 후에 다달이 문화활동 프로그램을 실시하였다. 또한 학생의 문제를 논의하기 위하여 교사와 사회복지사와 개별 사례회의를 통해 학생들의 문제해결을 도왔고 그러한 사례들은 빈번히 좋은 결과를 가져오기도 하였다(South End House Association, 1908).

이들의 활약에도 불구하고 당시 학교에서는 특별한 방문가 서비스는 원하지 않는 분위기였고 교사들의 전문적인 질투 등의 어려움이 있었다. 그렇지만 이들은 첫 번째 개척자로서 많은 노력을 하여(Culbert, 1934) 결국에는 자신들이 단순하게 가정과 학교를 오고가는 방문서비스를 통한 단편적 도움이 아닌 필수불가결한 전문가임을 느낄 수 있도록 입증해 보이기도 하였다(Richman, 1910; McCullagh, 1993). 이렇게 자신의 역할을 입증하기에는 어느 정도 시간이 필요함을 언급하였는데 1909-1910년 동안의 방문교사 보고서에서는 새로운 전문가로서 방문교사가 가정과 학교가 함께 아이들문제 해결에 도움을 주기 위해서는 약 3년 정도의 기간이 지나야 그들의 가치를 보여질 수 있다고 말하고 있다.(Public Education Association, 1910; McCullagh, 1993). 이들 초기 방문교사들의 역할개척 노력은 그 이후 학교사회복지사의 역할수행에 큰 영향을 주었으며 이러한 학교사회복지의 태동의 역사를 이해하는 것은 학교사회복지사의 정체성 확립에도 도움이 될 것이다(McCullagh, 1993).

또한 스웨덴의 경우도 학교사회복지사의 전신이라고 할 수 있는 양호교사의 점심급식서비스를 비롯한 접근 방식이 오늘날 학교사회복지사의 역할에 영향을 주었을 것으로 보인다. 당시 양호교사는 학생들에게 점심

급식의 재원과 급식 장소 및 시설의 허가를 얻기 위해 교장선생님을 비롯한 지역 주민들, 지방 의원들을 설득하였다. 이 과정 중에 많은 노력과 어려움이 있었고 이를 개인적인 노력과 희생을 통해 극복하였다. 그 결과 점심 급식의 재원은 초기 학교의 예산으로 운영되다가 지방의회에서 지원을 받았으며 지역 주민들의 도움으로 급식 서비스는 지역사회의 중요한 행사가 되었다. 급식 학생들이 많아지자 이들을 위한 개별적인 개입도 시작되었고 소규모의 교육 프로그램도 병행하게 되었다. 초기 양호교사의 이러한 역할을 통해 지역사회와 협력하여 학생들의 보건과 안전을 형성해 주었으며 예방과 지역사회와의 협력에 초점을 두는 오늘의 학교사회복지사의 역할에 영향을 주었다고 보여진다.[4]

이와 같이 학교사회복지사의 역할은 사회·문화적인 영향과 초기 학교사회복지사의 역할수행을 통해 영향을 받고 있음을 확인할 수 있었고, 이 두 가지의 관점에서 우리나라 학교사회복지사의 역할을 찾아보고자 한다.

2. 우리나라 학교사회복지사의 역할

우리나라에서는 학교사회복지사의 역할에 대하여 정리한 학자들이 드물었는데 이는 학교사회복지 실시 역사가 짧은 점과 시대와 상황을 역할에 반영할만한 현장이 담보되지 않았기 때문이었다. 그 중에서 김기환(1997)은 학생의 심리·정서적 문제를 예방하고 해결하는 심리 치료 전문가의 역할, 빈곤가정이나 결손가정의 학생에게 심리치료 외에

---

4) 이상의 내용은 연구자가 속한 해외연수팀이 2001년 사회복지사협회주관 해외연수 프로그램에 참가하여 2002년 1월 22일 당시 스웨덴 학교사회복지사 협회장인 Monica Hansson Johnsson를 예방하여 인터뷰 내용의 일부이다.

사회복지서비스 제공자의 역할, 교직원이나 학부모들에게 학생 문제 예방 교육 및 활동의 역할, 학교가 지역사회에 기대하는 내용과 학교의 교육목적을 주민들에게 홍보하거나 반대로 지역사회의 욕구를 학교 당국에 전달하는 연계자의 역할, 학교 내외의 타 전문직과 협력하여 학교행정이나 교육행정이 학생을 위한 최선의 결정이 되도록 하여야하는 역할 등 다섯 가지로 언급하고 있다. 그러나 이러한 역할을 우리나라 현장에서 검증할 만한 여건이 충분하지 않았기 때문에 한국 학교 조직의 특수성이 충분히 반영되지 못한 한계가 있다.

학교사회복지사 역할에 대한 연구논문에서 유영준(1997)은 Costin(1969)이 정리한 아홉 가지의 역할을 기준으로 지역사회중심의 학교사회복지사를 대상으로 조사하였다. 그 결과 학생 개인을 대상으로 정서적 문제에 대한 개입을 가장 많이 하는 것으로 나타났고, 교사 대상으로 교사와의 협의, 교사에 대한 개별 서비스 제공 등을 하였고, 지도력과 정책결정에 참여하는 역할은 매우 낮은 것으로 나타났다. 또한 학교사회복지사는 학생의 문제를 교사와 협의하는 것과 정서적 문제를 가진 학생에 대한 개입 및 학생과 부모에 대한 개별사회사업 서비스를 제공하는 역할을 가장 중요하게 생각하고 있으며 학교사회복지사에 대한 설명, 지도력과 정책 결정에 참여하는 역할 등은 역할 인식정도가 낮은 것으로 나타났다.

위의 논문은 우리나라 상황에서 나타나는 학교사회복지사의 역할을 다루었다는 데에는 의미를 갖지만 이러한 역할에 학교의 요구가 포함되었는지에 대한 언급이 없는 점, 연구의 기준이 미국 학교사회복지사의 역할이고, 대상도 지역사회복지관에서 근무하는 학교사회복지사라는 사실 때문에 우리나라 학교사회복지사의 역할이라고 보기에는 한계가 있다. 지역사회복지관에서 근무하는 학교사회복지사의 경우 사회·문화적인 문제로 인하여 나타나는 학교의 욕구를 학교사회복지사의 역할로 담아낼 수 없는 구조적인 한계를 갖고 있기 때문이다.

또한 전재일(1999)은 학생들의 복지서비스 욕구를 조사하여 학교사
회복지사에게 요구되는 연구를 추론하였다. 그의 연구에서는 학생들이
가장 필요로 하는 서비스는 '학생인성 및 학업관련 상담', '학교교육시책
수립시 참여', '학교와 지역사회와의 연결', '학생문제에 대한 사정 및 치
료', '학교와 가정과의 연결'의 순이었고 인문계와 실업계 학생들은 욕구
의 우선순위에서 약간의 차이를 보였다. 이를 근거로 그는 학교사회복
지사는 '학생문제에 대한 사정 및 치료', '자원의 활용 및 변화', '학생인
성 및 학업관련 상담', '학교교육시책 수립 시 참여', '학교와 가정과의
연결', 그리고 '학교와 지역사회와의 연결 서비스'의 기능을 수행하는 교
육자, 사례관리자, 자문가, 상담자, 변화매개인과 행정가의 역할을 담당
해야 한다고 말하고 있다. 또한 남학생보다는 여학생에게 '학생인성 및
학업관련 상담가'로서의 역할이 강조되며, 인문계 학생에게 변화매개인,
상담자 및 행정가로서의 역할을 강조하며 실업계 고등학생에게는 변화
매개인의 역할을 특히 요구한다고 밝히고 있다.

위의 연구는 학생들의 욕구를 비교적 잘 나타내었다고 볼 수 있으나
학교사회복지사가 배치되는 것을 전제로 조사된 욕구조사이므로 학생
들의 학생 복지 욕구를 중심으로 연구되었다. 물론 학생들은 학교사회
복지의 중요한 개입체계로서 그들의 욕구가 학교사회복지사의 역할에
반영되어야 한다. 그러나 학교사회복지사는 역할수행을 함에 있어 학생,
학부모, 교사 및 학교체계 등 다양한 체계로부터 영향을 받기 때문에
학생의 욕구만으로 학교사회복지사 역할을 말할 수는 없다.

최정호(2000)는 학교사회복지사가 배치된 Y여상과 H고교의 학생과
교사를 대상으로 학교사회복지사의 역할에 대한 기대와 수행을 연구하
였다. 연구 결과 학생보다는 교사가 오히려 학교사회복지사의 역할을
잘 인지하고 있었으며 교사가 학교사회복지사의 역할수행에 보다 긍정
적이었다. 교사와 학생 모두 '학교교육시책 수립 시 참여'에 대한 욕구

가 가장 컸고 '학교와 가정 간의 연결', '학교와 지역사회와의 연결' 등
이 학생과 교사들의 욕구로 나타났다. 그러나 학교사회복지사가 배치된
초기에는 학교의 교육시책 수립에 관여될 수 없는 학교 환경과 조직의
상황이었으며 교사들과의 팀 접근이 원활하게 이루어졌음에도 불구하
고 학생들이 인식하지 못하여 연구 결과에 반영되지 못하는 한계를 갖
는다. 또한 조사된 학교는 학교장과 교사, 학생들이 '학내 분규 사태'를
1997년과 1999년에 2차례 경험하는 등 중요한 학교 상황을 고려하여
그 역할이 조명되어야 함에도 불구하고 이를 고려하지 않았기 때문에
학교사회복지사 역할을 규명하는 데에는 한계가 있다.

위의 연구들은 주로 우리나라의 상황을 반영하기 위해 많은 노력을
하고 있었지만 학교에서 근무하는 학교사회복지사의 역할이 나타나지
못한 점, 미국 기준으로, 학생들과 교사 등의 주변인 인식을 중심으로
이루어진 연구이기 때문에 사회・문화적인 상황 속에서 학교와 학교사
회복지사의 상호작용을 충분히 반영하지 않았다고 판단된다.

최근에는 질적 연구방법을 통하여 학교현장에서 근무하는 학교사회
복지사의 역할이 연구되었는데 윤혜은(2000)의 연구에서는 교사들의
인식을 연구하여 학교사회복지사의 필요성과 그 역할의 확대를 거론하
였고 오정미(2001)는 지역사회복지관 중심의 학교사회복지 종사자의
역할수행 실태를 연구하면서 역할수행에 관련이 있는 요소들을 밝혀
주고 있었다. 김성실(2003)은 학교사회복지사의 역할수행 장애요인에
대한 질적 연구를 시도하면서 주로 서울시 교육청 시범학교를 대상으
로 역할수행에 따른 장애요인이 무엇이며 그러한 장애요인을 어떻게
극복하고 있는가에 대하여 연구하였다. 그러나 위의 연구들은 학교사회
복지사들이 학교와 어떠한 상호작용을 통해 역할이 나타나는가, 학교사
회복지사들의 역할수행의 어려움은 어디에서 나타났는가 등에 대한 학
교 조직에 대한 충분한 이해가 부족함이 한계로 남는다.

또한 학교사회복지사의 초기 역할과 활동은 학교사회복지사의 역할에 영향을 주었던 것을 발견할 수 있다. 즉 1993년도부터 실시된 태화기독교사회복지관에서부터 시작된 집단 프로그램을 중심으로 발전하여왔으며 학교사회복지사의 역할은 주로 프로그램 기획 및 운영자, 의뢰된 학생들의 임상적 개입으로 제한되어 있다. 이는 학교로 파견을 나가는 형태로 이루어지기 때문에 이들은 학교의 일원으로 완전히 수용되기 힘들며, 정체성과 역할을 확립하는 데에 어려움이 있을 수 있다(Link, 1991; 이상균, 2001). 학교 상주형의 경우 1997년도 서울시 교육청 시범사업 중심으로 학교 교육계획서에 나타난 학교사회복지 연간활동 계획서는 유사한 형태로 나타나고 있다(영등포여자상업고등학교, 1998, 1999, 2000, 2001; 한가람고등학교, 1998, 1999, 2000; 구일고등학교, 2001; 서울시교육청, 2000, 2001, 2002). 우리나라의 경우 1997년부터 시작하여 1998년, 1999년까지 3명의 학교사회복지사를 채용한 영등포여자상업고등학교와 한가람고등학교 학교사회복지실을 중심으로 형성된 학교사회복지사의 역할은, 이후 서울시 교육청 시범사업을 통해 확대 발전되었다(성민선 외, 2004). 이러한 과정 속에서 우리나라의 학교사회복지사들은 자신들의 역할을 찾고자 많은 노력과 시간을 투자하였으며 그 결과 학생들과 교사들에게 인정받는 역할들을 찾아가고 있었다(윤철수, 2004).

이와 같이 학교사회복지사의 역할은 학교사회복지가 태동되었을 때의 학교사회복지사의 역할개척의 노력과 활동이 기반을 이루고 있었고, 역사적인 맥락에서 보았을 때에 학교사회복지사의 노력에 의해 발전되어 나타나고 있었다.

그러나 기존의 연구들을 종합해 보면 학교에 대한 특성 이해가 부족하였고, 학교 조직과의 상호작용의 맥락에서 역할을 연구하는 것이 부족하였으며, 학교사회복지사들의 역할수행의 과정이 어떠한 의미가 있는가 등을 고려되지 않았다고 보인다.

위에서 살펴본 국내외 문헌들을 통해서 발견된 사실은 다음과 같다. 학교사회복지사 역할은 사회·문화적 상황과 교육체계 내의 상황과 사건, 그리고 사회 조건의 영향을 받고 있으며, 학교사회복지사들의 역할 개척 노력에 의해 영향을 받고 있었다. 이것은 학교 및 사회·문화적 상황과 학교사회복지사의 상호작용 안에서 역할이 생성되기 때문에 역할은 하나의 과정적 맥락에서 고려되어져야 함을 의미하겠다.

기존 문헌을 통해 나타난 학교사회복지사의 역할은 학교와 학교사회복지사의 상호작용과 사회·문화적 상황을 고려하지 않고, 학생·가족, 교사, 학교, 지역사회, 국가 등 대상별 행위결과를 중심으로 언급하고 있다. 이를 표로 나타내면 【표 1】과 같이 재정리할 수 있겠다. 【표 1】과 같이 기존 연구들은 학교사회복지사들과 학교와의 상호작용을 충분하게 고려하지 않고 대상별 행위결과를 중심으로 학교사회복지사의 역할을 말하고 있다.

따라서 우리나라 학교사회복지사의 역할수행은 한국적인 토대 위에서 학교와 학교사회복지사의 상호작용 맥락에서 고찰하여 학교사회복지사의 정체성, 역할 등을 함께 연구되어야 할 것이다.

【표 1】 학교사회복지사의 역할에 대한 정리표

학자 \ 대상	Costin (1969)	Allen-Meares 1977년도	Allen-Meares 1991년도	Levine (1996)	사회복지 대백과사전 (1978)	김기환 (1997)
학생 · 가족	① 학생과 부모에게 개별 서비스 제공 ② 학생과 부모의 교육 상담 ③ 학생의 정서적 문제에 개입 ④ 사례 관리 업무	① 아동문제에 대한 명확화 ② 서비스 제공을 위한 예비 업무 ③ 문제 사정 ④ 아동과 부모에 대한 교육 상담	① 행정적이고 전문적 과업 ② 가정과 학교와의 연계 ③ 아동의 교육적 상담	① 가족과 학교문화 해석 제공 ② 연계를 통한 학습 성취 ③ 지역사회자원을 이용한 출석 학업 기회 확보 ④ 프로그램 실시를 위한 자원 동원 조정	① 심리부적응 학생 치료 및 예방 ② 청소년 문제 개입과 자원 동원 ③ 학생의 잠재력 개발	① 심리 치료 전문가 역할 ② 복지서비스 제공자 역할
교사	⑤ 교사에 대한 개별 서비스 제공 ⑥ 학생문제에 관하여 교사와 협력 관계			⑤ 교사들과 행정가들의 자문과 협력		③ 교직원과 학부모에게 학생문제 예방 교육
학교 변화	⑦ 학교사회복지서비스에 대하여 다른 관계자에게 설명		③ 행정적이고 전문적 과업	⑥ 교사들과 행정가들의 자문과 협력	④ 학교내 다양한 문제 해결을 위한 전문가 팀 활용 ⑤ 정신건강 측면에서 장애의 환경적 요소 개선 ⑥ 학생문제의 새로운 중재 방법을 개발 활용	④ 타전문직과 협력하여 학생을 위한 최상의 교육 행정이 될 수 있도록 하는 것
지역 사회 자원 활용	⑧ 가정과 지역사회와의 연결	⑤ 학교, 학생, 지역사회 관계성 촉진 ⑥ 지역사회 지원 자원 활용	④ 가족의 지역사회자원 활용 촉진	⑦ 지역사회자원 활용 방안 연구 및 대응	⑦ 청소년문제 개입과 자원 동원 ⑧ 학교 - 부모 - 지역사회 상호협력체계 구성	⑤ 학교와 지역사회와의 연계자
정책 입안	⑨ 지도력과 정책 결정에 참여	⑦ 지도력과 정책수립	⑤ 지도력과 정책 수립		⑨ 학생문제의 새로운 중재 방법을 개발 활용	

제Ⅲ장 연구방법

제1절 현실기반이론

현실기반이론은 근거이론의 또 다른 명칭으로 통하며(김영종, 1999), Glaser 와 Strauss(1967)에 의해 최초로 제안되었다. 이론적 토대는 Mead에 의해 전개된 미시적 시각에 근거하는 상징적 상호작용주의로서 인간의 행동은 다른 사람들과의 상호작용을 통해 발전한다는 것을 강조한다(문창진, 1997). 현실기반이론의 주요 목적은 사람이나 사건, 현상들에 대한 이론을 발전시키고(김영종, 1999), 자료수집, 분석, 그리고 최종적인 이론이 서로 밀접한 관계를 갖도록 연구자가 이론적 민감성을 가지고 이론적 표본추출, 지속적 비교방법, 메모, 코딩 등을 통해 체계적으로 이론을 개발하는 것이다.

현실기반이론에서는 이론적 민감성이 매우 중요한 개념으로 이는 자료 속에서 중요한 것을 찾아내고 그것에 의미를 부여할 줄 아는 연구자의 능력을 말한다. 연구자는 회의적인 자세를 가지고 계속적으로 자료를 비교하면서 자료에서 무엇이 중요한지 인식하고 의미를 줄 수 있어야 하는데 이는 곧 연구자의 개인적 자질 및 능력을 말한다(김미경, 2001). 자료를 수집하면서 분석하는 동안 자료에 대한 끊임없는 질문은 이론 생성과정에 도움을 주는데 질문의 예를 들어보면 "자료가 무슨 일에 관한 것인가?" 분명히 다른 집단과 구분이 되는 것으로서 "이 사람들이 다루는 중심적인 문제는 무엇인가?" 또 "그 문제를 어떻게 해결하는가?" 등이다(김연미, 2003). 이렇게 이론적 민감성을 확보하기 위하여 연구자는 별도의 훈련과 폭넓은 지식, 그리고 자신의 편견과 선입 견을 발견할 수 있는 민감성과 학문에 대한 호기심과 개방적인 태도가 있어야 한다. 동일한 자료라고 하더라도 연구자의 수준에 따라 차이가 발생할 수 있으므로 연구자는 이론적 민감성을 위해 준비되어야 하며 훈련을 받음으로써 이론적 민감도를 높여야 한다.

이론적 표본추출(Theoretical Sampling)은 연구자가 개념에 근거하여 표본을 추출하는 것으로 개념의 속성을 변화시키는 차원이나 조건을 탐색하는 것을 말한다(김미경, 2001; 김연미, 2003). 이론적 표본추출을 이끄는 방법은 끊임없이 질문하여 지속적으로 비교하는 것이다. '지속적 비교하기'는 연구자가 범주, 속성, 차원들을 발견하고 연결시키는 것을 돕고, 사건을 명확하게 하기 위하여 사건 대 사건 비교와 은유와 비유 를 통한 이론적 비교를 통해 사고를 촉진하고 이론적 표본을 추출하도 록 돕는다(김미경, 2001; 김연미, 2003). 지속적 비교의 구체적 방법은 이미 추출된 개념들과 개념 연결을 중심으로 각각의 반대 개념, 유사 개념, 유사 개념의 반대개념을 제시하며 어떠한 개념이 보다 더 자료에 충실하며, 함축적이고 은유적인 뉘앙스를 갖는지를 분석한다. 따라서 이 때에는 연구자의 다양한 어휘와 풍부한 지식 등이 중요하게 작용하는 데 이러한 작업은 개념을 보다 명확하게 만들어주며, 각각의 개념과 하 위범주, 범주의 연결을 보다 정밀하게 만들어 준다. 이들 간의 관계 및 개념의 적합성을 중심으로 연구자는 어떠한 잠정적 개념이나 범주들이 자료를 잘 설명할 수 있는지를 확인하며 이것들을 가지고 자료를 재분 석해 본다. 자료 분석의 결과물인 잠정적 개념과 범주를 계속적인 수정 과정을 거쳐 더 이상의 새로운 통찰이 이루어지지 않을 때까지 반복한 다(김영종, 1999). 이론적 표본추출과정은 연구자의 자료에 대한 숙지 (熟知)가 전제되어야 하고 연구자의 부단한 노력과 다양한 활동이 지 속적으로 요구되어진다. 연구자가 자료를 직접 수집하고 메모를 통하여 상황과 정황을 알고 있다고 하여도 개념 도출작업을 반복하면 할수록 이론적 표본 추출은 더욱더 정교해진다. 또한 이 과정에서 질적 연구 경험이 많은 다른 연구자의 도움을 얻을 수 있다면 보다 정교한 이론 석 표본추출에 도움을 얻을 수 있다.

메모는 연구가 진행되는 동안 연구자에게 떠오르는 생각, 해석, 질문, 방향, 계획, 주제, 가설 등을 기록하는 방법이다. 메모는 연구 시작부터 종료 시점까지 활용될 수 있는데 자료 수집 과정에서 녹음기로 담기 어려운 의미 있는 상황을 기술하거나, 그 의미를 해석하거나 의미 있는 질문, 앞으로 계획 등을 연구자가 기록하는 것이다. 메모가 중요한 이유 는 인간에게는 기억력 한계가 존재함으로 자료수집현장에서 떠오르는 아이디어를 보호하고 자료화 및 녹음이 갖는 한계를 극복할 수 있기 때문이다. 물론 VTR로 녹화를 할 경우나 참여 관찰의 경우에도 메모 는 활용되는데 특정한 상황 속에서 나타나는 아이디어는 일시적일 수 밖에 없으므로 아이디어가 나타나는 순간에 기록하는 것이 중요하다. 이러한 메모는 자료를 중심으로 개념 추출과 명명화 작업에 큰 도움을 주며 개념을 추출하는 데에 중요한 역할을 한다.

코딩(coding)은 자료를 분해하고 개념화하고 이론을 형성하도록 통합 시키는 분석과정으로 개방코딩(open coding), 축코딩(axial coding), 선 택코딩(selective coding)으로 구성되어 있다. 개방 코딩은 그 개념을 밝 히고 속성(Properties)과 차원(Dimensions)을 자료 안에서 발견해 나가 는 분석과정이고, 축코딩은 한 범주의 축을 중심으로 속성과 차원의 수 준에서 범주를 하위범주와 연결시키는 과정이며, 선택코딩은 핵심범주 를 발견하여 이론을 통합시키고 정교화하는 과정이다(김연미, 2003). 먼 저 개방코딩(open coding)은 근거자료를 통해 개념(concept)을 발견하 고 명명하여 유사하거나 의미상 관련되어 있다고 여겨지는 사고나 사 건, 물체, 작용/상호작용을 하위범주(subcategory)로 묶은 후 범주화

(category)하는 과정이다. 개념은 단순히 이름을 명명하는 것으로만 어떤 일이 일어나는지 알 수 없기 때문에 분석도구를 이용하여 속성과 차원에 따라 발전시키며 하위범주는 한 현상이 언제, 어디서, 왜, 어떻게 일어날 수 있는가에 대한 정보를 나타냄으로서 범주를 보다 구체화한다.

또한 축코딩(axial coding)은 범주들 사이에 서로 연합관계를 만들면서 개방 코딩 후에 새로운 방식으로 자료가 다시 조합하는 것에 의한 일련의 절차, 조건, 전후관계, 작용/상호작용 전략과 결과를 포함하는 코딩의 형식을 사용함으로써 이루어진다(Strauss & Corbin, 1996). 축이라고 불리는 이유는 코딩이 한 범주의 축을 중심으로 일어나며 속성과 차원의 수준에서 범주들을 연결시키기 때문이다. 축코딩은 패러다임에 의한 범주분석과 과정 분석이 있으며 이러한 구조와 과정을 통합시키는 분석과정이 현상과 연관된 다양한 조건, 작용/상호작용, 그리고 결과를 밝혀낸다. 이러한 축코딩은 개방코딩 과정에서 많은 범주들이 나타나는데 범주에 붙여진 실제 이름들은 그 범주가 조건, 전략, 결과를 반드시 지정 해주지는 않는다. 또한 범주를 지시하는 현상이든지, 설명하는 하위범주의 현상이든지 간에 모든 범주는 속성을 가진다. 그 속성은 차원화되어 범주에 더 많은 설명을 해준다.

핵심범주를 선택하는 과정인 선택코딩(selective coding)은 핵심범주를 다른 범주에 체계적으로 연관시키고 그들의 관련성을 확인하며 보다 다듬고 개발할 필요가 있는 범주를 적어 놓은 것을 이야기한다. 여기에서 핵심범주(core category)는 다른 모든 범주가 통합된 중심현상을 말하는 것이고 이야기 윤곽(story line)이란 이야기의 개념화라고 하면서 핵심범주라고도 말한다. 여기에서의 이야기(story)란 연구의 중심현상에 대한 서술적인 이야기를 말한다.

이러한 현실기반이론의 절차에 따라 본 연구에서는 한국 학교사회복지사의 역할수행과정을 도출하였다. 그리고 자료 수집은 학교사회복지사들을 대상으로 심층면접을 통해 자료를 수집하였으며, 개방코딩, 축코딩, 선택코딩 과정을 통해 분석을 실시하였다. 이 과정 중에 떠오르는 생각, 방향성, 주제 등을 자유롭게 메모하였으며, 분석을 하면서 여러 차례 회의적인 인식을 갖고 다른 방향으로 분석을 하는 능 이론적 민감성을 갖기 위해 노력하였다. 이러한 연구 과정을 바탕으로 현실기반 이론이 제시하는 연구 절차에 따라 상황모형 및 연구 결과에 대한 평가를 실시하였다.

제2절 자료 수집

1. 연구참여자 선정 및 특성

1) 연구 참여자의 선정기준

본 연구에서는 학교사회복지사의 활동과정을 탐색하기 위하여 2003년 10월 현재 총 27명의 학교사회복지사 중에서 10명을 유의 표집하여 연구 참여자로 선정하였다. 선정의 기준은 첫째, 소속 학교에서 일년 이상 경험이 있는지를 고려하였다. 왜냐하면 사전 면접 결과 학교 조직과 문화를 이해하기 위해서는 최소한 일년이라는 시간이 필요하다는 판단 때문이었다. 따라서 총 27명의 학교사회복지사 중 연구의 대상이 되는 학교사회복지사는 총 16명에 불과하였다. 둘째, 본 연구에서는 학교사회복지사의 경력이 높을수록 보다 풍부한 경험이 축적되었을 것으로 예상하여 경력이 많은 학교사회복지사를 우선 선정하였다. 셋째, 모든 운영 주체가 포함되도록 하는 것이다. 학교사회복지가 실시되는 모형은 학교상주모형이었지만 그 운영의 주체는 개별학교, 교육청, 한국학교사회복지실천가협회, 복지기관 등 다양하였다. 따라서 네 가지의 운영주체가 골고루 포함될 수 있도록 고려하였다. 넷째, 중학교와 고등학교의 비율을 고려하였다. 현재 학교사회복지가 실시되고 있는 학교는 중학교와 고등학교가 각각 12개교, 초등학교가 2개교이다. 그러나 초등학교는 학교사회복지가 시작된 지 3개월 미만의 신규학교이므로 연구의 대상에서 제외하였고, 중학교와 고등학교의 비율이 균형을 갖도록 고려하여 선정하였다. 다섯째, 공립학교와 사립학교의 비율을 고려하였다. 학교운영이 공립의 형태와 사립의 형태에 따라 학교 조직의 풍토와 문화가 다를 수 있으므로 공립과 사립의 비율을 고려하여 선정하였다. 여섯째, 학교사회복지의 실시지역과 연구자의 접근성을 고려한 편의적 요소를 감안하였다. 학교사회복지실시 지역은 서울, 부산, 대전, 경기, 익산 등에 분포되어 있기 때문에 지역별로 분포가 많이 되어 있는 서울과 부산을 중심으로, 그리고 접근이 용이한 경기 지역을 고려하였다. 그리고 마지막으로 본 연구의 목적에 동의하고 자발적인 참여의사를 밝힌 학교사회복지사를 선정하였다.

앞에서 제시한 일곱 가지의 선정기준에 따라서 1년 이상 경력이 많은 학교사회복지사를 우선적으로 선정하여 활동경력이 3년 이상 6명, 1년 이상 4명을 선정하였다. 운영주체로는 학교 자체 고용 1명, 학교사회사업실천가협회 5명, 교육청 2명, 기관고용 2명이다. 대부분 각 집단에서 50%의 비율로 선정하였는데 기관고용형에서는 8명 중 4명만이 1년 이상의 요건을 충족하여 4명 중에서 2명을 선정하였다. 또한 서울 12개교, 경기 2개교, 대전 4개교, 울산, 익산 각 1개교, 부산 3개교 중에서 접근성과 운영주체를 함께 고려하여 서울 7명, 경기 1명, 부산 2명을 선정하였다. 이들은 모두 본 연구에 자발적인 동의를 확인하여 선정하였다. 이러한 기준과 참여자의 현황은 【표 2】와 같다.

【표 2】 연구참여자의 선정 기준

선정 기준 항목		전 체	참여자
		16명	10명
학교사회복지경력	3년 이상	7명	6명
	1년 이상	9명	4명
학교사회복지 운영 주체	교육청	4명	2명
	기 관	4명	2명
	협 회	6명	5명
	학 교	2명	1명
학교 급	중 등	7교	5교
	고 등	9교	5교
학교 유형	공 립	8교	5교
	사 립	8교	5교
지 역	서 울	9교	7교
	경 기	2교	1교
	대 전	1교	
	부 산	2교	2교
	익 산	1교	
	울 산	1교	
연구 참여 동의			모두 동의

2) 연구참여자의 특성

본 연구의 자료가 포화할 때까지 면담한 연구참여자는 총 10명이었다. 참여자의 연령은 28에서 44세로 평균 연령은 33.6세이며, 성 비율은 9명의 여성과 1명의 남성으로 여성이 압도적으로 많았다. 이들의 학부 전공은 사회복지 전공 7명, 사범대 3명이었고, 모두 대학원에서 사회복지 석사학위를 취득하였다.

참여자들의 평균 경력은 4.8년이었고, 이들은 학교 자체 고용 경력자 1명, 교육청 경력자 2명, 사회복지공동모금회에서 실시하는 기획사업 경력자 2명, 나머지 5명은 교육청 시범사업 경력과 사회복지공동모금회 기획사업 경력 등을 동시에 갖고 있었다. 현재 운영 주체는 학교 자체 고용 1명, 학교사회사업실천가협회를 통한 학교 고용 5명, 교육청 2명, 기관고용 2명이었고, 급간 현황은 중학교 5개교, 고등학교 5개교였고, 유형별로는 공립학교 6개교, 사립학교 4개교이었다. 지역별로는 서울이 7명, 경기 1명, 부산 2명이었고, 결혼여부는 기혼 7명, 미혼 3명이었으며 모두 본 연구에 자발적 의사로 참여하게 되었다.

참여자 A는 학교에 고용된 32세 기혼여성이다. 학부와 대학원에서 사회복지를 공부하였다. 1996년부터 학교사회복지활동을 실시하여 왔으며 실습 2년, 시간제 학교사회복지사 3년, 전임 학교사회복지사 3년 등 2004년 2월까지 서울에 위치한 사립 실업계 여자고등학교에서 학교사회복지사로 근무 하였고, 2004년 4월 현재 교육복지투자우선지역지원사업에 참여하여 서울 ○○교육청 PC(project coordinator)로 근무하고 있다.

참여자 B는 학교에 고용된 33세의 기혼 여성이다. 학부에서는 불어교육을 전공하였고 2급 정교사 자격증을 소지하고 있으며, 시간강사를 역임한 후 대학원에서 사회복지를 전공하였다. 1998년부터 시간제 학교사회복지사로 근무하였으며 2000, 2001년도 교육청 시범사업에 참여하였다. 2002년부터 사회복지공동모금회 기획사업에 참여하고 있으며 2004년 4월 현재 서울에 위치한 사립 실업계 여자고등학교에서 학교사회복지사로 근무하고 있다.

참여자 C는 학교에 고용된 38세의 기혼 여성이다. 학부에서는 경영학을 전공하였고 2급 정교사 자격증을 소지하고 있으며 1999년도에 Y여상에서 1년간 실습을 마치고 2000, 2001년도 교육청 시범사업에 참여하였다. 2002년부터 사회복지공동모금회 기획사업에 참여하여 2004년도 4월 현재 서울에 위치한 공립중학교에서 학교사회복지사로 근무하고 있다.

참여자 D는 학교에 고용된 33세의 기혼 남성이다. 학부와 대학원에서 사회복지학을 전공하였고, 종합사회복지관에서 학교사회복지 업무를 담당하던 중 2000년도 교육청 시범사업에 참석하기 위해 사직하였다. 2000년, 2001년도 교육청 시범사업에 참여한 후 2002년부터 사회복지공동모금회 기획사업에 참여하고 있으며 2004년 4월 현재 서울에 위치한 공립중학교에서 학교사회복지사로 근무하고 있다.

참여자 E는 학교에 고용된 33세의 미혼 여성이다. 학부와 대학원에서 사회복지학을 전공하였고, 1997년도 학교에서 실습을 하였다. 2000년, 2001년도 교육청 시범사업에 참석한 후 2002년부터 사회복지공동모금회 기획사업에 참석하고 있다. 2004년도 4월 현재 서울에 위치한 공립 인문계 고등학교에서 사회복지사로 근무하고 있다.

참여자 F는 학교에 고용된 44세의 기혼 여성이다. 학부에서는 원예학을 전공하였고, 2급 정교사 자격증을 소지하고 있으며 대학원에서 사회복지를 전공하였다. 1999년에 Y여상에서 1년간 실습을 하였고 2000년도에 교육청 시범사업에 참석한 후 2001년도에는 G고등학교에서 시간제 학교사회복지사로 활동하였다. 2002년부터 2003년 12월까지 교육청 시범사업으로 서울에 위치한 공립 중학교에서 학교사회복지사로 근무하고 있다.

참여자 G는 학교에 고용된 28세의 미혼 여성이다. 학부와 대학원에서 사회복지학을 전공하였고, 2000년부터 1년간 실습, 2001년도에는 1년간 자원봉사를 하였다. 2002년부터 2003년 12월까지 교육청 시범사업에 참여하였고, 2004년 4월 현재 교육청 시범사업으로 서울에 위치한 공립중학교에서 학교사회복지사로 근무하고 있다.

참여자 H는 기관에 고용된 28세의 미혼 여성이다. 학부와 대학원에

서 사회복지학을 전공하였고 2001년도부터 1년간 실습을 하였다. 2002
년도 현재 소속된 기관에 고용되어 사회복지공동모금 기획사업에 참여
하게 되었고, 2004년도 4월 현재 기관 소속으로 경기도에 위치한 사립
여자중학교에 파견되어 근무하고 있다.

참여자 I는 학교에 고용된 30세의 기혼 여성이다. 학부와 대학원에서
사회복지학을 전공하였고 아동폭력상담소에서 상담원으로 근무하고 있
었다. 2002년도에 직장을 사직하고 사회복지공동모금회의 기획사업에
참여하게 되었고, 2004년 현재 부산에 위치한 공립 실업계 고등학교에
서 학교사회복지사로 근무하고 있다.

참여자 J는 기관에 고용된 37세의 기혼 여성이다. 학부에서는 역사교
육을 전공하여 2급 정교사 자격증을 소지하고 있었고 대학원에서 사회
복지를 전공하였다. 2002년도 현재 소속된 기관에 고용되어 사회복지공
동모금 기획사업에 참여하게 되었고, 2004년도 4월 현재는 기관 소속으
로 부산에 위치한 공립 여자중학교에 파견되어 근무하고 있다.

2. 자료 수집 방법

본 연구의 자료 수집은 심층적인 질적 면접, 문서수집 방법이 사용되
었다. 주로 심층적인 질적 면접 방법이 사용되었으며, 학교사회복지학회
및 한국학교사회복지실천가협회의 연수 자료집, 각 학교 연간 운영계획
서, 서울시 교육청 월례회의 자료 및 사회복지 공동모금회 월별 보고서
자료, 연간 평가자료 등과 같은 관련 문서를 검토하였다.

관련 문서들은 학교사회복지사가 학교에 투입되기 전에 어떠한 교육
을 받으며, 또한 학교에 투입되어 어떠한 활동을 하는지에 대한 정보를
줄 수 있을 뿐만 아니라 참여자들과의 면접 내용을 구성하는 데 활용

되었다. 또한 심층 면접을 진행하면서 보다 풍부한 자료 수집을 할 수 있도록 기초 자료를 제공하였다. 개인의 경력 및 배경, 면담, 관련 문서 등은 학교사회복지사의 역할수행 과정을 위한 분석자료로 활용하였다.

1) 심층적인 질적 면접

본 연구에서 사용한 자료 수집 방법은 심층적인 질적 면접 방법(In-depth qualitative interviewing)을 사용하였다. 이러한 질적인 연구는 양적인 방법으로는 파악이 불가능한 복잡하고 미묘한 현상을 이해하는 데 유용한 접근 방법으로서 Taylor 와 Bongdan(1984)는 질적인 방법으로 심층 면접에 적합한 상황을 다섯 가지로 제시하였다. 그것은 연구 관심이 비교적 정확하고 잘 정의된 경우, 면접이 아니면 접근 할 수 없는 경우, 시간제약이 있는 경우, 연구가 광범위한 상황이나 사람들에 의해 좌우되는 경우, 연구가 주관적인 경험을 밝히길 원하는 경우이다.

본 연구에서 심층적인 면접을 선택한 근거를 정리하면 다음과 같다.

첫째, 제도화가 되지 않은 한국 상황 속에서 학교사회복지가 어떻게 이루어지고 있는가를 전체적으로 이해하는 것은 중요하다. 이는 '연구가 상황이나 사람들에 의해 좌우될 수 있는 경우'에 해당된다. 한국 학교사회복지는 제도적으로나 학문적으로 정립이 되어있지 않은 상황 속에서 소수의 학교사회복지사들에 의해 이루어지고 있다. 따라서 한국 학교사회복지사의 역할수행과정 연구는 현장에 있는 학교사회복지사들에 의하여 이루어져야 하고, 교사나 학생, 기타 다른 전문직의 의식을 중심으로 연구가 진행된다면 이는 연구의 결과가 다르게 나타날 수 있다.

둘째, 학교사회복지사는 학교 조직 및 그 구성원들과 어떠한 상호작용을 하며 이를 통한 역할수행 과정은 어떠한가에 관심을 갖는다. 과정은 역동적이자 유동적이며 개인의 주관적 인식이 핵심적인 고려사항이다(우국희, 1997). 따라서 심층면접방법을 통하여 '학교사회복지사는 학교 관리자, 교사, 학생, 학교 문화 등과 어떠한 상호작용을 하는가?', '이러한 상호작용은 그들의 역할수행에 어떠한 영향을 미치는가?', '이러한 상호 작용은 어떠한 맥락에서 이루어지고 있는가?' 등의 풍부한 자료를 수집할 수 있다.

셋째, 본 연구의 핵심은 문제제기에도 밝혔듯이 학교 조직 내에서 그들의 역할수행과정과 그 의미를 파악하는 것이다. 이는 질적인 방법으로서 심층 면접이 적합한 상황 중 '주관적 인간의 경험을 밝히는 경우'에 해당된다. 초기 단계의 개체는 그 주어진 환경 속에서의 상호 작용을 통하여 역할 취득, 형성, 수행 등을 경험하면서 조직 내에서 위상과 정체성을 형성하며 이러한 과정 속에서 나오는 개체의 경험은 사적(私敵) 영역에서의 단편적 경험이 아닌 공적(公的)영역에서의 역할군 형성에 중요한 토대(土臺)가 된다는 것이다.

연구자는 학교사회복지사의 역할수행 과정과 그 경험의 의미를 알아보기 위해서 학교사회복지 입문에서부터 면접에 임하는 순간까지 시간의 흐름에 따라 자신의 과거를 회상하여 구성한 이야기를 듣는 과정을 취하였고, 입문 동기, 적응과정, 역할수행 과정, 기쁘고 힘든 경험, 학교사회복지사로서의 정체성 등과 관련된 내용을 중심으로 질문하였다. 참여자에게 행해질 면접 질문지는 위의 내용을 중심으로 다음과 같은 영역으로 분류하였다. 그러나 이러한 면접 질문지는 비구조적 질문에서 누락될 수 있는 정보를 방지하기 위한 참고용일 뿐이고 심층 면접이 시작되면 참여자들은 자신의 이야기를 자연스럽게 이야기하였다.

【표 3】 면접 질문 구성 내용표

질문지의 내용영역	구성 내용
경력 및 배경	학교사회복지에 대한 관심 및 입문 동기, 학교 현장에서의 실습 경험, 자원봉사 경험과 의미
학교조직의 특성	소속 조직에서의 위치, 소속감, 의사소통, 관리자와의 관계, 교사와의 관계.
역할수행 과정	역할수행의 과정, 역할수행의 어려움, 어려움 극복의 전략, 역할 확대를 가져오게 된 사건
경험의 의미	각각의 경험에 대한 의미, 전체적인 경험에 대한 의미
기 타	학교사회복지사로서의 정체성 경험과 고민, 역할수행을 위한 보완 요인

본 연구의 자료수집 기간은 2003년 4월 4일부터 2004년 1월 28일까지 심층면접과 문헌 수집을 진행하였다. 연구를 위한 개별 심층 면접은 총 세 차례(사전면접, 1차 면접, 2차 면접) 실시하였다. 1회에 60분에서 90분을 넘지 않도록 고려하였고, 면접에 방해를 받지 않을 시간과 장소를 고려하여 진행하였다. 사전 면접은 2003년 4월 4일부터 5월 23일까지 연구참여자 3명을 중심으로 총 7회를 진행하였으며 이를 통해 학교사회복지사의 역할수행 과정은 공통적인 일련의 과정이 존재함을 발견하였다. 1차 면접은 2003년 10월 13일부터 2004년 1월 28일까지 1차 연구자를 제외한 7명을 중심으로 총 15회를 진행하였다. 그리고 같은 기간동안 1차 참여자 3명을 대상으로 내용보완을 위한 2차 심층면접을 5회 진행하였다.

면접은 비구조적이고 개방적인 질문을 통해 이루어졌으며 자료의 누락과 오기를 방지하기 위해 참여자의 양해를 받고 보이스 레코더(voice recorder)로 녹음하였다. 녹음하는 도중에 비언어적 자료와 연구자의 떠오르는 내용을 노트에 기록하였다. 면접이 끝난 후 컴퓨터에 음성 화일로 분류 저장한 후 곧 전사하였으며, 다음 면담이 이루어지기 전에 분석을 위한 요약과 함께 1차 분석을 하였다. 자료의 분석과 해석을 동시에 수행하기 위해 노력하였으나 보다 정교한 분석은 2차, 3차에 걸쳐 이루어졌다.

면담시 질문은 간단한 자신에 대한 소개를 질문한 후 "당신은 학교 사회복지사로서 어떻게 역할수행을 해오셨나요?", "시작부터 지금까지 말씀해 주십시오.", "학교사회복지사로서의 경험은 당신에게 어떠한 의미가 있다고 생각하십니까?" 라는 질문으로 시작하면서 참여자들의 경험을 진술하도록 하였다.

2) 문서 수집

본 연구 주제와 관련 있는 문서의 사본을 수집하였다. 학교사회복지사의 역할수행과 관련 있는 각 학교의 학교사회복지실에서 발행한 연간 사업계획서(2002,2003) 및 학교 교육계획서 등을 수집하여 참고하였다. 또한 교육청 시범학교의 경우 월례 자문회의 자료집(2003), 시범사업 보고회 자료집(2000, 2001, 2003) 등을 참고하였고, 사회복지공동모금회 기획사업에 참여하는 참여자의 경우에는 월간 보고서(2002, 2003) 및 연간 사업 평가서(2002)를 검토하였다.

이러한 문서 수집을 통해 최근 학교사회복지 활동을 파악할 수 있었고, 또한 참여자들이 속해 있는 각각 다양한 학교의 현장을 이해할 수 있었다. 그러므로 참여자의 역할수행 과정을 보다 충분히 이해함을 바탕으로 심층 면담을 통한 자료수집에 도움이 되었다.

3) 연구 참여자에 대한 고려

본 연구 참여자에게는 사전에 전화로 연구의 목적을 설명한 뒤 구두로 연구 참여 동의를 받았다. 그 후 대면을 통해 연구의 목적과 취지, 연구 참여자로 선정된 이유를 충분히 설명하였고 서면으로 된 동의서(〈부록 1〉참조)를 받아 참여자들의 권리를 보호하기 위해 노력하였다. 동의서를 받을 때에는 참여자가 원하면 언제라도 면담을 거절할 수 있음과 참여자의 비밀 유지와 익명이 보장되며 연구의 목적이외에는 어떠한 목적에도 사용하지 않을 것임도 함께 말하였다.

면담시작 전 편안한 분위기를 이끌기 위해 노력하였으며, 면접은 가급적 1회에 90분 내외가 되도록 하였으나 참여자들의 진술 흐름에 맞추어 진행하였다. 면접 장소는 정해신 시산동안에 방해받시 않는 장소를 이용하였으며, 주로 시간과 장소는 내담자의 편의에 따랐다. 또한 심층 면접에 집중하고자 참여자의 양해를 구하여 핸드폰 전원을 끄고 면접을 진행하였다. 그러나 시간과 상황이 허락하지 않아 독립된 면접 장소를 마련하지 못할 경우에는 참여자의 업무와 동선(動線)을 고려하여 공공의 장소를 택하기도 하였다. 이때에는 주변 잡음으로부터 자료를 보호하기 위하여 핀(pin)마이크를 필수적으로 사용함으로써 자료를 보호하는 노력도 잊지 않았다.

3. 자료 분석 방법

자료분석의 절차는 Strauss 와 Corbin(1998)이 제시한 개방코딩, 축코딩, 선택코딩에 따라 분석하였다. 자료분석은 자료수집과 동시에 진행하며 자료분석을 하는 동안 더 이상 새로운 카테고리가 나오지 않는 포화상태에 이를 때까지 이론적 표집을 하였으며 다음과 같은 방법으로 자료를 분석하였다.

디지털 보이스 레코더로 녹음한 심층 면접의 자료는 녹음을 한 날짜와 연구참여자의 이름을 결합하여 파일명을 만들고 이를 음성 파일(file)로 컴퓨터에 저장한 후 전사(transcript)하였다. 한번 전사하는 데에는 약 10시간에서 13시간 정도 시간이 소요되었으며 잡음이나 외부 환경의 영향을 고려하여 주로 심야 시간과 이른 아침 시간을 활용하였다. 전사한 자료는 참여자별로 한글 파일로 저장하였고 본격적인 분석 작업을 수행하기 앞서 각 전사 자료를 3회 이상 다독(多讀)하였다. 다독(多讀)을 통해 면접 당시의 상황을 상기하면서 당시의 상황을 정리한 메모와 자료를 함께 참고하여 떠오르는 생각과 느낌, 분석 등을 출력된 전사 자료지에 기록하였다. 자료에 대한 충분한 이해와 다독을 통해 떠오르는 생각과 아이디어는 의미 단위 분석에 도움이 되기 때문이다.

본격적인 분석 작업에 들어가면서 전사한 자료의 모든 줄(line)에 번호를 매겨 전체적 분석(holistic analysis)과 줄간 분석(line by line analysis)을 동시에 하였다. 참여자들의 자료들은 각각 3부씩 출력하여 한 부는 줄간 분석(line by line analysis)을, 다른 한 부는 문장과 문단을 중심으로 전체적 분석(holistic analysis)을 실시하였다. 줄 간 분석은 단어와 문장을 중심으로 참여자가 말하고자 하는 의미를 발견하는 것이고 연구자는 줄 간 분석을 통해 발견할 수 있는 최대한 의미 단위를 발견하였다. 그러나 분석 도중 의미가 명확하지 않거나 여러 가지 의미를 포함하고 있는 경우에는 가장 중요하다고 생각되는 의미를 기록한 후 괄호 속에 유사 의미나 다양한 의미를 함께 기록하였다. 이렇게 두 가지 방식의 분석과정과 다독(多讀)을 통해 정리된 아이디어와 생각들을 각각 다른 세 가지 색의 펜을 이용하여 나머지 한 부에 종합 정서하였다. 분석 작업을 각각 따로 한 이유는 한 곳에서 진행이 될 때에 발생할 수 있는 상호 간 분석 영향력을 배제하기 위해서였다. 종합 정서된 자료는 각 참여자의 컴퓨터 전사파일에 저장하였고 번호가 매겨져 있는 의미 단위 문장을 복사 및 취합하여 새로운 파일을 생성하였는데, 의미단위별로 재정리된 새로운 파일은 개념 도출을 용이하게 하였다. 이때 사용된 개념 도출 방법으로는 명명하기, 유사어 검증하기, 반의어 검증하기, 반의어의 역반의어 검증하기, 재명명하기, 초기 명명과 비교하기를 사용하였다.

본 연구에서 알고자하는 사항은 '학교사회복지사의 역할수행 과정'이므로 개방 코딩에 의한 의미 단위 분석과 함께 줄 간 분석에서 도출된 의미를 비교 및 분석하여 개념 통합을 시도하였다. 즉 개방 코딩에 의해 생성된 개념들과 전체적 분석(holistic analysis)을 통해 도출된 개념들을 비교 및 분석하여 개념의 포괄화 작업을 실시하였다. 개념의 포괄화 작업은 전체적 분석을 통해 나온 개념과 의미단위 분석을 통해 나온 개념들의 관계를 비교, 분석하는 것으로 주로 어떤 개념이 어떤 것들을 포괄하는가의 관계를 분석함으로써 통합된 하나의 개념을 형성하였다. 그리고 이러한 개념의 유사어, 반의어, 반의어의 역반의어를 검증하여 재명명하고, 다시 초기 명명과 비교하기를 통해 개념을 포괄하였다.

2차와 3차 분석과정을 통해 지속적으로 비교 분석하여 개념을 명명화하였고 개념적으로 비슷한 것끼리 모아 추상성이 높은 범주를 이루어 가는 개방 부호화 작업을 실시하였다. 또한 개방 부호화 작업을 실시함에 있어서 의미단위별로 저장한 파일들을 대조하면서 개방코딩에서 나타난 의미들과 전체적 분석을 통해 도출된 의미들과의 비교 분석을 실시하여 유사성을 확인하였다. 이때 연구자는 개념 명명하기를 실시하는 과정 중에 가능한 대상자의 언어를 그대로 사용하여 의미가 왜곡되지 않도록 유의하였고 개방부호화 과정은 이론적 포화상태에 이를 때까지는 물론이고, 최종 분석이 종료되어 연구의 결과를 도출하는 순간까지 반복하여 비교하고 검증하였다.

개방부호화 과정에서 나타난 범주들을 한 단계 더 추상화하여 상위 범주를 찾아내어 명명화하였고, 명명화된 범주들을 상황적 요인, 맥락적 요인, 중재적 요인, 전략 및 상호작용, 결과로 분류한 다음 이들의 속성과 정도의 영역을 매개로 서로 연결하는 연결부호화 작업을 실시하였다. 이때에는 의미 단위나 개념보다는 시간의 흐름에 따라 발생되는 인과적 관계, 이러한 인과적 관계로 인해 발생하는 현상이 무엇이고 그러한 현상을 가져오는 맥락적 상황과 감소의 요인, 극복하기 위해 취하는 전략과 그 결과 등을 중심으로 주로 범주와 범주 간의 관계를 중심으로 분석하였다. 이러한 시간의 흐름과 상황과 맥락적 인과관계에 의한 분석은 개방 코딩에서 도출된 개념 및 범주화의 결과와 일치되는가를 확인하게 되었고 그 범주를 구성하는 속성과 차원을 분석하게 되면서 개념 결합의 농밀도를 확인하였다. 또한 연결부호화 과정에서 다른 모든 범주들이 연결되어질 수 있는 중심적인 현상의 핵심범주를 찾아내고 각 범주들과의 관계를 분석하였다. 부호화 패러다임을 더욱 확대, 발전시키기 위해 핵심범주를 체계적으로 다른 범주에 적용해 보면서 그들 사이에 있게 되는 모든 상관관계를 정형화하고 이를 자료와 대조해 어떤 관계유형이 있는가를 확인하는 선택부호화 작업을 하였다. 최종적으로 개념간의 결합 관계가 농밀하다고 판단이 되었을 때에 범주들끼리의 복잡한 관련성을 원인적 상황, 현상, 맥락, 매개요인, 작용/상호작용 전략, 결과 등의 패러다임 모형으로 구성하였다. 그리고 어떤 현상이 일어나게 된 원인현상과 중심현상, 인과적 조건, 맥락, 중재상황, 전략 그리고 결과의 가설적인 관계를 나타내는 관계진술을 개발하였는데 이때 맥락적 조건과 중재적 조건이 동시에 현상에 미치는 영향을 고려하여 관계진술을 개발하게 되었고 이러한 관계진술을 바탕으로 중심현상과 각 범주간의 관계개요를 기술한 가설적 관계개요를 제시하였다. 이렇게 제시된 가설적 관계 진술문을 바탕으로 본 연구에 참여한 참여자들의 해당사항을 종합하여 관계 유형을 자료와 대조하여 검증하여 보았다.

　이상 일련의 자료분석 결과와 근거 자료를 지속적으로 비교해 각 범주 사이에 반복적으로 나타나는 관계를 정형화하는 유형 분석을 하고 이론의 기본적 모형을 설계하는 이론 부호화 작업을 진행하였다.

그리고 마지막으로 학교사회복지사의 역할수행의 과정을 단계화 하였는데 주로 패러다임 모형과 유형 도줄이 밀도 있게 이루어진 이후에 시간의 흐름과 인과적 관계를 중심으로 그 결과를 단계화 하였고, 각 과정을 진행한 후 참여자들이 경험하는 주관적 의미들을 각 단계와 과정에서 발견하였다.

이상의 과정으로 진행한 자료 분석의 절차는 【그림 1】과 같다.

【그림 1】 자료 수집 및 분석의 절차

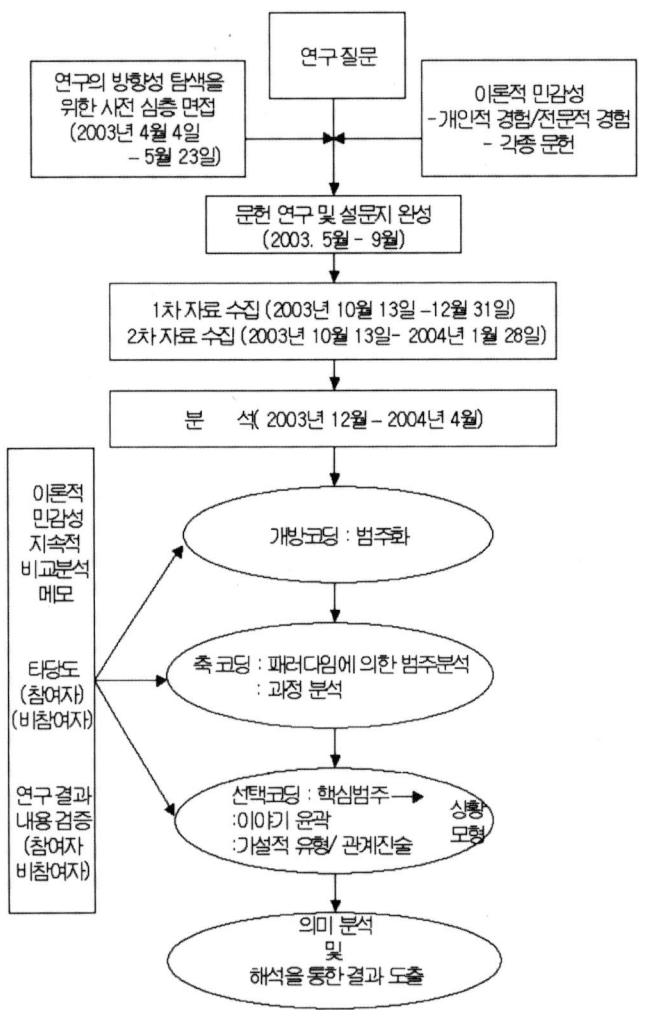

제3절 질적 기준

1. 연구의 타당성과 신뢰성

본 연구는 질적 연구 방법론을 활용하였기 때문에 양적 연구방법에서 수행된 내·외적 타당도, 신뢰도 등을 적용할 수 없다. 그러므로 Cuba 와 Lincoln(1985)이 제시한 신빙성(credibility), 재현가능성(transferability), 신뢰성(dependability), 확인가능성(confirmability)의 네 가지 요소를 충족시키기 위한 연구자의 노력을 제시하고자 한다. 그리고 Strauss 와 Corbin(1998)이 제시한 다음의 네 가지 평가기준에 근거하여 평가하였다.

신빙성(credibility)은 양적 연구의 내적 타당도에 해당하는 요소로서 연구참여자들의 상황에서 발견된 사실이 얼마나 믿을 수 있는가를 말한다. 연구자는 연구를 시작하기 전에 학교사회복지와 관련된 학술적 문헌과 학교사회복지 실천가들을 꾸준히 만나 연구 질문들과 관계된 충분한 배경정보를 갖고 학교사회복지사의 활동과정을 이해하였다. 그리고 한국 최초의 학교사회복지사로서 활동한 경험, 최초의 교육청 시범연구에 참여했던 경험, 그리고 공립과 사립학교에서 학교사회복지를 실시한 경험, 각종 학교사회복지 자문활동의 경험 등을 토대로 자료수집에 들어갔다. 연구자의 경험이 객관적인 연구를 수행하는 데에는 편견이나 선입견 등의 부정적 요인도 있겠으나 연구 대상자와 비슷한 경험을 공유하고 있다는 점에서 이론적 민감성이 높아지는 장점으로 활용하였다. 또한 3년 이상의 학교사회복지사들과 여섯 차례 만남을 통해 토의하고 논의하며 자료를 수집하였다.

그 결과 참여자들은 교과서에 기록된 것 이상의 역할을 수행하고 있었으며, 이들의 역할수행 과정은 어떠한 상황과 맥락에 의해 특정한 유

72

형으로 나타나고 있었다. 연구가설과 참여자들이 진술하는 역할수행 과
정경험이 유사함을 발견하였고, 학교사회복지사 역할은 상황적 맥락에
서 정리될 필요를 확신하게 되었다.

재현가능성(transferability)은 양적 연구의 외적 타당도에 해당되는
요소로서 연구 결과가 다른 대상에게도 적용될 수 있는가를 말한다. 본
연구에서는 연구에 참여하지 않았던 여섯 명의 학교사회복지사들에게
패러다임에 의한 범주분석과 핵심범주, 네 가지 단계와 세 가지 유형
그리고 64가지의 가설을 중심으로 토론하여 검증 받았고 자신들의 경
험과 상응하는지 확인 받았다. 그리고 3년 이상의 경험을 갖고 있는 학
교사회복지사들과 최종 결과를 세밀하게 검토하며 토론하였으며 그 결
과 각각의 모임에 참여한 사람들이 연구의 결과가 본인들의 경험과 일
치된다는 결론을 통해 재현가능성이 확인되었다.

신뢰성(dependability)은 양적 연구의 신뢰도에 해당되는 요소로서 연
구결과의 반복정도를 의미한다. 질적 연구에서는 연구자의 연구 결과추
출이 얼마나 일관적인가를 밝히는 것이 중요하기 때문에 본 연구자는
자료를 분석하기 전 각 자료당 3회 이상의 다독(多讀)을 하였고, 자료
한 벌에는 줄 간 분석을 실시하고 별도의 다른 한 벌에는 전체 분석을
작업한 후 이를 최종적으로 함께 정서(正書)하면서 비교하였다. 다른
연구자가 본 연구와 동일한 관점을 제시하고, 자료 수집과 분석에 있어
서 동일한 조건과 규칙을 따른다면 다른 연구자들도 현상에 대한 유사
한 이론적 설명을 얻을 수 있어야 한다는 것이다(김연미, 2003). 그러나
같은 연구주제로 다른 연구자가 연구를 진행한다는 것은 어려운 일이므
로 사회복지 박사학위를 소지한 2명의 연구자들과 두 차례에 걸쳐 결과
에 대한 토론을 통해 신뢰성을 검토 받았다. 또한 지도교수의 세밀한
지도를 결과에 반영함으로써 연구의 신뢰성을 검증하였다. 또한 자료에
서 발견된 범주와 핵심범주 등을 지속적인 비교방법을 통해 자료의 일

관성을 유지하고자 노력하였으며 연구 과정을 비교적 상세히 제시함으로써 신뢰성 측정을 위한 기본 자료를 갖추기 위해 노력하였다.

확인가능성(confirmability)이란 양적 연구의 객관성에 해당하는 것으로 연구 참여자들에 의해 확인 가능한 자료를 의미하며, 이는 연구과정과 결과에서 편견이 배제된 것을 의미한다.

참여자들에 의한 확인가능성은 연구자의 해석을 자신의 것으로 인정할 수 있을 때에 타당성은 확인된다. 따라서 자료의 타당성을 평가하기 위하여 자료 분석 결과가 학교사회복지사의 역할수행 과정을 명확하게 반영하고 있는가를 확인하였으며, 그들의 경험을 정확하게 나타냈는지를 확인하였다.

또한 연구자의 편견이나 선입견이 연구 결과에 미치는 영향을 최소화하기 위해 사전 예측과 연구 결과를 비교하여 편견과 선입견을 확인하였다. 연구자는 분석 전에 '학교사회복지사의 역할수행 과정은 어려움으로 일관될 것이다', '학교 사회복지사들은 역할수행에 있어 학교장과의 신뢰관계가 가장 중요할 것이다'라는 예상을 하였다. 왜냐하면 연구자 자신이 학교사회복지의 인식이 부족한 1993년부터 활동을 시작하였고, 이 중 4년간만 급여를 받는 등 불안정된 상황 속에서 어려움을 경험하였기 때문이다. 또한 사립학교장의 전폭적인 지원으로 학교에 고용, 부장급의 대우, 학교 교육운영에 참여 등 활발한 역할수행을 이루었기 때문이었다.

그러나 본인의 예상은 연구의 결과와 신뢰도와 타당도를 측정하면서 본 연구자의 주관적 경험에서 나타난 편견이었음을 발견하게 되었다. 참여자의 역할수행 과정은 어렵고 힘든 과정이었지만 어려움의 정도와 종류에도 차이가 있었고, '어려움'보다는 '개척하기' 현상으로 인식되었다. 그러므로 분석 전에 갖고 있던 '학교사회복지사의 역할수행과정은 어려움일 것이다'라는 생각은 본인의 경험에서 비롯된 편견이라고 자각하게 되었다. 그리고 참여자들은 사립, 공립, 서울시 교육청, 기관 등 다양한 상황에서 학교사회복지를 실시하고 있었다. 특히 교원의 인사이동이 잦은 공립학교인 경우, 아무리 학교장과 신뢰관계가 형성되었어도 참여자의 소속이 다를 경우 등은 단순히 학교장과 신뢰관계가 형성되었다는 것만으로 그들의 역할수행이 수월하지 않았음을 발견하게 되었다. 또한 연구 결과에서 연구자의 편견과 선입견을 배제하기 위하여 정교하고 지속적인 분석과 글쓰기 작업을 하였다.

2. 연구결과의 평가 기준

연구 과정에 의한 평가는 Strauss 와 Corbin(1998)이 제시한 일곱 가지 기준을 중심으로 평가하였다.

연구 과정을 평가함에 있어서 표본 선정의 기준, 주요 범주의 내용, 범주를 나타내는 사건이나 행동, 어떠한 범주에 기초하여 어떠한 과정으로 이론적 표본추출이 이루어졌는가, 개념적 관계에 관련된 가설은 어느 것이며 어떤 근거에 의해 형성되고 검증되었나, 가설의 설명여부, 핵심범주의 선택 이유 등을 기준으로 평가를 하였다.

먼저 표본 선정은 일곱 가지의 기준으로 총 27명의 연구대상자 중에서 10명의 연구참여자를 선정하였고 주요 범주로는 학교사회복지사의 역할수행 과정을 확인할 수 있는 13개의 주요 범주가 도출되었다. 이러한 범주들은 범주를 대표할 수 있는 사건이나 행동 및 상황적 맥락을 기준으로 도출되었고 유사한 개념들과 하위범주들을 바탕으로 도출되었다. 또한 '정체성 고민', '개척하기', '지지기반', '관계 맺기', '식구로 인정받기', '전문성 발휘하기', '개인변화', '학교 변화', '학교와 지역사회 연계', '의미 발견' 등의 범주를 기초로 하여 '학교사회복지사는 학교에서 구성원으로 인정되고 소속감을 경험하며, 이를 바탕으로 임상적, 학교 변화, 학교와 지역사회 변화 등의 전문성을 모두 발휘할 때에, 학교사회 복지사로서 정체성을 느끼면서 역할수행을 할 수 있다'는 이론적 표본 주줄을 하였다. 범주와 각각의 속성과 차원을 통한 다양한 조합에 근거 하여 지속적인 비교과정을 거치면서 개념들 간의 상호 관련성을 발견 하게 되었다.

다양한 맥락적 조건과 중재적 조건의 속성과 차원을 고려하여 64가 지의 관계진술을 설정하였다. 따라서 있을 수 있는 경우의 수를 모두 가설로 설정하여 설명되지 못한 가설은 없었다.

본 연구에서 축코딩 과정에서 핵심범주에 대한 윤곽이 설정되었고 핵심범주를 명명하는 과정은 크게 어렵지 않았다. 왜냐하면 본 연구에 서 파악하고자 하는 핵심적인 사항은 학교사회복지사의 역할수행과정 은 어떠한가? 이며 그 과정은 개방코딩에서 중심현상으로 나타났기 때 문이었다. 다만 개방코딩을 통한 전반적인 과정을 검토하면서 '어려움' 도 핵심범주가 될 수 있다고 생각하였으나 개념들과 하위범주를 면밀 하게 분석한 결과 '어려움'은 존재하였지만 학교사회복지사의 역할수행 은 '어려움'만 있지 않는 '개척하기'에 가까운 과정이라 판단되어 '개척 하기'로 명명하게 되었다. 그 결과 3가지로 유형화 될 수 있으며 그 의 미 검토를 통해 명확하게 발견되었다.

연구의 경험적 근거는 Strauss 와 Corbin(1998)이 제시한 여덟 가지 를 기준으로 평가하였다. 그러나 엄격하고 고정된 평가 규칙으로 받아 들여지지 말아야 한다는 지적과 자신만이 절차적 작업 진행했을 때 스 스로 밝힐 수 있다는 것, 그리고 자신의 연구 관점 및 연구 과정에 대 한 반응을 짤막하게 설명하는 것이 유용할 수 있다는 지적도 함께 고 려하여 평가하였다.

먼저 개념의 생성은 개념은 각 자료를 세 번 이상 정독하고 난 이후에 실시한 질문하기와 지속적 비교하기 과정을 통한 개방 코딩을 통하여 생성하였다. 개념의 생성은 사건과 사건의 비교를 통해 생성하였고, 생성된 개념에 대한 속성을 고려하여 각 개념의 속성과 비교를 통해 체계적으로 연결하였다.

범주는 연결의 견고성을 강조하는데 이것은 각각의 하위범주와의 관계 및 개개 범주와 더 큰 핵심범주와도 연관되어 있기 때문이다. 따라서 차원화 할 수 있는 많은 속성을 지닌 치밀한 밀도를 가져야 한다. 본 연구에서 제시된 개념과 범주와의 밀도는 비교적 밀도가 높다고 할 수 있겠다.

이론 내의 변화의 포함 여부에 대하여는 단일한 조건들을 결합하기 보다는 맥락적 조건과 중재적 조건을 함께 고려하여 64가지의 발전을 검사하였기 때문에 시간의 흐름에 따른 변화를 설명하였다. 한 현상에 대한 모든 설명은 그것이 발견될 수 있는 조건을 포함해야 한다. 본 연구에서는 중요한 조건으로 환경적 변화에 대하여는 자세히 설명하였으나 참여자들의 정체성 고민에 대한 내재적 원인에 대하여는 연구의 한계로 남겨두었다. 왜냐하면 본 연구의 목적은 역할수행 과정을 밝히는 것이 우선이고, 또한 변화가 발견될 수 있는 조건에 대한 참여자들의 전문성 정도나 성격 및 태도 등은 다른 차원의 연구가 되므로 본 연구에서는 다루지 않았다. 그러나 그 외의 변화 조건에 대하여는 충분히 설명되어져 있다고 판단된다.

그리고 시간의 흐름에 따라 핵심범주를 통한 다양한 상황적 조건에 따라 작용/상호작용 행동의 변화를 설명하였는데 각 단계는 학교 진입 전 단계, 정체성 고민 단계, 스스로 찾음 단계, 인정받음 단계, 변화하기 단계 등이 발견되었다. 본 연구의 결과는 학교 조직에 없었던 학교사회복지사가 학교 조직 안에서 어떠한 경험과 과정을 통해 학교사회복지사의 역할을 수행하는가를 나타내었다. 이러한 결과를 통해 학교사회복

지사는 어떠한 자질을 갖추어야 하며, 어떻게 역할을 정립하면서 정체
성을 확립해야 하는가의 의미를 발견할 수 있었다.

　연구의 결과와 전문가 집단의 논의와의 일치여부에 대하여 연구 결
과를 중심으로 전문가 집단과의 끊임없는 토의와 확인을 하였으며 그
결과 토의내용의 대부분이 연구결과와 일치하였다.

　보다 자세한 기준 질의와 응답은 부록에 첨부하였다.

제IV장 연구 결과

제1절 현실기반이론의 분석 결과

1. 학교사회복지사의 역할수행 과정 개념 및 범주화

본 연구는 참여자와의 심층면접을 통해 얻은 자료를 근거로 하여 지속적인 질문과 비교분석의 절차를 통해 추출된 개념을 명명하였다. 그리고 명명된 개념들을 유사한 개념들끼리 무리 지어 좀 더 추상화하여 범주화하였다. 그 결과 최종적으로 69개의 개념과 30개의 하위범주, 그리고 13개의 범주가 도출되었다.

개방코딩 과정에서 나온 개념은 다음【표 4】에서 제시한 바와 같다. 본 연구는 학교사회복지사의 역할수행 과정과 그 주관적 의미를 탐색하는 것이 목적이므로 개방코딩, 축코딩 및 선택코딩의 결과를 기초 자료로 활용하여 학교사회복지사의 역할을 과정별로 기술하고자 한다. 따라서 본 절에서는 개방코딩의 범주화 도표만을 제시하고 각각의 범주에 대한 해석은 학교사회복지사의 역할수행 과정에서 자세히 다루도록 하겠다.

80

【표 4】 현실기반이론의 패러다임에 따른 개념 및 범주화 Ⅰ

개 념	하위범주	범 주
막연하게 관심을 갖게 됨	학교사회복지사가 되고 싶음	학교로 들어감
경험을 통해 얻어진 관심		
학교사회복지에 들어섬	기회가 찾아옴	
기쁨과 기대를 느낌	설레임과 긴장	
부담감과 두려움 느낌		
관리 통제의 대상이 됨	부당한 대우	부정적 경험
무례함을 경험함		
외로움을 느낌	배타성	
역할수행에 방해를 받음		
이질감을 느낌		
신뢰받지 못함		
학교사회복지사로서 혼란 됨	존재와 소속감	정체성 고민
조직원으로서 혼란		
교사와의 차별성에 대한 고민	역할 모호	
상담교사와의 차별성에 대한 고민		
잘해야 한다는 부담감	사명감	
끊임없이 노력함		
학교사회복지의 경험과 이해가 부족한 소속기관	답답한 환경	개척하기
학교사회복지 실행 구조의 한계		
관리자의 중요성을 인식함	학교 문화 이해	
시각의 차이를 경험함		
학생에 개입하기	개입활동	
학부모에 개입하기		
교사에 개입하기		
지역사회에 개입하기		
활동 알리기		

【표 5】 현실기반이론의 패러다임에 따른 개념 및 범주화 II (계속)

개 념	하위범주	범 주
동료 학교사회복지사의 지지	외부로부터 힘을 얻음	지지기반
교육 및 슈퍼비전		
학생들에게 힘을 얻음	내부로부터 힘을 얻음	
친한 교사들의 인정과 위로		
담당교사의 교체	전환점이 된 사건	긍정적 변화
인정받게 된 사건		
사적인 관계 형성하기	친해지기	관계 맺기
동호회에 참여하기		
개인적인 부탁 들어주기		
학생 정보 교환하기		
선물주기		
교사와 다른 방법으로 접근하기	학생들에게 편안한 분위기 제공하기	
또래 관계망 활용하기		
협력교사 찾기	존재 인정	식구로 인정받기
주변에서 챙겨줌		
소속감 느낌		
개입의뢰 받음	역할 인정	
교육활동으로 인정됨		
협의회 구축함		
다양한 방법을 활용함	문제 해결하기	전문성 발휘하기
학교가 원하는 문제에 개입함	학교에 영향주기	
학교 변화 가져오기		
학교와 지역사회 연계망 구축하기	지역과 협력하기	

【표 6】현실기반이론의 패러다임에 따른 개념 및 범주화 Ⅲ (계속)

개 념	하위범주	범 주
학교정책에 영향을 미칠 수 없는 존재	외부인으로 인식됨	개인변화
소속감을 느끼지 못함		
정체성과 현실의 혼란		
상담 활동에 집중됨	개별개입을 통한 문제해결 능력	
개인적 차원의 접근 방식		
가족으로 느껴짐	구성원으로 인정됨	학교 변화
개입의 공식화		
존재에 대한 고민		
학교의 변화를 이룸	내부 변화 능력	
교사들과 다른 접근 방식		
학생지원체계를 구축함	체계 중심의 개입	학교와 지역사회 연계
선도위원회에 참석함		
변화의 주체로 인정받음		
학교와 지역사회의 신뢰 회복을 위한 노력	외부 연계 능력	
지역사회자원 연계 노력		
성장의 과정으로 인식함	긍정적 의미	의미발견
사회복지사로서 정체성 형성에 도움됨		
역할정립에 도움됨		
권장하지 못할 일임	부정적 의미	
정체성을 느낌	정체성 요소 발견	

2. 학교사회복지사의 역할수행 과정 패러다임

축코딩은 개방코딩 동안 분해 되었던 자료들을 재조합하는 과정으로,

현상에 대하여 보다 정확하고 완벽에 가까운 설명을 해내기 위하여 범주의 속성과 차원을 계속 발달시키고, 범주의 속성과 차원에 따라서 하위범주로 연결시키며, 패러다임 모형을 이용하여 범주들이 서로 교차되고 연결되는 것을 보여준다(Strauss & Corbin, 1998).

패러다임 모형에 근거하여 인과적 조건으로는 학교에 들어감, 현상으로는 개척하기, 맥락적 조건으로는 부정적 경험과 정체성 고민, 중재적 조건으로는 지지기반과 긍정적 사건, 작용/상호작용 전략으로는 관계 맺기, 식구로 받아들여짐, 전문성 발휘하기, 결과로는 개인변화, 학교 변화, 학교와 지역사회 연계, 그리고 의미발견이다. 각 전략 간의 관련성은 다음과 같다.

【그림 2】 패러다임에 의한 범주분석

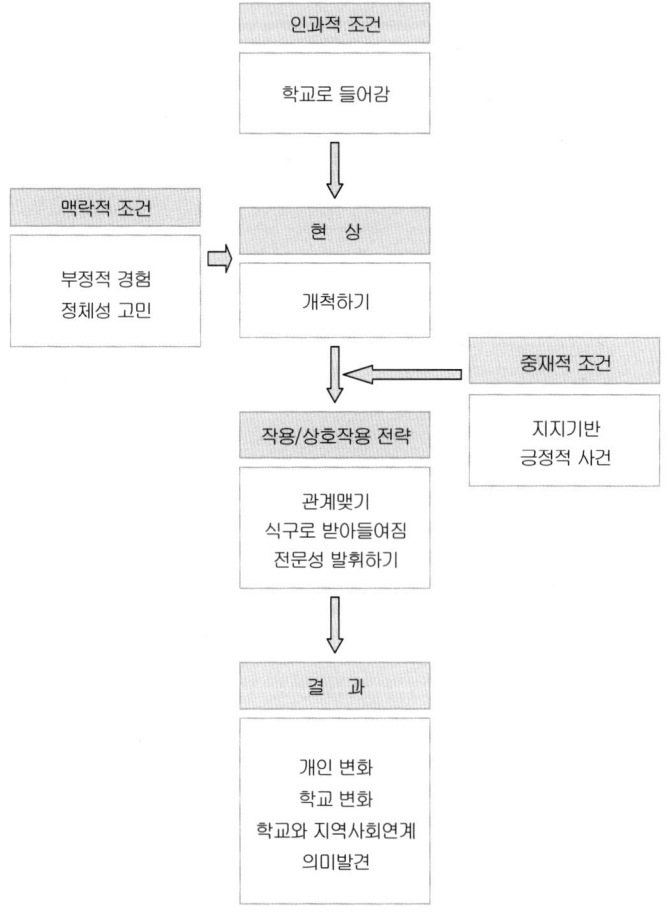

1) 인과적 조건

인과적 조건은 어떤 현상이 발생하거나 발전하도록 이끄는 사건이나 일들로 구성된다(Strauss & Corbin, 1998). 본 연구의 근거 자료를 분석한 결과 학교사회복지사로서 선발되어 '학교에 들어감'이 '개척하기'라는 중심현상의 원인이 되는 것으로 나타났다. 이러한 '학교에 들어감'은 「본질」에 따라 부정적이냐 긍정적이냐에 따라 차이를 나타냈다. 긍정적인 차원이란 긍정적인 참여자들이 원하는 마음을 가지고 학교에서 투입되는 것을 말하며, 부정적이란 원하지 않는 마음을 가지고 학교에 투입되는 것을 말한다. 인과적 조건의 속성과 차원은 【표 7】에 제시하였다.

【표 7】 인과적 조건의 속성과 차원

범 주	속 성	차 원
학교로 들어감	본 질	부정적 – 긍정적

2) 현상

현상은 '여기서 무엇이 일어나고 있는가?'라는 질문에 답을 할 수 있는 개념으로 자료 내에서 제시되는 중심 생각이며, 일련의 작용/상호작용 전략에 의해 조절되는 중심 생각이나 사건이다(Strauss & Corbin, 1998).

본 연구에서 학교사회복지사가 역할수행 과정에서 느끼는 중심현상은 '개척하기'로 나타났다. '개척하기'를 구성하는 하위 범주에는 '사명감', '답답한 환경', '학교문화이해', '개입활동' 등으로 나타났다.

참여자들은 대부분 학교사회복지사가 되기 위해서 1년 이상을 준비하거나, 기존 직장을 그만두는 등 대단한 열의와 사명감으로 학교에 들어갔다. 그러나 그들이 소속된 학교, 종합사회복지관, 참여자 모두 학교사회복지를 실천한 경험이 없었기 때문에 학교사회복지에 대한 이해와 제반 준비가 부족한 상황이었다. 또한 소속기관과 해당학교에서는 참여자들과 같은 전문가들과 함께 근무한 전례(前例)가 없기 때문에 이들에 대한 관리 지침이 전무한 상황이었다. 따라서 자신의 존재를 알리고 인정받는 일까지 모두 참여자 스스로가 개척해야 하는 상황이었다. 존재하지 않는 참여자들은 이렇게 학교사회복지에 대한 이해가 부족한 토대에서 혼란과 갈등을 경험하면서 학교문화를 이해하였으며 이를 바탕으로 어려움을 극복하면서 자신의 역할을 개척하고 있었다.

'개척하기'의 속성은 【표 8】에서 나타나듯이 정도, 연속성으로 나타났다. 「정도」의 속성에서 소극적 차원이란 학교체계로 포함되지 못하는 상황 속에서 역할수행을 비공식적, 개인 중심으로 개척하는 것이며, 적극적 차원이란 체계 중심, 공식적으로 그 역할을 개척하는 것을 말한다. 「연속성」의 속성은 일시적이고 지속적인 차원에 따라 차이를 나타낸다. 지속적 차원이란 참여자들이 꾸준히 역할을 개척해 나가는 것을 말하며, 일시적이란 참여자들이 어느 단계에 고정되어 더 이상 역할의 확대를 하지 못하는 것을 말한다.

【표 8】현상의 속성과 차원

범 주	속 성	차 원
개척하기	정 도	소극적 – 적극적
	연속성	일시적 – 지속적

3) 맥락적 조건

맥락적 조건은 어떤 현상에 영향을 미치는 상황이나 문제들을 만들어내는 특수한 조건들로 작용/상호작용 전략을 다루고, 조절하고, 수행하며, 어떤 특정한 상황에 대응하기 위해 취해지는 구체적인 조건이다 (Strauss & Corbin, 1998). 본 연구에서는 '부정적 경험'과 '정체성 고민'이 '개척하기'라는 현상에 영향을 미치는 맥락적 조건으로 나타났다.

'부정적 경험'은 참여자들이 부당한 대우를 받음으로써, 학교조직의 특성과 기존 조직에 새로 투입되었다는 상황적 특성이 함께 배타적 느낌을 경험함으로써 역할 '개척하기'라는 현상에 영향을 주고 있었다. 또한 자신의 존재와 역할에 대한 고민을 하는 '정체성 고민'은 '개척하기'에 영향을 주고 있었다.

'부정적 경험'의 속성은 「정도」로서 경험의 횟수가 많고 적음에 따라 달라질 수 있으며, 「연속성」은 부정적 경험이 지속적이냐 일시적이냐의 차원에 따라 차이를 나타낸다. '정체성 고민'은 「본질」로서 정체성 혼란의 고민을 긍정적으로 받아들이고 있는가, 부정적으로 받아들이고 있는가에 따라 차원이 결정된다. 맥락적 조건의 속성과 차원은 【표 9】와 같다.

【표 9】 현상의 속성과 차원

범 주	속 성	차 원
부정적 경험	정 도	적 음 – 많 음
	연속성	일시적 – 지속적
정체성 고민	본 질	부정적 – 긍정적

4) 중재적 조건

중재적 조건은 어떤 현상에 속하는 보다 광범위한 구조적 상황으로 주어진 상황 또는 맥락적 조건에서 취해진 작용/상호작용의 전략을 조장하거나 강요하도록 작용한다(Strauss & Corbin, 1998). 본 연구에서는 '지지기반', '긍정적 사건'이 '개척하기'의 현상에 대한 작용/상호작용 전략에 영향을 미치는 중재적 조건으로 나타났다.

'지지기반'은 참여자들이 역할을 '개척하기'과정에서 동료사회복지사나

88

교육 슈퍼비전 등 학교 외부에 기반을 두고 있는 경우와 학생, 교사, 학교
관리자 등의 위로와 격려 등 학교 내부에 기반을 두고 있는 경우가 있었
다. '긍정적 사건'은 참여자가 역할수행을 함에 있어서 존재와 역할이 인
정되는 전환점이 되는 사건을 말한다. 이러한 '지지기반'과 '긍정적 사건'
은 참여자들이 역할 '개척하기'의 전략에 영향을 미치는 것으로 나타났다.
　참여자가 느끼는 '지지기반'은 「강도」의 속성으로서 지지기반이 강한 차
원인지, 약한 차원인지에 따라 차이가 나타났으며 「대상」의 속성으로 다수
차원인지, 소수 차원인지에 따라 차이가 나타났다. 또한 '변화의 사건'은
「정도」의 속성으로서 정도가 높은 수준에서부터 낮은 수준인지에 따라 차
이를 나타냈다. 중재적 조건의 속성과 차원은 【표 10】에 제시하였다.

【표 10】 중재적 조건의 속성과 차원

범 주	속 성	차 원
지지기반	강 도	약 함 - 강 함
	대 상	소 수 - 다 수
긍정적 사건	정 도	낮 음 - 높 음

5) 작용/상호작용 전략

　작용/상호작용 전략은 중심현상이 맥락적 조건 안에서 존재하거나
특정한 조건하에서 존재하는 것처럼 현상을 다루고 조절하여 수행하고
반응하는 데 쓰인다. 즉, 현상에 대처하거나 다루기 위해 취해지는 의도
적이고 고의적인 행위이다(Strauss & Corbin, 1998). 본 연구에서는 참
여자의 '개척하기' 현상을 관리하고 수행하기 위한 전략으로서 '관계 맺
기', '식구로서 인정받기', '전문성 발휘하기'로 나타났다.
　'관계 맺기'는 교사들과 다양한 방법과 꾸준한 노력을 통해 친해지기

와 학생들에게 편안한 분위기를 제공하기 전략, '식구로 인정받기'는 같
은 구성원으로서 존재 인정받기와 역할 인정받기 전략 , '전문성 발휘하
기'는 학생의 문제를 함께 해결하는 전략, 학교에 영향을 주기, 지역사
회와 협력하기 등의 전략을 사용하고 있었다.

이러한 전략으로 '관계 맺기'의 속성은 「대상」으로서 다수와 소수의
차원에 따라, 「정도」의 속성으로 적극적인가 소극적인가의 차원에 따라
차이를 나타냈다. '식구로서 인정받기'의 속성은 「형태」의 속성으로 전
체적인가 부분적인가의 차원에 따라 차이가 나타났으며, '전문성 발휘하
기'의 속성은 「관여도」의 속성으로 적극적인가 소극적인가의 차원에 따
라, 「형태」의 속성으로 내부적인가 외부적인가의 차원에 따라 차이를
나타냈다. 작용/상호작용 전략의 속성과 차원은 【표 11】과 같다.

【표 11】 작용/상호작용 전략의 속성과 차원

범 주	속 성	차 원
관계 맺기	대 상	소 수 - 다 수
	정 도	소극적 - 적극적
식구로서 인정받기	형 태	부분적 - 전체적
	관여도	소극적 - 적극적
전문성 발휘하기	형 태	내부적 - 외부적

6) 결과

결과는 어떤 현상에 대처하거나 그 현상을 다루기 위하여 취해진 작
용/상호작용 전략에 따라 나타나는 것이다(Strauss & Corbin, 1998).
본 연구에서는 참여자들이 '개척하기'라는 중심현상을 갖고 작용/상호작

용 전략을 통해 '개인 변화', '학교 변화', '학교와 지역사회 연계', '의미 발견'이라는 결과로 나타났다.

3. 학교사회복지사 역할수행 과정의 핵심범주

학교사회복지사의 역할수행 과정의 핵심범주를 파악하고자 선택코딩을 실시하였다. 선택코딩(selective coding)이란 현실기반이론적 접근의 마지막 단계로서 핵심범주를 밝히고 이 핵심범주(core category)를 중심으로 다른 모든 범주를 통합시키고 정교화하는 과정이다(Strauss & Corbin, 1998). 따라서 선택코딩에 의해 핵심범주를 밝히고자 한다.

본 연구에서 참여자들이 학교사회복지사로서 역할을 개척하고 의미를 발견하는 데에는 극복하기의 속성을 가지고 있었고 핵심범주의 속성과 차원은 【표 12】에 제시하였다. 참여자들은 역할을 개척하고 의미를 발견함에 있어 다양한 어려움과 부정적인 경험에 직면하게 된다. 다양한 어려움은 개인적인 문제일 수도 있고 환경적인 문제일 수도 있으나 이러한 어려움을 극복하지 않고서는 더 이상 역할의 개척이 이루어지지 않았다. 즉 개인적인 부분에서는 정체성, 가치관, 어려움을 인식하는 인지구조 등에서 비롯된 어려움이 극복되지 않고서는 더 이상 학교사회복지사로서 해당 학교에 존재할 수 없었으며, 구조적인 측면에서는 소속 조직의 '식구'가 되어서 당면의 구조나 문제를 해결하지 않고서는 역할을 개척할 수 없었다. 더 나아가 개인변화나 학교 변화 등 각 단계에서 역할이 수행되었어도 해결되지 않는 부분의 어려움을 극복하지 못하였다면 각 단계에서 고정되어져 더 이상의 역할개척은 나타나지 않았다. 그러므로 학교사회복지사의 역할을 개척함에 있어서 영향을 줄 수 있는 요소는 개인의 능력, 학교의 소속감, 지지기반 등 다양하지만 핵심적인 요소는 어려움에 대해서 지속적으로 '극복하기'의 요소이다.

이는 제도화가 이루어져서 학교사회복지사의 역할이 문서 지침으로 내려간다고 하여도 학교사회복지사는 다양한 어려움을 만나게 될 것이라 생각한다. 따라서 학교사회복지사의 역할수행은 자신의 역할을 개척하기 위한 개척과정이고 그러한 개척과정은 당면한 어려움을 극복하기 위한 노력이 지속되는가에 따라 결정될 수 있을 것이다.

【표 12】 핵심범주의 속성과 차원

핵심범주	속 성	차 원
'학교사회복지사로서 역할을 개척하고 의미발견하기'	극복하기	일시적 – 지속적

1) 이야기 윤곽의 전개(Story Line)

이야기 윤곽은 핵심범주를 다른 범주에 체계적으로 연관시키고 그것들의 관련성을 확인하여 다듬어 개발할 필요가 있는 범주를 기술하는 과정으로 서술적 문장을 적는 것이다(Strauss & Corbin, 1998).

참여자들은 학교사회복지사로 근무하기 전부터 **학생과 학교에 관심**을 갖고 있었는데 단순한 동기나 자신들의 직, 간접적인 사건 경험 등이 계기가 되었다. 또한 참여자들은 우연한 기회에 학교사회복지사로 일을 해보겠냐는 제의를 받게 되거나 실습 및 자원봉사를 하면서 학교사회복지사를 준비하다가 학교사회복지사로 **결정**되었다. 이때에 참여자들은 자신이 원하는 것을 해냈다는 기쁨과 성취감, 그리고 자신이 앞으로 어떻게 해야겠다는 기대감과 학교에 대한 경험 없음과 학교사회복지사로서 준비하지 못함에 대한 걱정과 부담감 등의 **다양한 감정**을 경험하면서 학교사회복지사로서 **학교로 들어가게** 되었다.

참여자들은 학교에 들어가는 순간부터 자신을 관리 통제의 대상으로
여기는 경우, 무례한 발언과 언행 등 **부당한 대우**를 경험하게 되었다.
또한 참여자는 무관심한 교사들의 냉담한 분위기를 접하게 되었고 자
신이 '스스로 역할을 개척해야 한다'는 부담감, '아무에게도 자신의 어려
움을 말할 수 없다'는 외로움을 경험하게 되었고 자신은 '교사들과는 다
른 이질적인 존재'라는 것을 느끼게 되었다. 또한 학교 조직에서는 낯선
외부인으로 불신 받고 있다는 느낌을 받게 되면서 학교가 갖고 있는
배타성을 경험하면서 자신의 존재와 활동에 대한 **부정적인 경험**을 하
였다.

참여자들은 이런 부정적인 경험을 통해 학교사회복지사로서 아무것
도 할 수 없음에 대한 고민, 학교에서의 소속감과 관련된 고민 등 **존재
에 대한 고민**을 하였다. 또한 자신이 교사들과 무엇이 다른가, 상담교사
와는 어떻게 다른가? 등 자신의 역할이 모호함을 고민하면서 자신이
어떻게 해야 하는가에 대한 **정체성의 혼란**을 경험하게 되었다.

그러나 참여자들은 역할수행을 잘 해야 한다는 부담감과 끊임없이
노력해야 한다는 **사명감**을 느끼면서 자신들의 역할 개척의 노력을 하
게 되었다. 역할을 개척하는 과정 중에 자신이 속한 학교가 학교사회복
지에 대한 이해와 경험이 부족하다는 것을 알게 되고, 또한 한국의 학
교사회복지가 초기단계라는 상황과 학교사회복지가 실시되는 모형에
구조적인 문제가 있다는 것을 파악하게 되었다. 참여자들은 자신들이
활동하는 학교나 복지기관들이 **학교사회복지에 대하여 경험이 없는 토
대임**을 확인하게 되었다. 참여자들은 여러 가지 경험을 통해 **학교 문화
를 이해**하게 되는데 학교는 관리자 책임에 의해서 운영되는 조직이라
학교장의 학교사회복지에 대한 인식이 중요하다는 것과 절차가 중요하
다는 사실을 알게 된다. 또한 교사들이 학생을 바라보는 시각의 다양함

과 그것은 교사의 교육관을 이해하는 중요한 문화적 요소임을 알아가게 된다. 참여자들은 그러면서 학생, 학부모, 교사, 지역사회 등을 중심으로 활동을 하며 그 활동의 과정과 결과를 알리는 일에 주력하면서 자신의 역할을 개척해 나간다.

참여자들은 역할을 **개척**하면서 나타나는 어려움을 해결하는 데에 동료 학교사회복지사들과 이야기를 하면서, 교육과 슈퍼비전을 받는 등 학교 **외부의 지지와** 힘을 얻었다. 또한 학생들에게 도움이 되는 존재임을 확인하면서, 친한 교사들의 위로와 인정을 통해서, 학교관리자의 인정을 받는 등 **내부**에서도 지지를 받고 있었다. 이렇게 참여자들에게 힘을 주는 **지지기반**은 학교 외부와 내부로 나눌 수 있었다.

참여자들에게 무관심하거나 방해가 되어왔던 담당교사가 교체가 되거나 자신의 성실성이 학교 관리자에 의해 인정이 되는 **전환점이 된 사건**을 경험하게 되면서 자신의 역할 인식이 **긍정적으로 변화**되는 계기를 맞이하였다.

참여자들은 학교사회복지실의 분위기를 학생 중심으로 만들면서 학생들에게 기존 교사들과는 다른 접근 방식과 학생들의 또래 관계망을 활용하여 **학생들에게 편안한 분위기를 제공**하였다. 그리고 교사들과 동호회에 가입하고 숙제를 대신해주고, 학생에 대한 정보를 교환하여 대화에 참여하고 꽃이나 칭찬을 선물하는 등 사적인 영역에서 **친해지기 위한** 노력을 하고 있었다. 이때에는 학교사회복지사로서 관계를 형성하는 것이 아니라 도움이 되는 외부인으로 **개인적인 관계형성**을 위해 노력하고 있었다.

이후에 참여자들은 협력적인 교사를 찾아 그들로부터 존재를 인정받게 되었고, 또한 주변에서 조직원으로서 회식, 배당물 등을 챙겨주는 일이 나타났다. 이때부터 참여자들은 학교에 소속감을 느끼면서 **존재에 대한 인정**을 받기 시작하였다. 또한 참여자들의 활동이 교육적 인정을 받아 교육활동으로 인정되기 시작했으며 교사들에 의한 학생 의뢰도 많이 이루어졌다. 참여자는 협의회를 구축하는 등 구조적인 협의체를 구성하는 노력을 통하여 학교는 참여자에 대한 **역할 인정**과 함께 **식구로서 인정**하게 되었다.

참여자들은 **학생들의 문제를 해결**하면서 전문성을 발휘하게 된다. 또한 학교가 요구하는 사항을 사회복지적 방법으로 실행하며, 학생 중심으로 규칙을 바꾸는 등 **학교에 영향**을 주었다. 또한 **학교와 지역사회의 연계망을 구축**하면서 학교사회복지사로서의 **전문성을 발휘**하면서 그들의 역할을 개척하고 있었다.

참여자들은 일련의 역할수행과정을 통하여 자신을 학교 정책에 영향을 미칠 수 없는 존재라고 느끼고, 소속감을 느끼지 못하며, 자신의 정체성과 학교사회복지사로서 역할을 하지 못하고 있는 현실 사이에서 혼란을 경험하면서 자신이 **외부인으로 인식**되고 있음을 깨닫게 된다. 그럼에도 불구하고 학교사회복지사로서의 역할을 수행하고자 주로 임상가로서의 역할에 집중하고 이를 위한 개인적인 접근방식을 선택하여 **전문성을 인정**받기도 하였고 학생이나 교사를 변화시키는 등의 **개인 변화**를 이루고 있었다.

참여자들은 학교 조직 구성원의 일부로 인식되었으며, 독특한 역할을 인정받아 공식적인 개입을 허용 받기도 하는 등 완전한 **식구로 인정**되었다. 그러나 참여자들은 학교의 구성원으로서 공식적인 역할수행을 할 수 있었지만 이에 만족하지 않고 학교사회복지사로서 정체성에 대한 고민을 하기 시작하였다. 참여자들은 역할수행 과정을 통하여 교사들과의 차별성을 보이면서 학교 변화를 이루는 등 **내부 변화 능력**을 발휘하여 **학교 변화**를 이루고 있었다.

참여자들은 학교 안에 학생지원체계를 구축하고, 선도위원회에 참여하여 학생에 대한 사정과 옹호활동을 하고, 학생의 문제해결과정에서 학교의 총체적인 역량을 집결시키는 등 주로 **체계 중심의 개입활동**을 하였다. 또한 학교와 지역사회의 신뢰관계를 회복하는 역할과 지역사회 자원의 교육자원화 노력 등 **외부소통 능력**을 발휘하여 **학교와 지역사회의 연계**체제를 구축하는 역할을 하고 있었다.

참여자들은 역할수행 과정을 통해 자신의 성장에 도움이 되었고, 정체성을 형성하는 데에 도움이 되었으며 역할 확립에 도움이 되었다 **긍정적 의미**를 발견하거나 역할수행이 이루어지지 못할 경우 학교사회복지사라는 직업을 권장하지 않겠다는 **부정적인 의미**를 발견하고 있었다. 또한 참여자들은 역할수행 과정을 통해 학교사회복지사의 **정체성은 어떠한 요소**로 구성되어야 하는지에 대하여 **의미를 발견**하고 있었다.

2) 가설적 정형화 및 관계 진술

(1) 가설적 정형화

가설적 정형화란 관계유형을 찾아내기 위한 유형분석 과정의 첫 단계로 핵심범주와 각 범주간의 가설적 관계유형을 정형화하는 작업이다 (Strauss & Corbin, 1998).

96

【표 13】 '학교사회복지사로서 역할을 개척하고 의미발견하기'의
가설적 정형화 Ⅰ

| 핵심범주 | 번호 | 맥락적 조건 | | | 중재적 조건 | | |
| | | 정체성 고민 | 부정적 경험 | | 지지기반 | | 긍정적 사건 |
			정도	연속성	강도	대상	
학교사회복지사로서 역할을 개척하고 의미 발견하기	1	긍정	많음	일시	강함	다수	높음
	2	긍정	많음	일시	강함	다수	낮음
	3	긍정	많음	일시	강함	소수	높음
	4	긍정	많음	일시	강함	소수	낮음
	5	긍정	많음	일시	약함	다수	높음
	6	긍정	많음	일시	약함	다수	낮음
	7	긍정	많음	일시	약함	소수	높음
	8	긍정	많음	일시	약함	소수	낮음
	9	부정	많음	일시	강함	다수	높음
	10	부정	많음	일시	강함	다수	낮음
	11	부정	많음	일시	강함	소수	높음
	12	부정	많음	일시	강함	소수	낮음
	13	부정	많음	일시	약함	다수	높음
	14	부정	많음	일시	약함	다수	낮음
	15	부정	많음	일시	약함	소수	높음
	16	부정	많음	일시	약함	소수	낮음
	17	긍정	많음	지속	강함	다수	높음
	18	긍정	많음	지속	강함	다수	낮음
	19	긍정	많음	지속	강함	소수	높음
	20	긍정	많음	지속	강함	소수	낮음
	21	긍정	많음	지속	약함	다수	높음
	22	긍정	많음	지속	약함	다수	낮음
	23	긍정	많음	지속	약함	소수	높음
	24	긍정	많음	지속	약함	소수	낮음
	25	부정	많음	지속	강함	다수	높음
	26	부정	많음	지속	강함	다수	낮음
	27	부정	많음	지속	강함	소수	높음
	28	부정	많음	지속	강함	소수	낮음
	29	부정	많음	지속	약함	다수	높음
	30	부정	많음	지속	약함	다수	낮음
	31	부정	많음	지속	약함	소수	높음
	32	부정	많음	지속	약함	소수	낮음

【표 14】 '학교사회복지사로서 역할을 개척하고 의미발견하기'의
가설적 정형화 Ⅱ (계속)

핵심범주	번호	맥락적 조건			중재적 조건		
		징체성 고민	부정적 경험		지지기반		긍정적 사건
			정도	연속성	강도	대상	
학교사회복지사로서 역할을 개척하고 의미 발견하기	33	긍정	적음	일시	강함	다수	높음
	34	긍정	적음	일시	강함	다수	낮음
	35	긍정	적음	일시	강함	소수	높음
	36	긍정	적음	일시	강함	소수	낮음
	37	긍정	적음	일시	약함	다수	높음
	38	긍정	적음	일시	약함	다수	낮음
	39	긍정	적음	일시	약함	소수	높음
	40	긍정	적음	일시	약함	소수	낮음
	41	부정	적음	일시	강함	다수	높음
	42	부정	적음	일시	강함	다수	낮음
	43	부정	적음	일시	강함	소수	높음
	44	부정	적음	일시	강함	소수	낮음
	45	부정	적음	일시	약함	다수	높음
	46	부정	적음	일시	약함	다수	낮음
	47	부정	적음	일시	약함	소수	높음
	48	부정	적음	일시	약함	소수	낮음
	49	긍정	적음	지속	강함	다수	높음
	50	긍정	적음	지속	강함	다수	낮음
	51	긍정	적음	지속	강함	소수	높음
	52	긍정	적음	지속	강함	소수	낮음
	53	긍정	적음	지속	약함	다수	높음
	54	긍정	적음	지속	약함	다수	낮음
	55	긍정	적음	지속	약함	소수	높음
	56	긍정	적음	지속	약함	소수	낮음
	57	부정	적음	지속	강함	다수	높음
	58	부정	적음	지속	강함	다수	낮음
	59	부정	적음	지속	강함	소수	높음
	60	부정	적음	지속	강함	소수	낮음
	61	부정	적음	지속	약함	다수	높음
	62	부정	적음	지속	약함	다수	낮음
	63	부정	적음	지속	약함	소수	높음
	64	부정	적음	지속	약함	소수	낮음

(2) 가설적 관계 진술

관계진술에 대한 선행연구들은 근거자료의 분석과정에서 드러난 맥락적 조건에 따른 핵심범주와 인과적 조건, 작용/상호작용 전략, 속성 사이에 있을 수 있는 가설적 관계를 근거자료와 지속적으로 대조하여 진술하는 것(김연미, 2002), 또는 맥락적 조건 및 중재적 조건의 속성에 따른 핵심범주와 작용/상호작용 전략, 결과 사이에 있을 수 있는 가설적 관계를 진술문 형태로 제시하고 있었으며(안경숙, 2001: 김미향, 2002: 김화순, 2003) 등으로 서로 다르게 연구 적용되고 있다.

관계에 대한 진술은 누가, 무엇을, 언제, 어디서, 어떻게, 왜, 그리고 어떤 결과를 낳으며 어떠한 사건이 일어나는가를 설명하는 것이다. Strauss & Corbin(1990)은 '관련성에 대한 진술은 범주들 사이의 관련성을 함축하는 이론'이어야 하고 이러한 관련성은 자료와 비교될 수 있는데, 이는 이론을 증명하고 차원화 수준에서 맥락 사이의 차이를 지지하기 위함이라고 하였다.

본 연구에서는 '학교사회복지사로 역할수행하며 의미발견하기'라는 핵심범주와 맥락적 조건, 중재적 조건의 속성과 작용/상호작용 전략, 결과 사이에 있을 수 있는 가설적 관계에 대해 진술하였다(〈부록 4〉 가설적 관계 진술문 참조)

4. 학교사회복지사 역할수행 과정의 상황모형

상황모형은 연구 중인 현상과 관련된 광범위한 상황을 고려하는 데 유용한 모형으로 상황과 결과의 단계들을 구별하고 연결하는 것을 가능하게 해 준다(Strauss & Corbin, 김수지 · 신경림 역, 1996: 183). 또한 상황모형은 현상과 관련된 다양한 상황 조건이 미시적 조건과 거시적 조건에 따라 작용/상호작용과 관련되어 어떻게 결과에 영향을 미치는가를 설명하는 마지막 단계로서 지금까지의 모든 범주를 통합하여 설명하는 단계이다(김화순, 2003; 김연미, 2002; 안경숙, 2001; 김미경, 2001).

본 연구의 '학교사회복지사로서 역할을 개척하고 의미발견하기' 과정에 대한 상황 모형은 【그림 3】과 같다. 【그림 3】은 학교사회복지사가 역할을 수행하고 의미를 발견하는 과정을 '개척하기'라는 현상을 중심으로 몇 개의 동심원으로 구성하고 있다.

학교사회복지사는 학교에서 자신의 소속감과 역할수행을 부여받지 못함으로써 발생하는 정체성 고민과 자신의 역할을 스스로 찾아가는 단계로 관계 맺기에 주력한다. 이 단계에 머물러 있으면 개인변화를 중심으로 역할을 수행하며 역할수행과정에 대한 의미를 발견하게 된다. 그러나 '학교' 수준에서는 인정받기 단계로 학교에서 교직원으로서, 학교에 변화를 줄 수 있는 능력을 발휘하며 학교 변화와 의미를 발견하게 된다. 마지막으로 '지역사회' 수준에서는 변화하기 단계로 학교사회복지사로서 전문성을 발휘하여 학교와 지역사회의 연계협력을 하면서 의미를 발견하게 된다. 마지막으로 '국가'의 수준에서는 작용/상호작용의 전략을 통해 작용의 수준인 미시적 수준으로부터 사회적 수준인 거시적 수준으로 확대해 나간다. 각 수준에 따른 상황적 조건과 전략, 과정 및 결과간의 관계는 다음과 같다.

【그림 3】 '학교사회복지사로서 역할을 개척하며 의미발견하기'의
상황모형

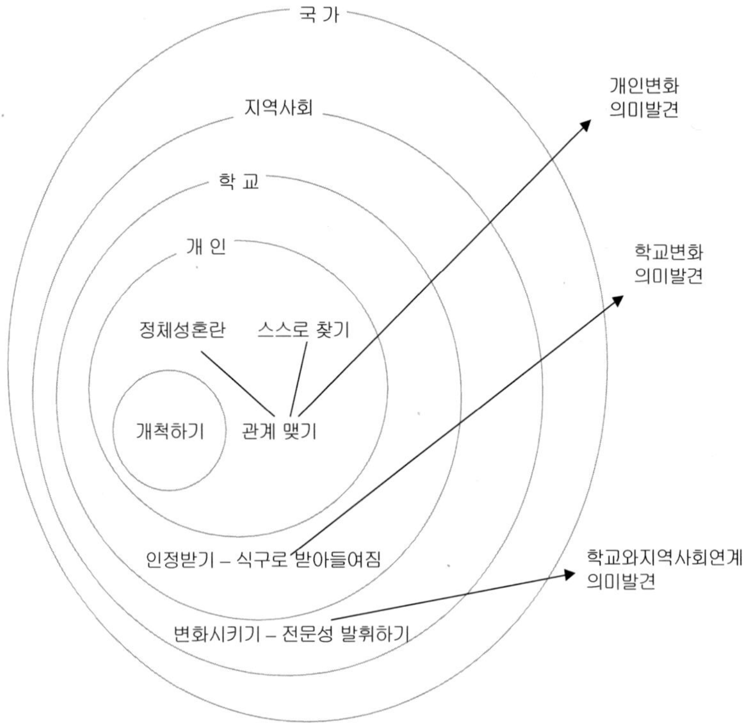

1) 개인수준

참여자들은 학교사회복지사로서의 기쁨과 기대, 부담감과 두려운 감
정을 느끼며 학교에 들어가게 되었다. 그러나 학교나 교사들이 학교사
회복지에 대한 정보나 이해, 관심조차 보이지 않음으로 인해 자신의 존
재에 대한 고민을 하게 되었다. 시간이 지나면서 학교는 참여자를 관리
통제의 대상으로 여기거나 부당한 대우와 무례한 행동을 하는 등 역할
수행을 방해하기도 하였다. 또한 신뢰를 받지 못하는 이방인으로 느껴

지거나 이질감도 느끼면서 자신의 어려움을 어느 누구와도 나눌 수 없
는 외로움을 경험하기도 하였다. 그리고 이러한 존재에 대한 고민과 함
께 학교사회복지사로서 학교조직에 속하지 못함과 교사와 상담교사와
의 차별적 역할에 대한 고민을 하는 등 정체성의 혼란을 경험하고 있
었다. 그러나 이와 같은 현상은 기관에 고용된 참여자들에게도 동일하
게 나타나고 있었다. 왜냐하면 참여자의 소속 기관에서는 학교사회복지
에 대한 정보나 이해가 없었으며, 또한 기관의 목적 등이 작용되어 참
여자들의 활동만을 인정하기에는 무리가 있었기 때문이었다.

참여자들은 정체성의 혼란을 경험하면서 자신의 역할을 스스로 개척
하며 나타내야 한다는 인식을 하게 되었다. 따라서 이들은 가장 먼저
학생들에게는 교사들과 다른 접근 방법으로 접근하면서 자신의 존재를
이미지로 알리기 시작하였다. 또한 교사들과는 주로 개인적인 이야기를
중심으로 자주 찾아가거나 학생의 정보를 교환하고, 사적인 도움을 제
공하는 등 교사들과 친해지기 위해 적극적으로 노력하고 있었다. 또한
기관소속 참여자들은 기관에 대한 요구를 수용하면서 자신들의 역할과
활동을 기관에 설명하고, 개인적인 인식과 태도를 변화하는 등의 개별
적 노력을 하고 있었다.

이와 같은 경험은 참여자가 개인적인 차원에서 실시하는 역할의 과
정이므로 개인수준으로 분류하였다.

2) 학교수준

참여자들은 학교사회복지사라면 학교 내의 체계로 존재해야 한다는
생각을 갖고 있다. 따라서 자신의 존재를 알리기 위한 개인적인 노력을
하면서 동시에 학교 안에 체계로 접근하는 노력도 함께 해 나간다.

참여자들은 교사들에게 자신의 역할을 소개하면서 비슷한 관점과 열

린 시각을 갖고 있는 교사들을 발견하며 이들에게 학생을 위한 노력을 설명하면서 도움을 얻기도 하였다. 참여자들은 이들을 통해 학생에 도움이 되는 방법을 학교로부터 실시할 수 있도록 허가를 받아내기도 하였다. 또한 참여자들은 학생과 교사, 학생, 교원과 직원과 함께 하는 프로그램을 실시함으로써 학교생활 만족을 높이거나 일체감을 형성할 수 있는 역할을 수행하기도 하였다. 특히 학생과 교사와의 상호작용을 촉발할 수 있는 문화, 전시 프로그램을 기획하여 실시하면서 학생이나 교사들에게 모두 긍정적인 반응을 이끌어내기도 하였다. 참여자들은 그들의 존재나 활동이 자료집과 안내문, 교육계획서 등에 공식적으로 나타났으며 이들의 역할수행도 공식적인 절차에 따라 이루어지기 시작하였다. 예를 들면 참여자들은 학년회의, 학생 복지 협의회 등등 각종 협의회에 참여함으로써 학교사회복지의 활동을 교사에게 소개하고 협력하면서 역할을 수행하고 있었으며, 관리자들도 이들을 학교의 구성원으로 인정하며 공식적 모임에서 교사들에게 협력을 당부하기도 하였다. 그 결과 참여자들은 학교 구성원으로 그 존재를 인정받고, 전문성을 인정받아 공식적으로 활동하며 학교 변화를 가져오는 역할을 수행하기도 하였다.

이와 같은 경험은 참여자들과 학교조직의 차원에서 이루어지는 과정이므로 학교의 수준으로 분류하였다.

3) 지역사회수준

참여자들은 학교에서 체계로 존재하는 것만으로는 그들의 정체성을 확립할 수 없음을 알고 있었다. 참여자들은 지역사회자원을 개발하고 연계하는 역할을 하고 있었다. 지역사회자원을 조사하고 그 결과를 교사들에게 자료로 배부하였고, 지역사회에서 어떠한 도움을 받을 수 있음을 알리는 노력을 하고 있었다. 또한 사회 단체들과 연합으로 실시하는 연합 캠프를 성공적으로 실시함으로써 외부 단체에 대한 불신을 해소시켰으며, 특히 법무부와 협의하여 보호관찰 대상 학생들을 위한 프로그램을 학교에 개설함으로써 학교와 지역사회가 연합할 수 있는 기반을 마련하고 있었다. 또한 참여자는 학생 동아리 활동과 금연 캠페인 등 학교 교육의 내용을 지역사회에 알리고 지역주민을 위한 봉사를 실행하는 등 학교와 지역사회의 신뢰관계로 변화시켰다. 더 나아가서 백혈병 학생이 발생했을 때에 학교에 학생복지위원회를 조직하여 헌혈운동과 모금운동을 전개함과 동시에 병원, 복지 재단, 동사무소 등과의 긴밀한 협력체계를 유지하였다. 그 결과 참여자는 학교장으로부터 학교 변화의 주체라는 인정을 받게 되었다.

이와 같은 경험은 참여자들이 속한 지역사회의 차원에서 이루어지는 과정이므로 지역사회의 수준으로 간주하였다.

제2절 학교사회복지사의 역할수행 과정과 의미발견

현실기반 이론의 분석 방법을 통하여 참여자들이 학교에 들어가는 시점으로부터 역할수행 과정을 분석한 결과 학교 진입 전, 정체성 혼란, 스스로 찾기, 인정받기, 변화시키기 과정으로 나타났으며, 의미발견 과정을 경험하였다. 각 단계는 【그림 4】와 같다.

104

【그림 4】 학교사회복지사의 역할수행 과정

역할수행과정	범　　　주

학교 진입 전	학교로 들어감
정체성 혼란	부정적 경험 정체성 고민 ／ 관계 맺기
스스로 찾기	개척하기 ／ 지지기반
인정받기	식구로 받아 들여짐 ／ 긍정적 사건
변화시키기	전문성 발휘하기
	개인 변화 ／ 학교 변화 ／ 학교와 지역사회변화
의미 발견	의미발견 ／ 의미발견 ／ 의미발견

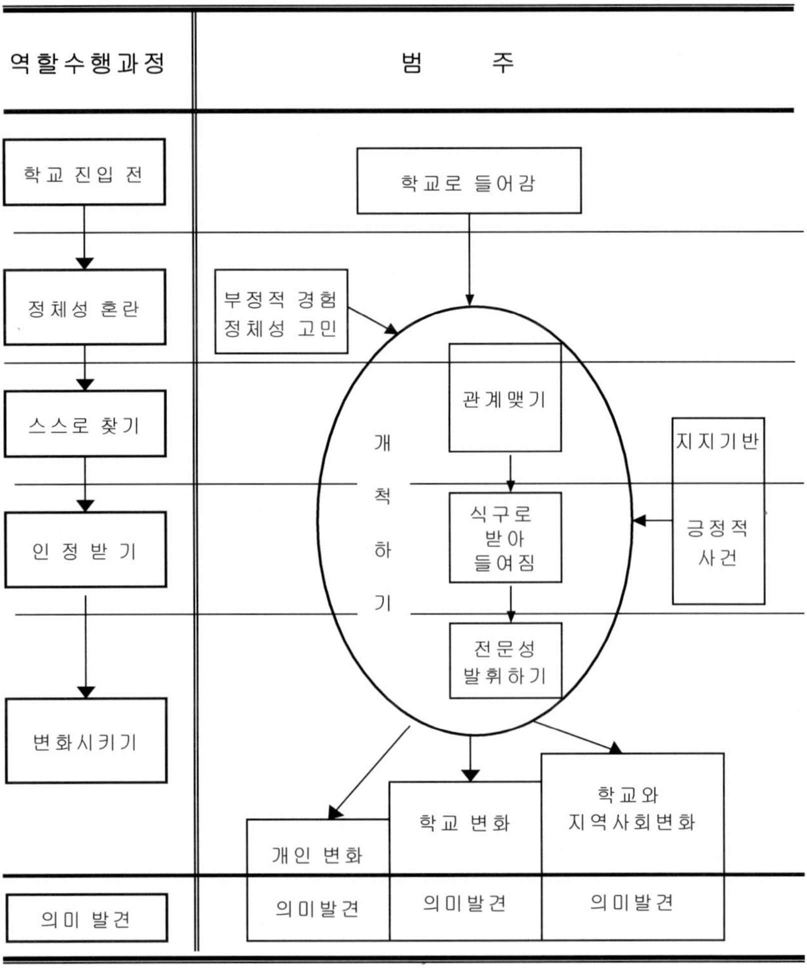

이를 바탕으로 학교사회복지사의 역할수행은 학교에 진입 전, 정체성 혼란, 스스로 찾기, 인정받기, 변화시키기 등의 다섯 단계의 단계별 역할수행 과정을 설명하고, 여섯 번째로는 역할수행 과정에서 발견된 의미와 일곱 번째로 학교사회복지사의 역할수행 과정의 유형을 기술하고자 한다.

1. 「학교 진입 전」 단계

1) 학교사회복지에 대한 관심과 기회

「학교 진입 전」 단계는 학교사회복지사로서 역할수행이 본격적으로 나타나기 전에 나타난다. 이 단계에서는 참여자들이 학교사회복지사로 투입되기 전부터 학생과 학교에 대한 관심과 학교사회복지사로서 입문하게 된 사건 및 참여자들이 학교에 투입되기 전에 느끼는 감정 등이 나타난다. 참여자들은 학교사회복지를 알기 전부터 학생과 학교에 대한 관심이 먼저 형성되어 있었으며 이를 바탕으로 교육이나 계기를 통하여 학교사회복지에 관심을 갖게 되었고, 학교사회복지사로서 일을 할 수 있는 기회를 통해 설레임과 긴장을 느끼면서 학교에 투입되기를 기다리고 있었다.

이러한 설레임과 긴장은 오래 지속되지는 않았지만 참여자 모두가 경험하는 과정이었고, 일종의 역할기대 과정에서 나타나는 자기 예견적 기대(豫見的 期待)라고 볼 수 있다(Secord & Backman, 1964).

(1) '막연한' 관심과 '경험적' 관심

참여자들은 학교사회복지로 입문하기 전부터 평소 생활이나 문헌 등 다양한 경로를 통하여 학생, 학교, 청소년에 대한 깊은 관심을 갖고 있었다. 참여자 A는 언제일지 모르는 막연한 시기부터 관심을 가졌다고 말하면서도 기억하는 시기는 사회복지를 전공하는 대학의 시기를 말하고 있다.

"평상시 학부 때 아동, 청소년에 관심이 있었던 찰나에"

(참여자 A)

참여자 B는 학교에 대한 관심을 학부과정에서 불어교육을 공부할 때부터 가지고 있었다. 참여자가 말하는 '학교'는 교육을 통하여 학생들에게 영향을 줄 수 있는 공간을 의미하는 것으로 학생을 포함하는 개념으로 보인다. 참여자 B는 사범대학을 졸업하고 불어강사로 학교에서 근무한 경력이 있었지만 교사로서 학생들에게 영향을 줄 수 있는 한계를 느끼던 중 지인(知人)의 권유로 대학원에 진학하여 사회복지를 전공하게 되었다. 사회복지개론에서 학교사회복지가 있음을 발견하고 학교사회복지라면 학생들에게 충분한 도움을 줄 수 있을 것으로 판단하고 학교사회복지를 하고 싶다는 생각을 갖게 되었다.

> "학교에 대한 관심을 학부 때부터 계속 가지고 있었구요.(중략) 학교에 대한 개입이 있는 학교사회복지라는 것을 책에서, 사회복지학개론에서 처음 보았어요.(중략) 우리나라에 없는 것을 알았지만 이런 분야가 있다면 어쨌든 이걸 한번 해보고 싶다고 생각했어요."
>
> (참여자 B)

이처럼 참여자들은 언제 시작되었는지 모르지만 막연하게 학교와 학생에 관심을 갖게 되었고 영화관람과 같은 우연한 기회를 통하여 형성되기도 하였다. 참여자 G는 영화 속에서 등장하는 여교사와 학생이 자연스럽게 이야기하며 자신의 문제를 해결하는 장면을 보게 되었다. 그 장면에 깊은 인상을 받고 난 참여자는 그 이후 학교와 학생에 대한 관심을 형성하게 되었고, 자신도 학교에서 학생들을 도와주고 싶은 마음을 갖게 되었다.

> "굉장히 단순해요. 영화를 봤는데, 그 영화 안에서 주인공이 지금과 같은 역할을 하고 있더라구요.(중략) 학생에 대하여 힘든 점이 무엇인지에 대해서 이야기하고 그 아이도 너무 자연스럽게 이야기하는 모습이 너무 좋아 보였어요. 아! 나도 저런 걸 해 보면 좋을 텐데 ……"
>
> (참여자 G)

참여자들은 이렇게 막연하고도 자연스러운 기회를 통해 학생과 학교에 대한 관심을 갖게 되었으며 이는 곧 학교사회복지사가 되고자 하는 잠재적 동기로 작용하였다.

이와는 달리 참여자들의 체험이나 직계가족과 관련된 직접적이고 개인적인 경험을 통해서 학교와 학생에 관심을 갖게 되고, 이는 학교사회복지사가 되고 싶은 결정적인 동기로 발전하게 된 경우도 있다.

참여자 F는 자녀가 초등학교 때에 학교에서 아파트 평형별로 무리를 지어 노는 부류에서 '따돌림' 경험이 있었다. 참여자는 가해 부모들 및 담임선생님과 함께 논의하는 과정 중에 피해자임에도 불구하고 배려를 받지 못함과 문제 해결 과정 중에 발생하는 심리적 상처를 경험하게 되었다. 그때에 참여자는 누군가로부터 자녀를 보호해주면서 문제 해결을 도움 받고 싶었지만 학교에는 도와줄 수 있는 존재가 없었음을 확인하고 안타깝게 생각하였다. 이러한 경험은 참여자 F가 학교사회복지사로서의 진로를 결정을 할 때 결정적인 요인이 되었다.

> "우리 아이가 소위 말하는 아파트촌에서 평수별로 아이들이 지네들 끼리 노는 그런 부류에서 따돌림을 당하는 그런 경험이 있어요.(중략) 학교 내에서 아이가 어떠한 도움을 받을 만한 경로가 전혀 없더라고요. 학교 선생님 말고 또 다른 전문가가 있어서 이런 문제들을 좀 도움을 줬으면 좋겠다. 그런 생각을 했어요."
>
> (참여자 F)

참여자 D가 학교와 학생들에게 관심을 갖게 된 계기는 종합사회복지관에서 실무자로 근무할 때에 청소년들의 문제행동 반복을 보게 된 때이다. 그러면서 종합사회 복지관에서 개입하는 한계를 경험하면서 청소년들에게 학교는 매우 중요한 공간이라 생각하면서 '누군가가 학교에 있다면 이 아이들을 더욱 더 잘 돌봐 줄 텐데'라는 안타까운 고민을 하게 되었다. 이러한 고민이 지속되면서 참여자 D는 '현재보다 불리한 조건으로 학교사회복지사로서 일 하겠는가'의 제의를 받았을 때 2시간만에 결정하게 되었다.

> "고민 중의 하나가 복지관에 와서 아이들이 잘하는데 학교에 돌아가
> 서 어떨지 평가가 될 수 없다는, 또 실질적으로 재반복 해서 온다는 반
> 복되는 사이클이 고민되던 찰나에 이건 뭔가 아닌데 …… 진행되면서
> 이런 생각이 계속 있었고, 어떻게 해결해야 될 까라는 고민 ……"
>
> (참여자 D)

참여자 H는 실습기간 중에 학교에서 상처받는 어린 '임대[5]'들을 보
면서 학교 내에서 이들을 도와줄 전문가의 필요성을 느꼈다. 임대 아파
트에 살고 있는 어린 아이들은 복지관 미술 시간에 항상 복지관을 그
렸는데 그 이유는 학교에서 받을 수 없는 따뜻함을 느낄 수 있었고 학
교에서 받은 상처를 위로 받을 수 있기 때문이었다. 어린 '임대'들은 학
교에서는 '(돈이) 없는 집 자식이다', '부모도 없는 자식들이다' 등등 자
신들을 무시하는 발언들을 많이 듣는다고 하면서 복지관에 오면 선생
님들이 자신들을 따뜻하고 친절하게 대해주시기 때문에 복지관이 좋다
고 하였다. 참여자는 학교에도 따뜻하게 대해줄 수 있는 사람이 필요함
을 느끼고 그 이후에 학교와 학생에게 관심을 갖게 되었다. 이를 계기
로 대학에서 학교사회복지 과목을 수강하게 되었고 학교사회복지를 하
고 싶어서 대학원에 진학하게 되었다.

> "임대 주택에 있는 복지관에서 실습을 했는데, 아이들이 그림을 그리
> 라고 하면 항상 복지관을 그려요.(중략) 그런 와중에도 선생님들이 아
> 이들을 많이 무시하는 발언을 굉장히 많이 하셨고, 없는 집 자식이다.
> 부모 자식도 없는 그런 아이들이다. (중략) 그런 것들을 보면서 사실
> 아이들이 대부분 시간을 학교에서 보내는데 학교에서도 (복지관에서처

---

5) 임대아파트 아이들을 일명 '임대'라고 줄여서 부른다. 「가난에 갇힌 아이들」
중앙일보, 2004년 3월 28일.

럼 따뜻하게) 그렇게 생활을 하면 굉장히 좋겠다는 생각을 좀 했어요.
근데 학교사회사업이라는 과목이 있더라 구요. 그래서 그거 듣게 됐고
너무 관심이 있어서 대학원에 진학을 하게 되었는데 ……."

(참여자 H)

참여자들은 각각 다양한 계기로 학교와 학생들에게 관심을 갖게 되
었다. 이들의 학교와 학생에 대한 관심은 현존하는 학교에서 부족한 영
역을 발견하는 것에서 시작되었다. 즉 학교에서 학생을 만나서 자연스
럽게 만나서 이야기하는 영화를 보면서, 자신의 자녀가 '따돌림' 경험을
통해 아무런 도움을 받을 수 없음, 그리고 어린 임대들의 학교에서 받
는 상처 등이 학교와 학생들에게는 중요하지만 현재 학교에서 부재(不
在)한다는 발견에서 시작되었다. 그들은 자신들이 그러한 역할을 담당
하고자 하는 잠재적 동기를 갖고 있었고 이러한 잠재적 동기는 이후의
학교사회복지사로서 입문하게 되는 기회를 만났을 때에 발현되었다.

따라서 한국 학교사회복지의 시작은 막연한 관심과 경험을 통해 형성
된 가치 지향적인 사람들에 의해 선구적으로 시작되었다고 할 수 있다.

(2) 기회가 찾아옴

참여자들이 학교사회복지사로서의 입문한 사건은 한국 학교사회복지
에 있어서 역사적인 의미를 담고 있다. 왜냐하면 한국 학교사회복지 태
동은 이들이 학교사회복지사로서 활동을 하면서 시작되기 때문이다.

참여자들은 1996년도 대학의 교내 연구 프로젝트 사업, 1998년도의
H 고등학교와 Y여상(현 Y고등학교, 이하 Y여상이라 함)의 시간제 학
교사회복지사 채용, 1999년도의 한국 학교사회복지학회와 Y여상과 H고
등학교의 공동 주관이었던 '대학원생을 위한 학교사회복지 연수'와 이후
두 학교에서 제공된 실습 기회, 2000년도의 서울시 교육청 시범사업,
2002년도 사회복지공동모금회 학교사회복지 기획사업 등을 통해 학교

110

사회복지사로서 활동하였다.

참여자들은 학교사회복지에 대한 지속적 관심을 통해 학교사회복지사로서 일을 할 수 있는 기회를 얻게 되었다. 예를 들면 참여자 A와 B의 경우 H고등학교와 Y여상의 자원봉사에서부터 시작하여, 시간제 학교사회복지사, 전임 학교사회복지사로 고용되었고, 참여자 C와 F의 경우 실습기간을 통해 학교사회복지에 대한 의미발견으로 학교사회복지사로 활동하기로 결심하였다. 그리고 참여자 D와 I의 경우 2000년도 교육청 시범사업과 2002년도 사회복지공동모금 기획사업에 참여하고자 다니던 직장을 사직하였고, 참여자 G와 H의 경우 학교사회복지사가 되기 위해 연수와 1년간의 실습을 마치고 기회를 얻어 참여하였다.

대학 실습을 통해 학교사회복지로 입문하게 된 참여자들은 실습 과정을 통하여 학교사회복지사의 역할 이해와 존재의 필요성을 체감(體感)하였다. 또한 수퍼바이져 학교사회복지사들의 역할에 대한 학생 및 교사들의 적극적인 호응을 보면서 '학교사회복지사가 존재하는 학교가 바람직한 학교이다'라고 인식하게 되었고, 당시 자신들은 바람직한 학교 구현(俱現)에 참여한다는 희열과 보람을 경험하고 있었다.

"제가 99년도 2월에 연수를 듣고요, 미력하나마 실습생의 위치에서, 실습생임에도 불구하고 학생들에게 이러한 도움들, 학생들이 학교생활 하는 데 있어서 작은 부분이나마 도움을 줄 수 있다는 거에 굉장히 희열을 느꼈어요."

(참여자 F)

참여자 E는 실습을 통해 학생들에게 변화가 되는 것을 바라보면서 학교사회복지사는 학교에 필수적인 존재임을 발견하였으므로 교육청 시범사업의 기회가 왔을 때에 학교사회복지사가 되기로 결심하게 되었다. 실습은 참여자들에게 학교사회복지사로서 존재의 필요성과 의미를 발견하는 매우 중요한 기회이며, 이를 통하여 학교사회복지사가 되기로 결심하는 요인이 되기도 하였다.

> "실습생으로 아이들을 만나면서 아이들과의 관계도 굉장히 좋았고 아이들도 굉장히 많이 변화되고 되게 좋았어요. 그래서 아 …… 정말 하면 되는구나. 학교사회복지, 그냥 막연했는데 ……. 정말 필요하구나 그런 생각을 많이 했었던 것 같아요 ……. (중략) 2000년도 시범사업을 시작하면서 ○○○ 선생님이 아기를 가지면서 후임자를 꼭 구해야 된다고, 그때 제가 4월에 직장을 그만둔 상태였거든요. 그래서 하게 되었죠."
>
> (참여자 E)

실습 경험이 없는 참여자 D는 비행 청소년들의 비행 행동을 막지 못하는 무력한 사회복지사로서 고민을 하기 시작하였고 이를 기회로 '어떠한 삶을 살아야 하는가?'에 대한 삶의 가치관을 고민하던 중 교육청 시범사업 참여 제의를 단 2시간만에 수용하게 된다. 참여자로서는 1년의 계약직, 낮아진 임금, 미래에 대한 불확실성 등 모두가 불리한 조건임에도 불구하고 학교사회복지사로서의 제의에 '의미 있는 개척자로서 살아가겠다.'는 생각으로 학교사회복지사가 되었다. 또 다른 참여자는 석사학위를 마치고 학교사회복지사로 일하고 싶었지만 해당 지역에서는 학교사회복지가 실시되지 않아 아동상담센터 상담원으로 근무하고 있었다. 그러던 중 학교사회복지사로 제의를 받게 되자 직장을 사직하고 학교사회복지사가 되었다.

> "만약에 복지관에서 학교사회복지를 하면서 그런 고민이 없었다면 제안이 왔었더라도 시큰둥했었을 것 같아요. (중략) 내가 다시 새로운 모습으로 거듭날 수 있는 기회가 사회복지를 통해서 이루어졌다 그렇게 생각해 봤을 때 돈도 물론 중요하긴 하지만 사람이 사는 게 더 중요하고 먼저겠다."
>
> (참여자 D)

그 외에도 참여자들은 학교 사회복지는 생소한 분야이기 때문에 도전하고 싶어서, 학생들을 만나 서비스를 제공하는 직접 서비스 영역이어서, 학교사회복지사는 학생들에게 도움이 될 것이라는 확신, 자신의 발전을 위해 좋은 기회가 될 것이라는 등등 다양한 이유로 자신들에게 찾아온 학교사회복지사로서의 기회를 선택하게 되었다.

참여자들은 개인적인 보수나 근무 조건보다는 자신이 하고자 하는 의지와 학교사회복지에 대한 의미를 더 중요하게 고려하여 직업을 선택하고 있었다. 이들은 불리한 근무 조건 및 임금과 불안정한 신분임에도 불구하고 학교사회복지사로서의 길을 선택하며, 자신이 중요하고 하고 싶은 것을 하면서 살아야 한다는 일종의 '가치관'이 반영된 '삶의 태도'로서 직업을 추구하고 있었다.

2) 설레임과 긴장

참여자들은 학교에 들어가기로 확정된 후 기쁨, 기대감, 자신감 등을 느꼈으며, 동시에 부담감과 두려움을 느끼고 있었다. 학교가 첫 번째 직장인 참여자들에게는 첫 번째 직장으로서의 설레임도 있었고, 학교사회복지사로서 선발되었다는 자랑스러움과 기쁨이 있었다. 반면 부담감과 두려움은 사회복지영역이 아닌 교육의 영역인 학교에서, 아무도 모르는 사람들과 자신이 혼자서 일을 해야 한다는 사실에서 비롯되었다.

참여자들이 느끼는 설레임과 긴장은 학교사회복지에 대한 이해가 전무한 토대에서 역할을 수행해야 하는 어려움을 스스로 예견하고 있었다.

대부분의 참여자들은 학교사회복지사가 되기 위하여 실습과 자원봉사 등 최소한 1년 이상의 시간을 투자한 끝에 획득된 기회이므로 자신들이 원하던 학교사회복지사로서 선발의 기쁨뿐 아니라 첫 번째 직장인으로서의 막연한 기대와 설레임도 함께 느끼고 있었다.

"내가 드디어 학교사회복지가로서 정식 명칭을 달고 일을 할 수 있
구나. 내가 드디어 발탁이 됐구나 ……. 학교사회복지가로서 역할을 하
는구나.'라는 기쁨도 만만치 않았죠."

(참여자 A)

그러나 복지기관에서 실무자로 근무하다가 합류된 참여자들의 반응
은 상이하였다. 자신이 원하는 것을 실천해 볼 수 있다는 막연한 기대
와 교장과 교감의 반응과 자신의 지위에 대한 생각 등등 기존의 조직
구조 안에서 자신의 역할과 위치에 대한 기대와 최소한의 근무 조건이
갖추어질 것으로 예상하고 있었으며 학교에서도 학교사회복지에 대한
이해나 태도가 긍정적일 것으로 기대하고 있었다.

"이거는 복지관에서 파견한 상태가 아니라 학교에 상주하는 정말 제
가 논문에서 공부했던 이론과 실천이 다르지 않다는 걸 볼 수 있다는
그런 막연한 기대도 있었고, 너무나 들 떠 있었죠. (중략)그 전날에는,
모두들 나를 환영하겠지. 그러나 방학이기 때문에 아이들은 없을 것이
야. 황량하겠군. 누구를 만날까 그런 기대 ……. 나름대로는 잔뜩 준비
를 하고 기대에 들뜨고, 자리가 마련되어 있겠지. 그리고 행정실이든
교장, 교감선생님들이며 함께 하게 될 선생님들 다 반갑게 맞아 주시겠
지. 그래서 우리 오늘 가서 어떤 얘기를 할 수 있을까. 언제부터 출근
을 하고, 자리는 어딜까? 그리고 어떤 공간이 마련되어 있을까. 그렇게
굉장히 들떠 있었죠."

(참여자 I)

대부분의 참여자들이 기대와 설레임은 그들이 인식하고 있는 기대의
틀 안에서 이루어지고 있었다. 그러나 이들의 기대는 곧 학교에 배치되
는 순간부터 무너짐으로써 심리적, 정서적 혼란을 경험하게 되었고, 더
나아가 정체성 혼란을 경험하였다.

또한 참여자들은 학교에 들어가기 전에 학교사회복지사로서 선발된

기쁨과 기대감을 느끼면서 동시에 잘해야 한다는 부담감과 두려움 등을 느끼고 있었다. 부담감과 두려움을 느끼는 원인은 다양하겠지만 가장 큰 원인은 자신의 준비가 부족하다고 생각하며, 혼자서 책임지고 일을 해야 한다는 사실, 그리고 잘해야 한다는 압박감 등이었다.

> "사실은 두려웠어요. 두려움도 있었는데 그건 잠시. 어떤 두려움이냐면 내가 잘 할 수 있을까? 내가 해야 하는 거니까 누구도 나를 대신해서 할 수 없기 때문에 나는 해야 되고 하려면 잘해야 한다. 뭐 그런 생각이 많았던 것 같아요."
>
> (참여자 G)

당시 학교사회복지사에 대한 직무규정도 없고 인식도 없는 학교에 1년 내외의 짧은 실습경험만을 갖고서 혼자서 활동해야 함은 참여자들에게는 큰 부담이었다. 그러나 학창시절에 학교사회복지 과목이 개설되지 않아 수강을 하지 못하고, 학교사회복지에 대한 정보가 없었던 실무자 출신의 참여자에게는 그 부담과 걱정은 크다고 할 수 있다.

> "군대에서 첫 휴가 나왔다가 복귀하면 저는 느낌이 그랬거든요. 저는 가만히 있는데 군대 내무반 복도가 나한테 막 달려드는 것 같은 복도가 막 갑자기 좁아지고, 내가 막 삼켜 들려 빨려들어 가는 듯한 느낌을 받았거든요. 근데 학교사회복지사로서 첫 출근할 때 그것하고 크게 다르지 않은 느낌이었던 것 같아요. 긴장하고 잘해야 된다는 생각들, 잘하고 싶다는 생각들, 그런 기억들이 나고 ……."
>
> (참여자 D)

참여자 D는 학교현장에 대한 이해가 없었다. 즉 대학에서 학교사회복지에 대한 과목을 수강하지 않았으며, 1년간의 학교 실습과 자원봉사경험이 없고 실무에서 학교에서 의뢰된 비행학생들과의 프로그램 운영경험만 있었다. 물론 학교에 투입되기 전에 기본 교육과 협의회를 통해

기본적인 역할 전략은 학습하고 있었지만 학교 조직의 분위기와 반응
에 대한 막연한 두려움과 걱정되었고, 이를 군대 첫 휴가복귀에 비유하
였다. 일반적으로 군대의 첫 번째 휴가 후 복귀는 '어쩔 수 없이 들어가
야만 하는 심정', '군대라는 거대 조직 속으로 들어가는 미약한 존재로
서의 나' 등등 경험하지 못한 막연한 두려움과 걱정이 나타난다.

참여자들은 학교로 진입하기 전 이러한 설레임과 긴장을 경험하면서
학교에 진입하게 된다.

2. 「정체성 혼란」단계

「정체성 혼란」은 학교사회복지사가 학교에 투입되면서 나타나는 첫
번째 과정이다. 참여자들은 '역할수행에 필요한 기본적인 요건이 완비되
었을 것'으로 생각하며 자신들은 학생들을 위해 열심히 활동만 하면 될
것으로 생각하고 있었다. 그러나 학교에 투입되어 본격적인 활동을 시
작하면서 학교와 기관이 학교사회복지에 대한 이해가 없음은 물론 참
여자들을 이질적 존재로 취급당하며, 부당하고 배타적인 대우를 경험하
고는 혼란을 느끼게 된다.

이러한 '정체성 혼란'은 역할모호성에서 비롯되는데 역할 모호성이란
특정한 지위 내에 포함되는 권리 및 의무와 역할기대들이 차이가 있을
때 발생하게 되는 것으로 역할수행에 나타나는 하나의 과정 중의 하나
이다(Sarbin, 1954; Katz & Kahn, 1955). 또한 역할의 전개과정 자체
가 존재와 환경의 요구에 의해 반응되어가는 과정이며 역할의 기대, 지
위는 사회적인 환경의 요구에 영향을 받음을 의미한다(Katz & Kahn,
1955; 파스칼 대백과 사전, 2000). 특히 다양한 전문가들과 함께 역할을
수행해야하는 2차 전문집단들에서는 역할에 대한 혼란과 갈등 그리고

모호함이 발생하기도 하는데(권진숙, 1983; 조수정, 1988; 김규수, 1988; 이충순, 1997; 김성희, 2000) 학교는 팀의 협력보다는 개인의 책임 업무를 중심으로 운영되는 조직이기 때문에 업무의 교류가 없는 상황에서는 새로운 존재에 대한 자연스러운 친밀감 형성이 어려운 특성을 지니고 있다(Hargreaves, 1982; Wood, 1983; Fieman-Nemser & Flooden, 1984; 황기우, 1992).

　참여자들은 학교에 들어가자마자 아무도 관심을 기울여주지 않음을 경험하는데 이는 유교문화에서 비롯된 '가족주의' 범위에 포함되지 않았기 때문이다. 학교는 '우리' 의식이 성립되기 전에는 참여자들에게 먼저 접근하지 않으며 그렇다고 새로 투입된 참여자들이 관계형성이 되기도 전에 먼저 접근하기란 더욱 어려운 상황이다. 관계형성이 이루어지지 않는 시기에 참여자들은 학교 내에서 외로움을 경험하고, 이질적인 존재로 느껴지며, 관리자들의 외부인에 대한 불신과 학교사회복지에 대한 이해가 충분하지 않음으로써 나타나는 무리한 요구로 인해 혼란을 경험하고 있었다(이금연, 1987; 유윤석, 1995). 이 시기에 참여자들은 관료조직의 특성상 자신들의 역할과 존재를 관리자들에게 자유롭게 설명할 수 있는 기회조차 부여받기 어려웠다.

　기관에 소속된 참여자들은 소속 기관에서 비슷한 경험을 하고 있었다. 기관 관리자들 역시 학교사회복지에 대하여 충분히 이해하고 있지 못하였으며 참여자들에게 기관에 소속된 직원임을 강조하여 말하고 있었다. 그러나 기관과 참여자와의 실질적 교류가 없는 상황 속에서 참여자들은 기관보다는 학교에서 소속감을 느끼고 있었고, 학교에 소속되기를 바라고 있었다. 이러한 상황에서 참여자들은 많은 어려움을 경험하고 있었는데 어려움의 근원은 기관과 참여자가 생각하는 학교사회복지의 상(像)에 대한 차이, 그리고 소속기관과 역할수행 공간이 다르기 때문이었다.

참여자들은 자신의 존재에 대한 혼란을 경험한다. 참여자는 자신을 학교사회복지사로서 인식하고 있지만 학교에서는 자신의 존재에 대해 인정하지 않음과 학교사회복지에 대한 이해 없음으로 인해 자신의 존재이유를 찾지 못하고 있었다. 기관 소속의 참여자들은 행정적 소속과 실질적 소속감에 따른 갈등을 경험하게 되며, 이중적인 업무활동 및 학교사회복지사로서 활동을 제약받을 때가 많아 정체성 혼란은 가중되고 있었다.

참여자들은 자신의 역할을 스스로 만들어가야 하는 것에 대한 어려움을 겪고 있었다. 학교사회복지에 대한 활동 규정이나 활동의 사례, 지침 등의 부족으로 말미암아 새롭게 개척해야 하는 부담감을 갖게 되었다. 이때에 참여자들은 기존에 '학교사회복지는 어떠해야 한다'라는 지식과 '아무 것도 할 수 없는' 현재의 상황에서 자신의 존재에 대한 고민을 하고 있는 것이다.

참여자들은 정체성의 혼란을 경험하면서도 학생들에게 임상적 역할을 수행하면서 스스로의 정체성을 유지하고 있었다. 그러나 참여자들은 자신의 존재가 '학생들에게 열정적인 교사와 어떤 차별성이 있는가?', '상담가와는 어떤 차별성이 있는가?'에 대한 답을 찾으면서 정체성 혼란을 경험하고 있었다. 이에 대하여는 기관 소속 참여자와 학교 소속 참여자가 같은 정체성 혼란을 보여주고 있었다.

이와 같이 참여자들은 학교사회복지사로 학교에 들어가면서 아무도 인정해 주지 않으며, 학교사회복지에 대한 이해나 경험이 없고, 학교에 대한 소속감도 없으며 자신의 정체성에 대한 고민 때문에 자신을 스스로 인정하지 못하고, 외부로 인정받지 못하는 「정체성 혼란」의 단계를 경험하고 있었다.

1) 부정적인 경험

설레임과 긴장감을 갖고 학교에 투입된 참여자는 여러 가지의 부당한 대우를 받음으로써 학교에 대한 부정적인 경험을 하고 있었다. 학교는 새로운 학교사회복지사의 출현을 그다지 반가와 하지 않았다. 상담실이 없거나 상담활동이 활발하지 않은 학교에서는 상대적으로 교사로부터의 부당한 대우가 적었지만, 상담은 교사의 고유 영역이고 사회복지사는 교사 역할을 침해하는 존재라고 생각하는 학교에서는 부당한 대우가 심하였다. 이에 대한 원인에 대하여 혹자는 '교사 자격증이 없기 때문(박경정, 2004)'으로 주장하기도 하지만 이러한 현상은 학교조직에서만이 아닌 동질적인 사회복지기관에서도 일어나고 있었다. 기관 소속의 참여자가 느끼는 부당한 대우는 기관이 학교사회복지의 특수성을 이해하지 못하고, 참여자는 사회복지 조직경험이 없을 때에 발생하고 있었다. 또한 이러한 부당한 대우는 담당교사의 교체로 인해 사라지는 등 담당 교사의 개인적인 성향에 따라 발생하는 문제였다. 따라서 참여자들이 경험하는 부당한 대우는 교사자격증이 없기 때문에 발생하는 문제가 아니라 학교사회복지에 대한 이해에 따라 발현되는 일시적인 문제라고 판단되어진다.

(1) 통제와 무례함을 경험함

조직원에 대한 관리 통제는 어느 조직에서나 나타날 수 있는 일반적 현상이다. 학교사회복지사는 학교에서 근무한 경험이 없고, 학교 관리자들 역시 학교사회복지사와 함께 근무한 경험이 없다. 따라서 관리 통제의 과정에서 비롯된 현상은 다소 통제적요소가 포함될 수 있겠다. 그러나 본 절에서 말하는 '관리 통제'란 참여자를 외부인으로 인식하며, 행정적 관리자가 아닌 일반 교사가 참여자를 관리하고 통제하는 경우를 말한다.

참여자 I가 근무하는 학교의 담당 교사는 참여자를 믿을 수 없는 외부인이라는 이유로 교육활동에 방해되는 행동을 통제하고 사람을 관리한다는 명목으로 학교와의 협의사항을 임의로 수정하였다. 또한 참여자를 자신의 통제를 받는 하위직으로 임의 분류하여 자신의 승낙 없이는 아무것도 할 수 없도록 하였다. 이러한 상황에 대하여 관리자가 세세히 관여하지 않는 이유는 학교 관리자 역시 참여자는 외부인이므로 담당교사의 철저한 지도감독 아래 안전하게 활동하는 것을 원하고 있기 때문이었다. 담당 교사의 마인드에 따라 참여자의 역할이 영향 받을 수 있기 때문에 학교사회복지사의 독립적 지위와 신분을 법적으로 보장해야 한다.

> "첫 번째 들은 말이. 내가 상담실을 맡고 있는데, 앞으로 내 지도를 받게 될 거다.(중략) 결제 라인이 상담교사를 거치고, 진로상담부장 협조란을 받고, 교감, 교장의 그런 결제를 받게 되는 것부터 해서 하루 결근할 시 일 할로 월급계산에 들어가겠다. 그런 규정이 들어가고, 공무원 복무규정에는 준하나 전혀 신분보장이 되지 않고, 정시출근은 9시부터 5시인데, 출근하게 되면 행정실에 와서 출근부 도장을 찍고, 행정실 직원으로 분류된다. (중략) 사회복지사는 상담하는 게 아니고, 상담실을 도와서 어떤 의뢰하는 문제에만 개입해야 되고, 그리고 계약서상의 조건도 그랬어요. '학생을 한 명 만나게 되면, 무조건 상담교사에게 보고 해야 하고, 승인 없는 학생면담은 있을 수 없다.' 그랬거든요."
>
> (참여자 I)

또한 학교 관리자도 자신의 생각과 판단으로 참여자의 역할을 통제하였는데 이들의 판단은 교육경험에서 비롯된 주관적 판단에 의한 것이었다. 이것은 관리자가 학교사회복지에 대한 이해나 정보가 없음에서 비롯되었기 때문에 관리자를 위한 학교사회복지의 설명과 이해, 학교사회복지에 대한 관리 지침도 제도화에 포함되어야 할 내용으로 보인다.

"교감선생님이 직무 대행을 하셨는데 근데 교감 선생님이 일을 벌이
는 걸 안 좋아하시고 너는 맡은 일, 그 비행 아이들 25명 정도였는데
그 아이들만 잘 건사해라 뭐 이렇게 범위를 한정하였어요. 범위를 한정
시켜 놓아 뭔가를 하기가 그런 부분이 어려웠는데 ……."

(참여자 E)

교사들은 참여자를 자신보다 신분이 낮은 임시직으로 판단할 때, 참
여자의 활동을 자신들의 교육경험에서 비롯된 주관적 판단으로 인식할
때 주로 통제의 대상으로 여기게 된다. 대부분의 경우는 학교장과 교사
들에게 학교사회복지에 대한 설명과 홍보를 하기 전인 학교 투입 초기
에 나타나게 된다. 따라서 참여자들의 법적인 신분을 명확하게 해 주고,
투입되기 전부터 학교 관리자 및 교사들에게 학교사회복지사들의 역할
을 충분히 홍보하며, 공식적이고 구체적인 업무 지침서를 제공해 주는
것이 필요하다고 하겠다.

또한 참여자들은 조직 내에서 무례함을 경험하기도 하였는데, 그 원
인은 구성원들이 참여자들을 통제 대상인 '힘없는 외부인'으로 인식하기
때문이었다. 주로 참여자가 경험한 무례함은 상식의 범위에서 이해하기
어려운 부분이기도 하였다. 서무과나 행정실 담당자는 학교사회복지의
교육적 의미와는 상관없이 참여자들이 들어옴으로써 자신들의 일만 하
나 늘어났다는 생각을 하면서 무례한 언행에 그들의 사적인 감정표현
도 함께 나타나고 있었다. 참여자들은 이러한 무례함에 대하여 어떠한
항변도 할 수 없음으로 인해 더욱더 큰 좌절을 경험하였다.

"서무과 담당자가 일이 늘어났다고 해서 굉장히 저를 미워했어요. 그
래서 안 그래도 되는데 제게 ……. 좀 일을 많이 시켰거든요.(중략) 결
재 받으러 가면 결재 안 해주고 세워놓고 항상 10분씩 세워놓고 '잠깐
기다리세요.' 해놓고 자기 개인적인 장난하고 ……(중략) …… 귀찮으
니까 저한테 많이 화를 내시고, 대놓고 막 결재서류 던지고 계속 그런

식으로 분위기가 돌아가면서 그런 부분에서 참 어려웠던 것 같고요.(중
략) 교직원회의 때 인사를 했는데 교장 선생님이 어떻게 소개를 시키
셨냐면 ……. 자! 사회복지사가 왔습니다. 사회복지에서 자기네 영역을
넓히고자 돈 삼천만원과 사람 한 명을 보내왔습니다."

(참여자 E)

또한 담당교사는 참여자의 능력을 인정하지 않고 불량한 태도로 참
여자를 대하였다. 담당교사가 보여준 불량한 태도는 참여자를 인격을
갖춘 동료로 인식하지 않는 의도가 두드러지게 나타나고 있었다.

"그 상담교사는 '네가 상담교육 몇 시간 받았냐. 사회복지사는 내가
알기로 상담전문가는 아니다. 상담은 내가 할 테니 너는 아이들 대상으
로 이벤트나 해라.'(중략) 선생님께서 한 번에 결재를 안 해주시고, 결
재를 해주는 자세나 태도, 예를 들면 책상에 다리를 꼬고 또는 딱 올리
고 계시고, 분명히 컴퓨터로 장기를 두고 계시는데 바쁘다고 나중에 오
라는 말씀들, 그런 게 많았고 ……."

(참여자 I)

그리고 참여자들은 역할수행에 어려움을 경험하는데 그 유형은 중간
관리자가 업무를 진행시키지 않는 경우, 갑작스럽게 결정사항을 번복하
는 경우, 결재를 안 해주면서 지연시키는 경우, 아예 학교사회복지에 대
한 마음을 열지 않는 경우 등이다.

담당교사로부터 역할수행에 방해를 받은 참여자는 주로 계획된 프로
그램에 대하여 취소와 변경, 지연을 경험하였고, 또한 담당교사는 참여
자보다 교육경험이 많고, 학생들에게 영향력이 있다는 생각으로 프로그
램 중간에 들어와서 학생들을 불러내기도 하였다. 참여자는 역할수행에
방해를 받을 때에 무력감을 경험하면서 부정적인 경험을 쌓아가기도
하였다.

"(담당교사가) '사회복지사는 아이들한테 이벤트를 하거나 집단 활동을 해 주는 게 훨씬 더 유용할 거다.' 그러니까 제가 처음에 생각하고 계획했던 일을 자꾸 결제를 안 해주시는 거예요. (중략) 그걸 다 떠나서, 프로그램을 하고 있으면 중간 중간에 문을 불쑥 열고 들어오셔서 소위 방해를 하시는 거죠. '몇 명 나와서 이것 좀 거들어.' 프로그램 중간에 그런 일들이 터지고 ……(중략) 선생님이 무드에 타게 되면, 해라 했던 것도 취소되는 경우도 많고, 계획했다가 변경되는 것도 많고, 너무나 변수가 많았어요."

(참여자 I)

연구자는 역할수행의 방해는 학교사회복지에 대하여 이해가 없고, 받아들이고 싶은 마음이 없는 교사가 자신의 지위를 이용하여 참여자의 업무를 의도적으로 지연 및 변경하는 경우를 '방해'라고 규정하였다. 따라서 정상적인 '권한행사'와는 달리 결정자의 합리성과 학교사회복지의 수용정도에 의해 나타나고 있었다. 이에 해당하는 경우는 학교 관리자들의 마인드가 학교사회복지에 대하여 수용하지 않으려는 태도를 갖는다면 참여자들은 어떠한 역할도 수행할 수 없었다.

"관계 형성이 되지 않고, 학교사회복지에 대한 인식도 없으며 그리고 수용하려는 마음이 열리지 않은 선생님, 그런 교장선생님들과는 어떤 활동도 할 수 없었어요. ……"

(참여자 A)

참여자들에게는 역할수행에 방해되는 사건의 정도에 따라 많이 힘들어하고 있지만 더욱더 결정적인 내용은 지속성이었다. 그러나 참여자들은 이러한 방해를 통해 학교를 이해하며 자신이 어떻게 대처해야 하는지에 대한 고민과 전략을 모색해 보게 되었다.

이렇게 참여자들은 다양한 어려움 속에서의 무력감을 경험하면서 자신은 누구이고 왜 여기에 있는가 등 스스로에 대한 고민을 하였다. 모든 참여자가 이러한 상황을 직접 경험하지 않았지만 비슷한 무력감을 경험하였을 것으로 추측된다. 그러나 이러한 무례함의 원인은 대부분 담당자의 개인적 특성이 중요하게 작용하였기 때문에 담당자가 교체되면서 상황은 대부분 종료되었다.

2) 배타적인 느낌을 경험함

참여자들은 학교 투입 초기에 외롭고, 신뢰받지 못하고, 이질감을 느끼는 등 부정적인 경험이 있었다. 이는 학교 조직의 특징 중 가부장적인 이데올로기에서 나온 가족주의 문화(유윤석, 1995)에서 비롯되었으며, 학교 조직구성원이 지닌 개인적 배경이나 성향이 배타적이거나 자의식이 강하다는 점을 경험하며, 인간적인 상호작용에 대한 필요성이 강조되고 있음에도 불구하고 오히려 폐쇄적인 분위기를 창출하게 되는 점(이금연, 1987) 등의 특성을 경험하고 있었다.

(1) 외로움과 이질감

참여자들은 친분이 있는 교사나 조직원을 내부적으로 생성하지 못했을 때 외로움을 경험한다. 일반적으로 조직에 새로운 존재가 투입되면 연관된 업무를 하면서 자연스럽게 친밀감이 형성되지만 학교는 팀의 협력보다는 개인의 책임 업무를 중심으로 운영되는 조직이기 때문에 자연스러운 친밀감 형성이 어려운 특성을 갖고 있다(Hargreaves, 1982; Wood, 1983; Fieman-Nemser & Flooden, 1984; 황기우, 1992). 그리고 참여자들은 투입 초기에는 기존 교사들과의 업무 교류가 없기 때문에 고립감, 외로움, 답답함을 경험하고 있었다.

"학교 내에서 어느 누구에게도 내가 이렇게 힘들고 우리 아이들 때문에 고민하고 이런 것들을 이야기 할 수 있는, 쉽게 맘을 확 열고 얘기할 수 있는 사람이 없는 거, (중략) 교사들과 학교라는 조직 내에서 역할이 고립된 역할, 독립되어 있는 역할이기 때문에 어느 누구와도 교류할 수 있는 상황이 아니고 그래서 그 부분의 어려움을 느꼈죠."

(참여자 A)

따라서 참여자들이 경험하는 외로움은 학교조직의 특성에서 비롯된 것이라 볼 수 있다. 현재 개별 학교에 학교사회복지사가 한 명씩 배치되어 있기 때문에 혼자서 역할을 수행해야 하는 학교사회복지사로서의 외로움도 있었다. 그러나 이러한 외로움은 학교사회복지사가 담임교사, 보건교사 등과 함께 팀을 이루어 사례회의를 실시하는 등 팀으로 접근할 때에 해소가 되었다.

"옆에 같이 바로 함께 할 수 있는 동기, 그런 위기 상황에서 바로 그냥 눈앞에 보이는 사람이 없다는 게 많이 힘들었던 것 같아요."

(참여자 D)

또한 기관 소속의 참여자들은 외부 사람으로서 느껴지는 배척당한다는 등의 느낌을 학교 안에서 어느 누구와도 말할 수 없었으며 소속 기관에서도 이러한 이야기를 할 수 없었다. 왜냐하면 어느 한쪽도 자신의 상황과 처지를 이해할 수 없기 때문이었다. 자신의 상황에 대하여 어느 누구와도 이야기 할 수 없다는 사실이 참여자로 하여금 외로움을 느끼게 하였다.

"굉장히 폐쇄적이죠. 외부사람들을 일단 배척하는 거, (중략) 근데 학교에는 이런 얘기를 하지 않죠. 절대 안하고 기관에서도 제가 아무리 기관소속이고 그렇다고 해도 그런 얘기를 절대 안 하죠. 그 양쪽에서도 제가 어디서 힘을 받기가 사실 많이 힘든 거예요. 제가 뭐 이러 쿵 해서 수정을 해야 하고 이랬으면 하소연 할 때도 없고 ……."

(참여자 H)

이러한 외로움의 과정을 거치면서 자신을 알리는 적극적인 노력을 하게 되었으며 교사들과 함께 팀을 이루어 접근하는 것이 얼마나 유용한지 알 수 있게 되었다.

참여자들은 학교에 교과담당 교사위주로 형성되는 학교문화, 교사들의 독립적 업무 유형, 소속과 활동의 장이 다른 구조적인 조건, 시범사업의 한계, 호칭에서 느껴지는 이질감 등 교사와는 다른 존재임을 느끼고 있었다.

교사와 참여자들은 다른 존재이기 때문에 이질감이 존재하는 것은 당연한 것이나 이러한 이질감은 오히려 학생과 교사들에게 학교사회복지사는 교사와 다른 존재이며 학생들에게 접근하는 방식도 다르다고 인정받는 중요한 요소이기도 하다. 그러나 참여자와 교사들에게는 동질감이 존재하는 것도 사실이나, 동질성을 확보하지 못한 상황에서 발생하는 초기의 이질감은 학교의 고유한 분위기에서 비롯되었다고 판단된다.

"그러면서도 배제할 수 없는, 동료로 생각하기엔 조금 다른 기질이 있다는 생각이 들어요. 선생님들이 생각한다는 것, 동료애라는 것과 이질감, 두 가지가 있다고 했는데 저도 두 가지가 있는 것 같아요. 소속감이 있다고 느끼는 것과 동시에 제가 느끼는 또 다른 감정들이 있는 것 같아요. 두 가지 마음 다."

(참여자 D)

기관에 소속된 참여자들은 학교와 소속기관 모두에서 이질감을 경험하였다. 학교에서는 외부인이라는 명백한 한계로 인한 이질감을 경험하고, 소속기관에서는 역할의 관련이나 종류가 다르기 때문에 아무 것도 할 수 없는 이질감을 경험한다. 참여자는 구조적인 한계에서 기인한 것이라 두 조직 사이에서 불명확한 관계를 지속하고 있었다.

> "선생님들과 관계를 맺는 게. (중략) 여기는 외부조직에 있는 사람이
> 들어가게 되니까 친해지기가 굉장히 힘들었어요. (중략) 근데 기관에
> 있다보니까 다른 분들은 막 계속 움직이잖아요. 이것저것 계속 회의를
> 하시고, 그러다 보니까 제가 그걸 맞추다 보니까 사실 그만큼 시간이
> 긴 게 아닌데도 불구하고 일정이 굉장히 딜레이가 되는 거예요."
>
> (참여자 H)

참여자들은 호칭에서 이질감을 경험하기도 하였다. 'OO 씨'라는 호칭
을 통해서 교사가 아님을 스스로 인정하며 불쾌한 기분을 경험하기도
하였다. 그러나 이러한 경우는 부정적인 경험이 반복되는 경우에서 나타
나는 일종의 '자격지심(自激之心)'의 성격도 있다고 보인다. 왜냐하면 다
른 참여자는 동료 교사로부터 'OO 씨'라는 호칭을 친근함의 표시로 불
리고 있었으며 이에 대하여도 나쁘지 않다고 생각하고 있었기 때문이다.

> "용어부터 저는 사회복지사들이 일할 때 선생님이라는 호칭을 암묵
> 적으로 사용하고 있는데, "OO 씨" 먼저 "씨"라는 말이 와 닿았고, '그
> 렇구나. 나는 교사는 아니지.' 그렇게 자위는 했으나, 그래도 "OO 씨"
> 라는 말이 반갑게 들리지는 않더라고요."
>
> (참여자 I)

참여자들은 시간이 지나면서 이질감과 외로움을 성실한 태도와 개별
적인 노력으로 극복하여 '가족'으로서 인식을 받고 있었다. 그러나 만일
참여자가 학교 구성원이 아니라면 이질감과 외로움을 극복하기 위한
노력과는 상관없이 '좋은 일을 하는 외부인'으로 학교에 인식될 것이다.
따라서 학교사회복지사는 '가족'과 '동료'라는 인식을 형성할 수 있도록
신분과 지위가 보장되어야 한다.

(2) 신뢰를 받지 못함

참여자들은 신뢰를 받지 못한다는 느낌을 경험하게 되는데 그 유형은 외부인이기 때문에 신뢰할 수 없다는 이유가 있다. 학교는 주인이며 참여자는 '잠시 왔다가 가는 나그네'로 인식하기 때문에 참여자들을 신뢰하지 않았다.

> "학교가 학교라는 상황이 그 사람들은 주인이고 나는 객이라는 이분법적인 생각들, 교사들이 판단하고 바라보는 그런 생각들로 인해서 재량을 발휘하지 못하는 그런 경험들 그런 것들이 힘들었던 것 같구요."
>
> (참여자 D)

또한 소속기관이 다르기 때문에 학교사회복지사는 자신들의 교육활동에 참여 할 수 없다는 입장을 보인다. 이것이 외부인을 학년협의회에 참석시킬 이유가 없다는 학교의 고유한 결정사항이었지만, 참여자는 이를 자신이 신뢰를 받지 못하고 있다는 개인적 차원으로 해석하여 상처를 받고 있었다.

> "이런 것들을 1학년 대상으로 한다. 그러면 1학년 협의회에 들어가서 선생님들한테 홍보도 하고 싶은데 …… 안 된다는 거예요. 그걸 싫다고 하시는 거예요 …… 그게 왜 필요하냐? 여기서 뭐 그런 것들에 대해서 반발하시는 선생님들이 계시니까 ……(중략) 일단은 외부 사람이고, 그리고 자기네 그 학생들이나 이런 것들은 자기네들이 알아서 한다. 뭐 이런 식으로 …… 없어도 알아서 한다. 뭐 그런 생각이 …… 그리고 일단 외부사람 못 믿는다. 교사가 아니다."
>
> (참여자 H)

또한 참여자들은 믿을 수 없는 단체에서 보내왔기 때문에 신뢰할 수 없다는 경험을 하기도 하였다. 학교는 스스로 교육청의 지도 장학을 받는 하부기관으로 생각하고 있으므로 교육청이 아닌 다른 단체는 모두 믿을 수 없는 민간단체로 생각하기도 한다. 따라서 참여자는 학교 관리자들에게 여러 가지 정황을 자세히 설명해야 하는 수고를 하게 된다.

> "교감선생님도 제가 뭐하는 사람인지 모르시고, 교육청에서 보낸 줄 아시고, 나중에는 '교육청에서 보낸 거 아니에요? 이상한 알 수 없는 민간단체에서 보낸 거네요?' 그러시질 않나, 그런 부분들이 굉장히 힘들었었어요."
>
> (참여자 I)

참여자들의 신뢰받지 못함은 학교 진입 초기에 경험되는 것으로서 주로 담당자나 관리자들의 외부인이라는 주관적 인식에서 비롯되고 있었다. 개별적 신뢰를 받지 못한다면 교사들과의 업무 협조나 공식적인 역할수행이 불가능하였다. 따라서 참여자들은 학교에 배치된 초기에는 공식적 역할을 수행할 수 없기 때문에 학생들과의 관계형성을 가장 먼저 하게 된다. 참여자들은 신뢰받지 못함을 느끼면서 학교에 대한 부정적인 경험을 더하고 있었으며 이를 해결하기 위해 많은 노력을 개별적으로 강구하고 있었다.

3) 정체성 고민을 함

참여자들은 학교에서 발행하는 작은 문서 하나에서도 자신의 존재를 찾고 있었으며 그들에게 가장 절실한 것은 소속감이었다. 참여자들은 인간으로서의 존재를 찾고 있었으며, 동시에 학교사회복지사로서의 정체성을 찾고 있었다. 따라서 인간으로서의 존재감은 소속감을 지향하고 있었으며 학교사회복지사로서의 정체성은 소속감을 형성한 이후에 발현되고 있었다.

참여자들은 정체성에 대하여 고민을 바탕으로 긍정적인 의미를 도출해내는 긍정적인 속성과 이러한 고민에 대하여 의미 없다는 결론이 지속적으로 이루어지는 부정적인 속성 두 가지를 가지고 있었다. 이러한 정체성의 혼란은 참여자의 역할수행 과정에 영향을 주는 중요한 요소가 되고 있었다.

(1) 존재 고민

참여자들은 학교사회복지사로서 혼란스러워 했다. 다양한 경우에서 학교사회복지사로서의 혼란을 경험하였는데 이러한 고민의 시기는 학교 투입 초기였다.

　　"내가 하는 일을 다른 사람들도 할 수 있을 텐데 그렇다면 내가 학교 사회복지가라는 명칭을 갖고 존재한다고 하는 것이 의미가 없는 건 아닐까? (중략) 제 자신의 전문성과 전문적 영역이나 이런 것들을 제 스스로 설득해 나가고 이러는 부분이, 초창기에 힘들었던 것 같아요."
　　　　　　　　　　　　　　　　　　　　　　　　　　　　(참여자 B)

또한 참여자들은 자신이 인지하고 있는 역할과 현재 수행하는 역할이 차이가 날 때에 혼란을 경험하고 있었다. 즉 학교사회복지사로서 자신이 해야 하는 역할을 수행하지 못할 때, 능력에 한계를 경험할 때 자신의 존재에 대한 고민을 하였다.

　　"그리고 학교사회복지사는 학생과 가정과 지역사회를 연계하는 네트워크를 해야 하는데, 사실 그게 우리가 배운 것처럼 100%되지는 않더라구요. 그러면 정말 저도 학교 안에서 우물안개구리처럼 있는 것 같기도 하고, 그럴 때마다 좀 많이 흔들렸던 것 같아요."
　　　　　　　　　　　　　　　　　　　　　　　　　　　　(참여자 G)

　　"'학교사회복지사가 어떤 일을 하는 것이다'라는 감을 잡았을 때는 이제 할 일은 참 많은 것 같은데 현실 속에선 그걸 하기엔 너무나 역부족인 거. 다시 말하자면 임상적 부분은 어느 정도 교육도 받고 나름대로 커버를 하려고 했던 것 같은데, 문제는 학교 조직을 변화시키고 또 아이들의 인권이나 이런 궁극적인 목적을 달성하려고 할 때는 한계가 너무 많았다는 것."

(참여자 A)

또한 참여자들의 혼란은 참여자들이 학교사회복지사로서 독특한 영역과 어떠한 역할을 해야 하는지에 대한 자문(自問)에서 나타났다.

"솔직히 정체성에 대한 혼란은 지금도 느껴요. 내가 뭐 하는 사람인가. 내가 이 일을 평생 할 수 있을까. 내 그 이후의 일은 무엇일까.(중략) 내가 주력해야 될 일이 뭔가. 그리고 내가 할 것과 안 해도 될 것은 뭔가. 그런 것들이 고민이 되고, 목에 칼이 들어와도 이거는 주장해야 되는 건가? 그리고 이거는 내가 접고 넘어가도 될까. 그런 것들 그리고 학교사회복지사를 떠나서 사회복지사로서 갖는 윤리적 딜레마 이런 것도 물론 겹치는데다가 학교라는 세팅이 주는 그런 독특한 면에서 오는 고민들도 되고."

(참여자 I)

이러한 혼란은 하나의 성장 과정으로 생각할 수 있는 긍정적인 요소가 있다. 학교사회복지사로서의 혼란을 극복할 때에는 정체성 형성에 도움이 되겠지만 극복하지 못한다면 학교사회복지로서 역할을 수행하는 데에 큰 한계를 경험하게 될 것이다.

또한 참여자들은 속해있는 조직에서 자신의 존재를 고민하고 있었다. 학교조직에 구성원으로 있는 참여자의 경우 학교에서 공식적으로 발행되는 유인물에 자신의 존재가 있고 없음에 따라 소속감을 느끼고 있었다.

기관 소속 참여자의 경우에는 기관보다 학교에서 자신의 존재를 확인하는 것이 중요했으며 직원회의에 참석유무도 소속감을 결정짓는 중요한 요소였다. 그러나 기관소속의 참여자의 혼란은 기관 혹은 학교로

의 소속감이 아닌 이중 구조에서 비롯된 자신의 정체성 문제였다.

> "참 저희 같은 셋팅은 정말 정체성이 혼란스러울 때가 많아요. 학교에서는 저희기 기관소속이디 보니끼 학교에시는 지는 교사나 어떤 학교의 교직원개념이 절대 아니거든요. 그래서 그냥 교직원뿐만 아니라, 학교에 소속된 사람이 아닌 게 뭐 ……. 그럴 때가 되게 많아요. 아주 사소하게 식당엘 갔는데, 식당카드조차 저는 없는 거예요."
>
> (참여자 H)

그리고 식당의 명부에서, 청소 담당 구역을 알리는 유인물, 비상연락망, 소풍 등의 공식 유인물에서 자신의 이름을 확인하고 있었다. 공식적인 유인물에 학교사회복지실이나 자신의 이름이 나와 있으면 안도의 마음을 갖게 되고, 만일 누락되면 자신의 존재가 상실되었다는 상실감을 갖게 된다. 그러나 이는 참여자의 존재와 인식을 높이는 기회가 되기도 하였으며, 담당교사에게 참여자가 누락사실과 기초 정보를 제공해 줌으로써 해결되었다. 따라서 참여자들은 이런 기회를 통해 교사들에게 자신의 존재를 꾸준히 홍보해야 함을 느끼는 계기가 되었다.

> "학생들 청소구역 배정하잖아요. 그런데 사회복지실은 안 되어 있는 거예요. 그러니까 그걸 담당하시는 선생님은 사회복지실이 여기 있는지도 잘 모르시는 (중략) 재밌는 거는 봄 소풍 갈 때 또 누락되어 있더라고요. 교내 직원 연락망부터 시작해 가지고, 어느 순간 보니까 제가 없는 거예요. 내선 번호도 없고, 교직원 연락망에도 없고 ……. 언제쯤 알았냐면, 교무실에 가면 학생들에게 교직원 연락망을 주잖아요. 그래서 받았는데 제가 없는 거예요. (중략) 방학 때 학생 생활 지도 계획 그런 유인물 받잖아요. 거기에 내 이름과 연락처가 빠져 있는 거예요."
>
> (참여자 I)

참여자들은 학교에 자신들의 존재가 나타나지 않음을 확인하면서 자

132

신들이 학교 조직 안에서 무엇인가에 대하여 고민을 하고 있었다. 자신은 존재하지만 학교의 문서나 공식적 조직 안에서는 자신의 존재를 찾을 수 없는 현실 속에서 정체성에 대한 혼란을 경험하고 있었다.

(2) 역할 모호

참여자들은 자신들의 역할에 대한 모호함을 경험하고 있었다. 특히 교사와의 차이점과 기능적으로 상담교사와의 차별성을 고민하면서 정체성도 함께 고민하고 있었다.

이는 역할의 전개과정 자체가 존재와 환경의 요구에 의해 반응되어 가는 과정이며 역할의 기대, 지위가 사회적인 환경의 요구에 영향 받음을 의미한다(Katz & Kahn, 1955: 파스칼 대백과 사전, 2000). 특히 다양한 전문가들과 함께 역할을 수행해야 하는 2차 전문집단들에서는 역할에 대한 혼란과 갈등 그리고 모호함이 발생하기도 한다(권진숙, 1983: 조수정, 1988; 김규수, 1997: 이충순, 1997: 김성희, 2000). 그러나 참여자들이 말하는 역할 모호는 역할의 수행과정에서 나타나는 현상이 아닌 역할 형성과정에서 발생되었으므로 이들의 고민들은 정체성 형성과정에서 비롯된 것이라고 본다.

참여자들은 자신들의 역할과 기존 교사들과의 역할에 대하여 고민을 하고 있었다. 참여자들이 가장 고민하는 핵심 질문은 '열정이 많은 교사들과 무엇이 다른가?'이었다.

> "열정과 그런 것들이 젊은 선생님들이 많이 있었고 물론 그들 속에서도 굉장히 다양한 모습이 있긴 했지만 그런 모습을 보면서 내가 그 사람들과 나의 차별성은 무엇일까?"
>
> (참여자 B)

> "그런 묘한 경쟁의식과 더불어 …… 저는 그게 이제 오히려 상승효

과를 내서 그 선생님도 열심히 하시고 저도 열심히 하는 그런 계기가
되었다고 생각하고요. 그리고 전반(전체 학급)이 인성교육을 다해요.
담임선생님이 교육을 시키고, 자료를 들어서 전반(전체 학급)이 학기
초에 인성 교육을 열심히 하는 학교였죠."

(참여자 E)

각 학교에는 인성교육을 열심히 하는 교사, 가정 방문하는 교사, 학생
들의 진로와 인생에 대하여 함께 고민하는 교사 등 열정이 많은 교사들
이 존재하고 있다. 참여자들은 그러한 교사들과 과연 어떤 차별성이 있
는가에 대하여 고민하고 있었으며 이러한 고민의 답은 참여자의 정체성
에 영향을 주며 교사들에게 참여자들을 설명할 때에 중요한 요소가 되었
다. 그러나 이러한 고민을 하는 참여자의 출현과 해답을 찾는 참여자는
학교현장에 최소한 1년 이상의 경력자에게서 나타나고 있었다. 학교의
교육단위는 1년 단위의 연간사업계획서에 의해 운영되고 교사들의 활동
내용을 경험하기에는 최소한 1년의 시간이 필요하기 때문이다.

또한 참여자들은 자신들의 역할을 상담가와 비교하면서 그 차별성에
대하여 고민하였다. 참여자들에게 상담은 자신의 전문성을 입증해내는
빠르고 손쉬운 방법이며 자주 사용하는 기술이기도 하다. 그러나 상담
업무에만 집중하게 되면 자신이 상담가인지 사회복지사인지에 대한 정
체성을 고민하게 된다.

"내가 그냥 일반 상담을 하는 사람도 아닌데 이렇게 하고 있는 게
맞을까? 내가 프로그램을 진행하는 사람 아냐? 뭐 그런 생각, 이건 아
닌데 그런 생각이 많이 들었던 것 같아요."

(참여자 G)

"선생님들은 굉장히 저를 상담하는 사람이라고 생각을 하시거든요.
물론 상담 이외에 의뢰건수도 많고, 근데 제가 저를 생각할 때는 상담
하는 사람이라고 생각하지 않아요. 왜냐면 깊이 있는 상담을 하기에는

너무 실력도 모자라고 …… 그것만 하기에는 상담교사랑 다를 바가 없
잖아요. (중략) 제 능력도 부족하고 우리 업무를 말하기에는 너무 이
단어가 부족하다는 생각이 들고요."

(참여자 E)

참여자들에게 있어서 상담가와 차별성을 확인하는 고민은 자신들은
상담가가 아닌 학교사회복지사라는 정체성을 갖고 있었으며, 이러한 고
민은 상담가로서 역할이 고정되는 위험을 참여자들 스스로 극복하는
데에 도움이 되고 있었다. 따라서 학교사회복지사로서 역할 모색과 확
대를 가져오게 되는 중요한 계기가 되기도 한다.

3. 「스스로 찾기」 단계

「스스로 찾기」 단계는 학교사회복지사로서 존재에 대한 인정, 교사들
로부터 경계심을 줄이며, 독특한 역할을 찾아가는 단계이다.
이렇게 역할을 찾아가는 단계는 인간이 사회집단이나 상황 속에서
수행해야 되는 거래를 위해 문화 과정에 맞추고자 하는 목적 지향적인
행동으로 역할군에 해당하며, 개인과 타자와의 상호작용 안에서 자신을
평가하는 과정(process)에 해당된다고 하겠다(Mead, 1934; Spiegel,
1960). 이러한 과정으로 교사문화의 특성에 따라 적응해가는 참여자를
보게 되는데 학교는 제도적으로 주어진 역할(role)과 개인이 갖춘 인성
(personality)의 상호 균형 관계, '우리'라는 동지적 감정을 중시하며 이
는 상호 간의 인간관계가 중요하게 다루어지는 특성을 갖는다고 말할
수 있다(Etzioni, 1964; Katz, 1964; Waller, 1964; 박용헌, 1985; 진원
중, 1986). 참여자들은 학교문화의 주요한 기반이 되는 교사문화에 대하
여 교육적이고, 보수적이며, 개인주의, 학생에 대한 무한 책임주의 등등

교사의 특성을 배우고 익히며 자신의 역할을 찾고 있었다(대한교원총
연합, 1982; 황기우, 1992; 유윤석, 1995; 이용숙; 1996; 강승호, 1997;
이병승 외, 2003; 윤정일 외; 2003).

참여자들은 학교에서의 부정적 경험들과 교사들과의 관계형성 부재
에서 비롯된 정체성 혼란에 대하여 스스로 해결책을 찾아가고 있었다.
존재의 혼란에 대해서는 학생들에게 편안한 분위기를 조성하는 접근방
식으로 해결책을 찾아가고 있었으며, 교사들과의 관계형성 부재에서 비
롯된 것은 적극적으로 친해지는 전략을 사용하여 개인적인 관계 형성
을 통해 그 해결책을 찾아가고 있었다.

기관 소속 참여자들도 유사한 해결책을 찾아가고 있었지만, 이들은
학교사회복지와 자신의 존재에 대한 설명 대상을 학교의 교사뿐만이
아닌 기관 종사자들에게로 확대하고 있었다. 따라서 참여자들은 그들의
기관도 학교사회복지에 대한 설명의 대상으로 확대, 적용함으로써 자신
들의 혼란에 스스로 대처하고 있었다.

참여자들은 자신들의 전문성과 존재의 이유를 교사보다는 학생들에
게 먼저 찾기 시작하였다. 참여자들은 학교사회복지실의 물리적 분위기
를 독특하고 예쁘게 꾸며 학생들에게 자유롭고 편안한 분위기를 조성
하였다. 참여자들은 학교사회복지실에 찾아오는 학생들에게 인격적인
대우, 편안하고 자유로운 분위기, 서로가 서로를 존중하는 분위기 등을
조성하여 학생들이 자신들을 위해 존재하는 공간임을 느낄 수 있도록
하였다. 학교사회복지실로 학생들이 많이, 편안하게 찾아오면서 참여자
들에게 큰 힘이 되어주고 있었다. 참여자들은 학생들에게 '찾아가는 서
비스'를 실시하였는데 예를 들면, 생일카드를 개별적으로 전달해 주거
나, 수업결손이 생긴 학급에 들어가서 학교사회복지실을 홍보하고, 학생
들에게 욕구조사 등을 통해 학생들의 욕구가 무엇인지 등을 적극적으
로 찾고 있었다.

참여자들은 교사들에게 사적인 관계를 형성하기 위해 많은 노력을 하였다. 노력의 내용은 시간이 날 때마다 교무실에 자주 찾아가서 자신을 소개하기, 학교사회복지에 대하여 설명하기, 교사들과 개인적인 이야기 나누기, 점심시간에 점심 함께 먹으면서 친한 선생님 사귀기, 동호회에 참여하기, 교사들의 숙제 대신해주기, 교사들과 학생에 대한 이야기하기, 선물주기 등등이었다. 참여자들은 교사들과 같은 대화의 내용으로 같은 사건을 공유할 때에 학교에 대한 소속감을 느끼고 있었다. 특히 교사들과 함께 학생에 대한 정보를 교환할 때와 개인적인 이야기를 편하게 주고받을 때에, 회식이나 학교 행사에 함께 참여할 때에 소속감을 느끼고 있었다. 특정 참여자는 교사들과 친해지기 위해서 자신이 싫어하는 운동 동호회에 가입을 하고, 합창단에 가입을 하기도 하며, 교사 친목 모임에 참여하기 위해서 개인적인 생활을 포기하기도 하였다. 또 다른 참여자는 주로 꽃이나 마음을 편하게 하는 칭찬 등을 선물하면서 교사들과 친해졌다. 이때에 참여자들이 바라는 것은 학생들에게는 학교사회복지사로서 정체성을 찾는 것이며, 교사들의 역할을 빼앗으러 오는 존재가 아니라 학생과 학교교육에 도움이 되는 존재라는 것을 알리는 것이었다.

이와 같이 학교사회복지사들은 학생들에게서 자신의 존재 이유를 찾고, 교사들에게는 관계형성의 방법을 통해 역할을 찾아가는 「스스로 찾기」 단계를 경험한다.

1) 친해지기

(1) 학생들과 친해지기

참여자들은 학생들에게 교사들과 다른 방법으로 접근하고 있었다. 이들의 유형은 개방적이고 수용적인 학교사회복지실 분위기를 조성하는

것, 교실과는 다른 편안한 학교사회복지실을 꾸며내는 것, 학생들 하나
하나 개별적으로 관심 갖고 관리해주는 개별화전략, 생일 챙겨주기 전
략, 적극적으로 복도를 이용해 홍보하기, 학생들을 존중하기, 낙인화하
지 않고 어려운 학생 도와주기 등이었다.

> "사회복지실은 누구나 올 수 있는 곳, 특별한 문제가 없어도 올 수
> 있는 곳, 쉬어갈 수 있는 곳, 거절하고 명령하는 구조가 아니라 아이들
> 한테 열려 있는 곳, 평가받지 않는 곳이라는 게 중요했던 것 같거든요.
> 선생님들과 같은 모습이 아닌 다른 모습으로 아이들에게 다가가려고
> 노력을 했고."
>
> (참여자 B)

> "적어도 아이들이 학교사회복지실에 와서 저를 만나면 '인정받는구
> 나' 그런 생각이 들 수 있게 내가 어떤 역할 그냥 아이들하고 인사를
> 나눠주는 것. 대단히 우리가 인제 지식적인 거하고 거리가 멀긴 하지
> 만, 그런 역할들을 저는 의미 있게 수행한다고 생각이 들거든요."
>
> (참여자 D)

> "전교생들의 각 반에서 생일들을 파악해서, 그날그날 생일들을 맞은
> 학생들을 '마가렛'이나 초콜릿을 가지고 저희가 직접 카드를 써서 가지
> 고 가서 축하해주는 그런 과정들을 거치게 되고, 또 쉬는 시간마다 복
> 도로 나가서 실습생이나 제가 아이들을 만나면 반갑게 인사하는 그런
> 과정들을 거쳐서 한 일주일? 열흘? 정도 만에 학교사회복지실이 어떤
> 곳이란 걸 아이들이 구체적으로는 모르지만, '우리가 힘든 일이 있을
> 때 가서 도움을 받을 수 있는 곳이구나.'라는 걸 거의 많은 학생들이
> 알 수 있게끔 그런 과정들을 거쳤어요."
>
> (참여자 F)

이러한 유형에서 볼 수 있는 공통점은 학생이 중심이 된다는 것, 하
나하나 개별적인 차이를 인정하는 것, 지도보다는 함께 고민하고 노력
한다는 것 등이다. 참여자들을 비롯한 학교사회복지가 학생들에게 환영

을 받는 이유는 학생입장에서, 학생들을 실질적으로 도움을 줄 수 있는 '자신을 이해하며 도움이 되는 전문가'이기 때문이라 생각되어진다.

　참여자들이 학생들에게 편안한 분위기를 제공하기 위해 또래 관계망을 활용하고 있었다. 그 활동의 유형으로는 학교사회복지실 자주 이용하게 하기, 학생들 스스로 서로가 서로를 배려해주기, 학교사회복지실에서 관계 형성 해주기 등등 학교사회복지실을 중심으로 학생들 상호 관계 형성을 도와주는 것이었다.

　　"사회복지실에서 어느 누구도 누구에게 설사 선후배 관계라 하더라도 명령할 수 없는, 명령하는 것보다는 제안하고 권유하는 그런 구조를 만들어 가고 서로서로가 도움이 필요한 존재라는 것을 같이 공유하고 외로운 아이들이 정말 오거든요. 외로운 아이들의 집합소로 되어 있는데 그 아이들이 서로 역동을 만들어 가는 것 같아요."

(참여자 B)

　　"애들이 이제 스스로 여기가 어딘지 알고 오고, 친구들 데려 오고, 그러니까 이제 제가 말하지 않아도 애들이 아 …… 여기는 이런 거 하는 데야. 와서 놀면서 상담도 받을 수 있어 이런 이야기를 하면서, 2학기에 들어서면서 아이들의 상호작용에 신경을 써야겠다. 보드게임을 사서 보드게임을 가져다 놓고 보드게임의 특성이 혼자 컴퓨터처럼 혼자 하는 게 아니라 여러 명의 공동체가 되어서 서로 상호작용하면서 주고받으면서 하는 거잖아요. (중략) 교실에 있으면 한마디도 이야기 못하는데 여기만 오면 뭐 티격태격을 하면서 야! 이거 내꺼다 이런 이야기를 하면서라도 상호작용이 일어나고."

(참여자 E)

　　"또 중요한 게 얘를 둘러싼 또래 집단이나 반 급우들, 제일 친한 친구 그런 아이들을 상담 이후에 사회복지실에 오거나 따로 만나거나 해서 제가 알고 있는 범위를 좀 넓히는 것 그게 나중에 자원이 되더라고요. 걔랑 연락이 끊겼을 때 친구를 통해서 연락이 되거나 그래서 그 아이에 대해서 충분히 파악하는 것, 그 아이를 둘러싼 자원들 친구들을 파악해서 친해지는 것."

(참여자 I)

참여자들은 학교사회복지실을 학생들끼리의 역동적 관계를 만들어 주는 곳이며, 이를 통해 자연스럽고 상호 역동적인 관계가 형성될 수 있도록 분위기를 조성해 주었다. 이렇게 학교사회복지실에서 학생의 인격을 존중하며 스스로 자발적인 분위기를 조성해 주는 것은 단순히 문화활동이나 개인적인 친분관계의 형성과는 다른 접근 방법을 가지고 있다. 참여자는 학교사회복지실을 자유롭고 편안한 분위기를 조성해 가며, 이러한 분위기를 중심으로 학생들에게 서로 돕는 상호 역동적 협력 관계가 유지되는 거점이자 안전망으로서 기능도 하고 있었다.

(2) 교사들과 친해지기

참여자들은 학교 조직원들과 개인적인 관계형성, 개인적인 부탁을 들어주고, 학생 정보교환, 선물주기 등을 통해서 친해지기를 하고 있었다. 참여자들은 관계 형성에 에너지 소모가 많지만 중요한 역할이라고 생각하고 있었다. 관계 맺기는 공식적인 업무시간 이외에 주로 많이 이루어지며 또한 지속적으로 이루어지기 때문에 인정되어야 할 역할이라고 본다.

참여자들은 교사들과 친해지기 위한 다양한 노력들을 수행하고 있었다. 아무런 일이 없어도 자주 찾아가고 교무실에 들리는 등 적극적으로 얼굴 익히기와 개인적인 친분 쌓기에 주력하였다.

"선생님들한테 쉬는 시간마다 내려가서 선생님 뭐하세요? 같이 수다 떨어주고, 그러면서 나라는 사람이 파트로 와서 선생님들을 아이들을 위해서 이런 이런 일을 한다고 알리기도 했고, 개인적으로 친분을 가지려고 노력을 했고, 그런 개인적인 얘기도 주고받기도 하고."

(참여자 A)

140

　　"선생님들과 많이 만나려고 하구요. 접촉하려구 많이 하구요, 우리가
　어떠한 일을 하는지 계속 말씀 드려요. 그러니까 담임선생님께도 원하
　지 않는데도 사실 뻔질나게 오르락내리락 하거든요. 선생님을 지지해
　드리면 내 편이 되는 것 같아요."

(참여자 B)

　그리고 '수다 떨기', '계조직 참여하기', '점심같이 먹기' 등등 일상생활
을 통해 적극적으로 교류를 하고 있었다. 특히 이러한 일상의 생활에서
의 접근은 교사문화에 쉽게 진입할 수 있는 기회가 되기도 하였다.

　　"점심시간 같은 때에 식사를 하는 데 있어서도 학교사회복지실 실습생
　들이랑 같이 먹는 게 아니라 일부러 선생님들과 함께 먹으면서, 선생님들
　하는 대화 속에 함께 껴서 얘기를 하면서, 아이들에 대한 이야기도 하고,
　선생님의 어려움에 대해서 이야기도 하고, 그런 과정을 거쳤고요."

(참여자 F)

　참여자들의 이러한 노력들은 모두 공적인 자리가 아닌 사적(私的)인
자리나 쉬는 시간 혹은 일과가 끝난 이후 일상생활에서 이루어지는 것
들이었으며, 관계형성을 위해 물질적, 시간적, 정신적 에너지를 많이 투
여하고 있었다. 이러한 역할수행 과정을 통해 학교문화와 상호작용을
하게 되었고, 자신의 존재와 역할을 부여받고 있었다.
　다른 참여자는 교사와 친해지기 위해서 함께 마라톤을 하기도 하였
다. 여성으로서 마라톤을 하는 것이 흔한 일은 아니지만 운동화, 운동복
을 구입하면서 본격적으로 그 대상과 함께 뛰었고, 마라톤부의 총무가
되는 등 적극적인 활동을 하였다. 또한 교사합창단에 입단하여 여러 교
사들과 친분을 형성하였다.

　　"그분의 관심사가 마라톤이었어요. 마라톤이 제게는 즐거운 운동은
　아니더라고요. 굉장히 지겹고 외로운 운동이더라고요. 저는 개인적으로

팀을 이뤄하는 운동이 좋은데, '그 옆에서 뛰어야 해'라고 각오하고 마라톤화 사고, 마라톤복 사고, 일주일에 한번씩 모여서 운동장에서 연습하고, 땀 찔찔 흘리면서 그렇게 성실함을 보이니까 관심을 가지시더라고요. 마라톤도 하고 교사 합창단도 들고 그렇게 사적인 교류를 많이 했어요. 그랬더니 굉장히 제 편이 많이 생긴 것 같은 …… 작년 12월에 학생부장님이 마라톤 부를 만들겠다. 하시 길래 제가 조금 더 적극성을 띄어서 총무를 했어요. 그러니까 학생부장 선생님이 대장이고 제가 총무니까 자주 교류를 하잖아요."

(참여자 I)

"나름대로 굉장히 노력을 많이 한 거 같아요. 친해지기 위해서. 더 술자리도 많이 갖고, 동호회 모임도 많이 하고, 저희 행사가 학교에 많아요. 농구부도 있고, 뭐 무슨 행사 그러면 막 따라 갔어요. 따라 가 가지고 되게 어색하잖아요. 처음에 친하지도 않은 선생님들 옆에 앉아 가지고 따라 갈 때부터 어색한 가운데 그냥 나를 알려야 된다는 생각을 되게 많이 했어요. 나를 모르면 그 사람들도 나를 모를 텐데 …… 그러면 내가 사회복지실에서 앉아 있기가 많이 힘들다는 생각이 들어서 최대한 나를 알려야 한다는 생각을 많이 했어요."

(참여자 G)

또한 참여자는 교사들과 친해지기 위해 학교의 행사, 교사들의 모임에 개인의 사생활을 포기하면서 적극적으로 참석하고 있었다. 자신을 알리지 않으면 역할수행에 지장이 되기 때문에 적극적으로 알려야 한다는 생각을 가지고 참여하였고, 이를 통해 교사들에게 쉽게 알려지고 있었다.

교사들과 친해지기 위해서 사적인 과제도 대신해 주고 있었다. 주로 참여자들이 대행해 주는 과제는 교사들의 생활지도나 상담연수 과제이며 교육청이나 교육부에 제출하는 개인보고서도 있었다.

"그래서 옛날에 한 선생님의 숙제도 대신 해 준 적도 있고."

(참여자 A)

"선생님이 과제 자체가 교육부에 내는 거잖아요. 그럼 간접적으로 학교사회복지가 홍보가 되잖아요. 이 선생님이 발탁이 되어서 어디 가서 발표를 한다면 우리 학교에는 사회복지실이 있습니다. 그 효과를 보고 한 거지 그 선생님이 예뻐서 해준 것도 아니고 무서워서 해준 것도 아니고 그런데 일단 해드린 건 그것 밖에 없어요."

(참여자 I)

참여자들은 교사의 과제를 대행할 때에 다른 교사나 교육청에게 학교사회복지를 알릴 수 있다는 생각을 가지고 있었다. 따라서 참여자들은 학교사회복지를 홍보해야 한다는 사명감에 의해 그 일을 수행하고 있었다.

참여자는 교사들과 친해지기 위해서 안전한 학생 정보를 교환한다. 그러나 이곳에서의 정보교환은 개입활동에서의 정보교환과는 다른 성격을 지니고 있다. 친해지기 위한 학생 정보교환이란 주로 교사들과의 사적인 자리에서 학생 신변에 대한 이야기를 나누는 것을 말하는 반면 '교사에 개입하기'에서 나오는 정보교환은 학생의 문제해결 과정에서 비롯된 하나의 역할수행의 성격을 지니고 있다.

"선생님 만나면 누가 오늘 어땠고 저쨌고 이런 이야기들을 비밀 보장의 범위 내에서 선생님들과 같이 나누고요."

(참여자 B)

"그런 과정에서도 상냥하게 항상 웃으면서 한다든가, 선생님들 힘드신 건 없으신지, 어느 반에 어떤 아이가 학교사회복지실 자주 오는데 그 아이는 어떠한지 선생님들이 다가오기 전에 제가 먼저 다가가서 여러 가지로 선생님들께 도움이 될 수 있는 부분이 어떤 게 있는지 여쭈어 보는 것들도 있구요."

(참여자 F)

참여자들의 학생 정보 교환하기는 친해지기 위한 목적으로 사적인 자리에서 나오는 신변상의 소재들이며 이는 학생 지도에 도움이 되는 주변적인 성격을 지니고 있었다. 참여자들은 교사들과 친해지기 위한 방법으로 학생들과 함께 이야기를 나누면서 동질감을 형성하고 있었다.

참여자들 중에서는 교사와의 관계형성을 탁월하게 잘하는 참여자가 있었다. 그들 은 공통적으로 독특한 방법을 활용하고 있었는데 예를 들면 꽃이나 떡 등을 선물하거나, 카드나 엽서 등을 개별적으로 전달하며, 상대방의 기분을 좋게 하는 칭찬의 인사를 전달하는 것이다.

"교장선생님 방에 꽃이라도 꽂아 드린다든가, 오늘은 외부에서 손님이 오기 때문에 제가 이걸 준비했습니다. 작은 거라도 굉장히 좋아하시죠. 가을이라 국화화분을 준비했다고 그렇게 말을 하면, 너무너무 좋아하시죠. 그게 큰 돈 들이지 않으면서, 또 전략적인 것도 있지만, 분명히 이건 전략적인 거죠."

(참여자 F)

"선생님들은 오후 한 2시 30분이 지나면 가장 출출할 때에요. 그때 빵이나 과자를 가지고 나타나면 엄청 좋아하세요. 그리고 무슨 행사나 좋은 일이 생기면 주로 떡이나 과일을 돌리지요. 좋은 것 같아요. 나중에 만나면 선생님들은 꼭 잘 먹었다고 하시면서 아는 척을 해주세요."

(참여자 A)

"담당선생님이 속하고 있는 활동에 대하여 '애쓰신다! 그 내용 좋았다. 고생하셨어요. 학교사회복지실이 도와줄 것은 없어요?'라는 말을 꼭 잊지 않고 해요. 그러면 도와달라고 할 때도 있고요. …… 참 좋아하세요."

(참여자 C)

참여자들이 사용하는 선물주기의 공통점은 유형이든지, 무형이든지 뭔가를 주는 것이며 받는 사람은 자연스럽게 기분이 좋아지는 특징을 가지고 있다. 상대방에게 기분을 좋게 해주는 하나의 선물이므로 '선물주기'로 개념화하였다. 이러한 선물주기를 잘 하는 참여자는 학교에서

관계형성에 어려움을 보이지 않았으며 학교 조직에서 활동할 때에 중
요한 요소라고 판단하고 있었다. 또한 참여자들은 학생들과 관계를 맺
기 위한 노력을 하고 있었는데 그 이유는 학생들과의 관계형성이 되어
야지만 교사들과의 관계가 견고해지기 때문이다. 참여자들은 일반 교사
들과 다른 방법으로, 학교사회복지실을 통해 관계형성을 하고 있었다.
참여자들은 학생들의 인격이 존중되고, 인정되고, 자연스러운 상호작용
이 일어나는 학교사회복지실을 한국 학교사회복지의 독특한 특성이라
고 말하고 있었다.

2) 학교 문화 이해하기

참여자들은 사회복지 전공자들이므로 학교조직에 대한 이해나 경험
이 부족하였다. 따라서 그들은 다양한 경험을 통하여 교사들의 가치관,
학교조직의 특성 등을 이해해가고 있었다.
참여자들은 학교가 학교장의 책임 아래 이루어지는 독립적인 운영기
관이므로 관리자의 참여자에 대한 인식과 허용권한이 중요함을 인식하고
있었다(Firestone & Wilson, 1985; Sergiovanni, 1990). 따라서 참여자들
은 학교장, 교감과 어떠한 관계를 형성해야 하는지를 배워나가고 있었다.

> "학교라는 조직 그 특히 조직 안에서의 교사들의 관계 그리고 학교
> 장님의 관계 그게 젤 어려웠었는데, 이걸 타개하기 위해서 계속 설득작
> 업을 했었고, (중략) 교장선생님이 쑥쑥 바뀔 때마다 내가 어떤 사람인
> 지를 또 알려야 되고, 또 반대하는 선생님들에 대해서는 내가 또 설득
> 해야 되고 이러한 과정들이 좀 에너지가 많이 들어갔던 것 같아요."
>
> (참여자 A)

참여자들은 관리자의 변동이 잦은 공립학교보다는 사립학교에서 학교

장의 인정을 받으며 역할을 수행하고 있었고, 이러한 경험을 통하여 학교 조직을 이해해가고 있었다. 참여자들은 학교 관리자들이 어떤 마인드를 갖고 있으며 무엇을 기대하는가에 따라 학교사회복지사로서 역할을 수행하기도, 수행하지 못할 수도 있었다. 따라서 참여자들은 학교 관리자의 권한과 이를 중심으로 운영되는 학교 체계를 이해하고 있었다.

"그 학교는 모든 게 다 어려웠어요. 하나부터 열까지 다 어려운 상태였는데, 일단은 그 학교는 원해서 학교사회복지를 실시하게 되었는데 교장선생님께서 요구하신 것과 제가 하려는 학교사회복지의 그런 것과 살려보려고 하는 것이 달랐어요. (중략) 내가 학교사회복지사인데 학교사회복지 일을 할 수 없었던 구조 …… (중략) 사업에 대한 이해가 없을 때, 저희와 같은 구조는 실재로 학교에 들어가서 학교의 교직원의 신분으로 일을 하고 있으니까 교장선생님의 지휘, 명령에 따라야 하죠."
(참여자 B)

참여자들은 사업의 형태가 교육청의 사업이든지, 민간사업이든지 간에 학교장 중심으로 운영이 되기 때문에 학교 관리자들에게 이해와 인정을 획득하는 것이 중요하다는 것을 이해하게 되었다. 또한 참여자들은 학생에게 개입을 하면서 교사들과의 시각 차이를 경험하고 있었다. 교사들은 학생에 대하여 어떻게 생각하고 있는지, 참여자들과 관계형성이 어려울 때는 어떤 경우인지, 교사들과의 관계형성의 어려움은 학생을 바라보는 시각에서 비롯되었고, 어떠한 시각을 갖고 있는 교사가 관계형성에 용이한 것인지를 경험을 통해 알아가고 있었다.

"그 속에서도 '우리 애들을 내가 담임이 해야지 누구한테 보내느냐, 직무유기를 할 수 없다.' 이런 선생님들도 당연히 있으세요. (중략) 작년 교감선생님은 학교사회복지사는 학생들을 선동하는 사람인 줄 아셨대요. 교사의 그런 방식하고 너무 차이가 나기 때문에 나중에는 교사가 힘들어질 거다. 예를 들면, 거기는 당근만 쓰고, 우리는 채찍만 쓰는데 학교사회복지가는 학생을 다뤄본 경험도 없을뿐더러 무조건 오냐오냐 하니까 나중에 우리 지도력이 안 미칠 거다. 라고 생각을 하셨대요."

(참여자 I)

"나름대로의 지도철학이 너무나 분명하셔서 그 방법 이외에는 다른 것들에 대해서 보지 못하시는 그런 개인적 성향이 있을 수 있을 것 같구요. (중략) 너네들이 왔을 때 도움이 될 수 있느냐 그런 게 학교에 도움이 되느냐 (중략) 굉장히 열정이 많은 젊은 분들을 보면 사실은 그 열정으로 인해서 자기가 아이들을 다 다루고 싶어 하고 이러한 부분들이 많은 것 같아요. 그런 다양한 협조관계를 맺어서 같이 할 수 있는 여러 다양성들을 보지 못하는 경우도 많이 있는 것 같거든요."

(참여자 B)

참여자들은 교사들과 학생을 바라보는 관점의 차이를 발견하였다. 교사들은 학생에 대하여 치료나 보호보다는 교육이 중심이 되어야 하고, 잘못된 것이 있다면 바로잡아 주어야 하며, 담임이 학생의 모든 것을 책임져야 한다는 등 유교문화에서 전래된 가부장적인 문화에서 비롯된 관점을 갖고 있었다.

참여자들은 이러한 시각의 차이를 통해 전반적인 교사중심의 학교 문화를 이해할 수 있었고, 이를 바탕으로 학교, 교사에 대한 이해를 할 수 있게 되었으며 이에 필요한 전략을 강구하게 되었다.

3) 대상별 접근하기

참여자들은 주로 학생, 학부모, 교사, 지역사회 등 대상에 역할수행을 하고 있었다(Costin, 1969; Allen-Meares, 1977, 김기환, 1997). 참여자들은 개입 대상을 중심으로 프로그램에 의한 역할을 수행하고 있었으며 주로 학생과 교사를 중심으로 전개해 나갔다. 그러나 참여자들의 대상별 개입활동은 정착되지 않는 자신들의 역할을 실시해보는 실험적 성격을 갖고 있기 때문에 역할을 모색하고 확대하여 정립해 나가는 일종의 개척과정의 성격을 지니고 있었다.

참여자들은 학생들의 학교교육 목표 달성에 도움을 주기 위해 존재한다고 생각하고 있다. 따라서 참여자들은 직접적이고 중심적인 대상인 학생들의 욕구를 사정하고 욕구에 근거한 서비스를 제공해 주는 단계로 진행하고 있었다. 참여자들이 학생들에게 연계자, 협력자, 조력자, 교사 역할 등등 다양한 모습으로 역할을 수행하고 있었다.

> "아마 임상치료사의 역할이 많지 않았나 싶어요 아이들의 문제를 상담해 주고, 이 문제를 어떻게 할 것인가에 대한 플랜을 짜고 ……."
>
> (참여자 A)

> "학생의 문제의 경우에는 일단 학생에 대해서는 그 아이가 원하는 욕구를 파악하고, 상담도 해서 애 이야기를 들어주고, 아이가 원하는 게 무엇인지 파악을 해서 아이 욕구에 맞게 개입을 해 주는 것이 필요하고 ……."
>
> (참여자 I)

참여자들은 학생의 학교생활과 복지증진을 중심으로 활발한 개입이 이루어지고 있으나 현재 참여자들에게 부여된 지위나 신분으로는 학생의 인권 보호나 옹호의 역할 등은 하지 못하고 있었다. 따라서 참여자들은 기회가 주어진다면 학생에 대한 인권과 옹호활동을 해야 한다고 강하게 느끼고 있었다.

참여자들의 학부모 대상 개입활동은 학생 개입만큼 활발하지는 않았다. 주로 학생의 문제해결을 위해 부모가 알아야 할 경우 정보 제공, 문제 해결을 위한 협력, 학부모의 이야기를 들어주는 상담 등 다양한 역할을 수행하고 있었다.

"처음에 의사소통이 안 된 아이가 있었어요. 자기 자신이나 학교문제
는 그렇게 큰 문제는 없었는데, 엄마랑 아빠와의 관계가 좋지 않아서
자연스럽게 학교생활에서 좀 문제가 되는 아이가 있더라구요. 그런 아
이는 정말 부모 상담이 필요하죠. 부모 상담도 그 워커와 1 : 1로 할
수 있는 그런 교육도 있겠지만, 똑같은 경험을 가지고 있는 부모들이랑
같이 함께 올바른 의사소통 대화기법이라든지, 자기 자녀들을 알 수 있
는 그런 교육을 통해서 개입할 수 있을 것 같고."

(참여자 G)

"부모님하고 면담이나, 전화나, 가정방문이나 그런 걸 통해서 개입하
는 건데, 부모님들은 경제적으로 지원을 해 준다든가, '이 아이가 학교
에서 잘 하고 있습니다. 잘 키우셨네요.' 그 말 한마디에 굉장히 반가워
하시고 좋아하시더라고요. 부모님이 학교에 오셔 가지고 학교의 문턱이
참 높은 것 같은데, 담임선생님을 만날 수 있도록 시간약속을 제가 컨
택을 해서 사회복지실에서 두 분이 만날 수 있도록 주선해주거나, 그런
역할도 필요하고요."

(참여자 I)

참여자들은 학생개입을 통하여 학부모 개입이 이루어지며 학부모에게
내담자, 협력자 역할을 하고 있었다. 그러나 참여자들의 개입 대상은 주로
문제를 가지고 있는 학생 부모이고, 대부분이 경제적 문제로 인해 맞벌이
를 하고 있기 때문에 이들에게 개입한다는 것은 현실적인 어려움이 있다.
또한 참여자들에게 부여된 권한의 제한도 충분하지 못하였다. 따라서 참여
자들은 일반 부모를 위한 교육 프로그램과 대상 부모를 위한 개별 접근 등
이원적으로 접근하고 있었다. 그러나 아직까지는 활발하지 않았지만 개입
의 효과는 부모의 변화, 학생의 변화, 가정의 변화 등으로 매우 높았다.
그리고 교사들에게는 교사설명회를 통한 학교사회복지 소개, 연수 지
원, 정서적 지지, 학생에 대한 협력 등의 역할을 하며 개입하고 있었다.
참여자들은 공식적인 개입과 비공식적인 개입을 하고 있었는데 공식적
개입은 학교사회복지실을 홍보하며 교사의 의뢰에 의한 학생 개입 과

정에서 팀으로 결합하는 것을 말하며 비공식적인 개입은 교사들의 교
육활동을 지원하고, 정서적인 안정을 제공해 주는 등 교사들의 교육활
동을 지원하는 역할을 하고 있었다.

> "선생님들의 넋두리를 들어주는 것도 중요한 것 같아요. 저보다 연배
> 도 높으신데다가 제가 섣불리 '이러시는 게 좋을 것 같아요'라고 하는
> 게 먹힐 것 같지도 않고, 그냥 자연스럽게 제가 어리면 어린 걸 장점으
> 로, 제가 선생님과 비슷한 연배이면 그걸 장점으로, 그렇게 인간적인
> 교류를 하면서, 선생님 수업에 필요한 자료라든가 제가 구할 수 있는
> 것들 드리고, 예를 들어 교육 사례 자료라든가, 학교 상담 자료라든가,
> 아니면 재량활동에 필요한 그런 비디오 부스라든가 하다못해 그런 거
> 라도 그러한 소스를 제공해 드리는 것, 선생님들 오셨을 때 따뜻한 차
> 한 잔에 얘기를 잘 들어 드리는 것, 그런 것도 필요하고, 어디 가면 어
> 떤 정보를 구할 수 있다는 그런 것도 필요한 것 같고."
>
> (참여자 I)

> "담임교사가 잘 활동할 수 있도록 서로 협의하고 정보를 제공해 주
> 고 제공받고 그리고 중요한 것은 과정이라는 부분이라고 생각이 들거
> 든요. (중략) 아이에 대해서 사정을 하고 사정을 한 것에 따라서 담임
> 선생님과 같이 협의를 하거든요."
>
> (참여자 B)

참여자들에게 교사는 학생 개입의 중요한 협력자이면서도, 서비스의
대상이기도 하지만 학교에서 구성원으로 인정받아야 할 동료라는 것을
인식하면서 참여자들은 교사들에게 특정 프로그램보다는 관계형성이
중심인 생활 접근에 주력하고 있었다.

지역사회를 대상으로 실시하는 활동은 정도의 차이가 있었다. 일반적
으로 지역사회 자원망 파악 및 구축, 교육협력, 지역사회의 인식재고 등
을 점차적으로 수행하고 있었다.

"제가 연계하고 매개하고 중계하는 역할, 제가 주도적으로 일을 다하는 게 아니고, 요 사업에 대한 도움을 줄 법한 기관을 미리 많이 파악을 해 두고, 상황이 발생했을 때 의뢰를 많이 했죠."

(참여자 I)

"지역사회 연계자라는 부분이 굉장히 중요한데 많이 못하고 있는 게 사실이잖아요. 연계자, 네트웍이라는 말이 가장 잘 설명해 줄 수 있는 말일 것 같아요. 학교 안에서의 네트웍, 그리고 밖에서의 네트웍 (중략) 제가 사회봉사 담당 선생님을 찾아 가서요. 사회봉사기관 필요하시면 이렇게 연결해 드리고 그 다음에 프로그램도 짜고 가서 아침에 1시간 먼저 만나서 상담하고 애를 기관에 데려다 주고 그리고 의뢰한 기관 선생님하고 컨택해서 계속 관리하는 것까지 이야기를 했더니 굉장히 좋아하시면서 그 다음에는 바로 학교사회복지실로 연결을 해주시더라구요."

(참여자 E)

참여자의 대부분은 지역사회 자원을 조사하여 이미 각 영역별 연계망을 구축하고 있었고, 지역사회 연계는 학생문제에 필요한 외부 자원을 결합하거나 자원봉사 활동을 연계하는 등의 활동이 이루어지고 있었다. 참여자는 지역사회와의 연계 활동이 초기에 활발하게 이루어지지 않아 고민을 하고 있었지만, 지역사회 연계는 학교 투입 후 1년 이후에 활발하게 나타나는 특성이므로 그 고민은 실제로 개입을 하면서 해소되었다. 참여자는 지역사회자원에 개입을 많이 할수록 정체성을 확립하고 있었다.

그리고 주위 사람들이 자신의 존재와 활동을 알고 있을 때에 자신들의 역할이 원활하게 이루어지고 있음을 느끼면서 자신의 존재와 활동을 교사들에게 알리고 있었다. 그래서 자신들의 존재와 활동을 전략적으로 꾸준히 소개하는 것을 주요한 역할로 인식하고 있었고, 교사들과 학생들에게 학교사회복지를 알리기 위해 많은 노력을 하고 있었다.

"그래서 저는 저 나름대로 학교사회복지사가 학교에서 어떤 일을 하고 있는가를 상담이라는 역할뿐만 아니라 우리가 하고 있는 고유의 역할들을 알리기 위해서 굉장히 가시적으로나 숨어서나 많이 드러내려고 상당히 노력을 했어요. 예를 들자면, 학생들에 관한 프로그램을 시행하고 난 다음에 그게 일회적인 이벤트성 프로그램이라고 할지라도 한 다음에 설문을 통해서 이 프로그램이 얼마나 유용했고, 앞으로 어떤 프로그램들이 학교에서 이루어졌으면 하는지에 관한 설문을 한 결과를 꼭 정교사 선생님들에게 돌렸어요. 돌리는 것도 그냥 아무 때나 돌리는 것이 아니라 전체 교직원이 있는 날 아침에 모든 선생님이 모이는 자리에다가 그 설문 평가서를 한 장짜리로 꼭 돌렸었구요."

(참여자 F)

"선생님들을 학교사회복지실의 다양한 이벤트에 많이 초대를 했어요. (중략) 어느 날인가는 같이 모여서 그렇게 이야기하면서 아이들이랑 되게 좋은 모습들을 보이기도 했고, 그런 모습 속에서 아 사회복지실이 좋은 이미지라는 그런 부분들에 대해서 일단은 사실 사회사업이 뭐냐 이런 것들보다는 선생님들에게 있어서 사실 감정적으로 내편이냐 이편이냐 그런 부분들을 알리는 작업이 되게 중요한 것 같아요."

(참여자 B)

참여자들은 일반 교사와 학생들에게 자신들의 활동을 공식과 비공식적으로 알림으로써 조언과 평가를 얻을 수 있었다. 따라서 참여자는 자신들의 역할을 개척하는 과정에서 자신들의 활동을 지속적으로 알리는 작업을 전략적으로 수행하였고, 이들 스스로도 중요한 역할로 인식하고 있었다.

4) 지지기반 찾기

참여자들은 역할수행 과정에서 비롯된 어려움을 동료 학교사회복지사나 교육 등의 지지기반을 활용하면서 극복하고 있었으며 참여자들의 준거집단인 학교를 기준으로 외부와 내부로 구분하여 보았다.

152

참여자들은 역할수행 과정에서 나타나는 여러 가지 어려움을 경험하
게 되는데 이러한 어려움은 주로 상황과 환경이 비슷한 동료 학교사회
복지사의 지지를 받으면서 극복하고 있었다.

> "다른 사람들이. 그런 것들을 제가 받아들이는데 굉장히 힘들었던 것
> 같아요. 그럴 때마다 이제 저와 같은 경험을 하신 선생님들이랑 이야기하
> 는 거죠. 이랬는데 굉장히 많이 스트레스도 받고 학교에서 어떻게 생각할
> 지도 굉장히 많이 힘들다. (중략) 나름대로 그런 일이 있을 때마다 강해진
> 것 같아요. 받아들일 수 있게 된 것 같고, 그런 게 처음에는 어려웠고."
> (참여자 G)

> "음 ……. 1학기 때 …… 상처를 너무 많이 받은 거예요 ……. 1학기
> 내내 ……. 그래서 굉장히 많이 지쳤던 것 같아요. 지칠 대로 지치고
> 학교에서도 그렇고 기관에서도 그렇고 너무 지치고, 기댈 곳이 없는 그
> 런 상황이었던 것 같아요. 그래서 동료 …… 학교사회복지사와 매일 전
> 화하면서 이런 상황에서 어떻게 해야 될까? 그런 얘기를 되게 많이 했
> 던 것 같아요. 오히려 그렇게 했던 게 돌파구였던 것 같고요."
> (참여자 H)

참여자들은 기관과의 어려움, 학교 내부의 어려움, 개인적인 부족함
등등 비슷한 입장과 상황이 비슷한 동료들에게 허심탄회하게 이야기하
고 있었으며, 참여자들은 어려움을 나누면서 서로에게 위로를 받고 있
었다. 이들은 서로에게 강한 동질감을 느끼고 있었으며 큰 힘이 되고
있었다. 또한 교육과 훈련을 통해서 자신들의 지지기반을 스스로 찾고
있었다. 여기에서 교육이란 주로 학교사회복지사들과 함께 이루어지는
것을 말한다. 이러한 교육과 훈련을 통하여 교수와 선배 및 동료가 결
합하는 슈퍼비전은 참여자들에게 큰 힘이 되고 있었다.

> "교육이라는 것을 통해서 또는 나랑 같이 일하는 사람들이랑 자꾸

대화하면서 내가 힘들어하거나 이런 부분들이 좀 많이 지지를 받고 그
래서 좀 덜 외롭지 않았나."

(참여자 A)

"동료들 만나서 서로 슈퍼비전 제공을 하고 아니면 어느 부분에 전
문적인 능력을 갖고 계신 교수님과 같이 그런 자문을 받고, 서로 위로
해 주고, 격려해 주고, 아니면 그 교육이라는 부분도 굉장히 크게 다가
왔던 것 같거든요.(중략) 먼저 경험하신 교수님이나 선배님들이 그런
것들을 상당히 정리해 나가는 상황들 속에서 우리는 막연하게 생각했
던 부분들이 정리가 되어가고, 사실 실무에 있으니까 그런 부분들이 훨
씬 더 필요했었는데, 그런 것들이 잘 맞아 떨어지고 이런 것들이 많이
극복하게 해주는 그런 힘이었던 것 같아요."

(참여자 B)

교육과 슈퍼비전은 조직이나 이해관계 없는 편안함 속에서 자신의
이야기를 하고 있었기 때문에 이들에게 정서적인 위로와 전문성 신장
에 도움이 되고 있었고 그들의 어려움을 동료 학생들의 변화나 위로,
혹은 교사들의 위로 등을 통해서 극복하고 있었다.

참여자들은 다양한 어려움 속에서도 학생들의 지지, 변화, 신뢰 등을
바탕으로 자신의 존재감을 확인하고 있었다. 그리고 참여자들은 학생들
이 변화되고 즐거워하는 모습을 볼 때에 가장 행복함을 느꼈고, 학생으
로 인해 자신의 존재의 이유를 발견하고 있었다.

"이걸 하게 돼서 정말 너무 저한테 힘이 되고 그거밖에 없었던 건
아이들밖에 없었거든요. 그런데 그런 아이들이 있어서 아 …… 내가 학
교사회복지하기를 정말 잘했다.(중략) 다만 그냥 학교에 오면 아이들이
있으니까 아이들하고 좀 이렇게 의사소통이 잘된다거나 그냥 그런 것
들이 재밌으니깐 이 일을 하는구나라는 생각이 들기도 하고."

(참여자 H)

"아이들이 좋아하고 변화되고, 학교생활 잘하고, 자기가 할 수 있는
것 잘할 때 그때가 제일 좋은 것 같아요."

(참여자 D)

그러나 만일 학생들의 지지나 신뢰를 받지 못하게 된다면 참여자들
은 더 이상의 존재 이유를 느끼지 못하고 도중에 그만두는 경우도 생
기게 될 것이며, 실제로 학교에서 실습생이나 자원봉사자로 활동을 하
다가 중단되는 경우의 대부분은 학생들과의 관계형성이 어려운 이유가
대부분이었다.

참여자들은 지지적인 교사들로부터 인정과 위로를 받음으로써 어려
움을 극복하고 있었다. 학교 조직의 핵심구성원인 교사들에게 인정과
위로를 받을 때에 참여자들은 소속감을 느낄 수 있었고, 학교사회복지
의 타당성과 정당성을 인정받는 기회가 되었다.

"그래서 '아, 선생님들 보시기에도 우리가 하고 있는, 역할을 다들 이
해하고 계시는구나.' 그때 굉장히 보람을 느꼈고, 지금도 선생님들로부
터 나에 대한 정체감에서 어떤 뿌듯함을 느끼게 해 주세요. 정말 다양
하게 일을 많이 하시고, 학생들이 경험하지 못하는, 경험할 수 없는 것
들을 많이 가져오셔서 하신다고, 그런 피드백을 주시는데, 그런 걸 들
으면 제 스스로 굉장히 보람 있어요."

(참여자 F)

그리고 참여자들이 지지적인 교사들을 통해 자신들의 의견을 관철시
키는 경험 등을 하기도 하였다. 이것은 단순한 의견관철의 의미를 넘어
서 참여자와 교사가 충분한 공감을 통해 동질감을 형성하고 있음을 나
타내고 있는 것이며, 이러한 경험은 참여자들에게 큰 지지와 힘이 되고
있었다.

> "가능한대로 좀 이렇게 내가 가지고 있는 할 수 있는 재량, 재가의 범위 내에서 할 수 없을 것 같다고 판단을 했을 때 최대한 다른 선생님들의 입을 통해 해결해 보려는 시도를 했었던 것 같아요."
>
> (참여자 D)

따라서 참여자들이 느끼는 교사들의 인정은 단순히 개인적 차원에서 인정받는 것이 아니라 학교사회복지의 정당성과 타당성을 교육전문가로부터 허가(sanction)되고 있음을 느끼는 공인(公認)의 성격을 가지고 있다. 특히 친한 교사들을 통해 참여자의 의견이 관철되고 실행될 때에 자신에 대한 인정, 더 나아가 학교사회복지에 대한 인정으로 더욱 느끼고 있었다.

5) 개척하기

참여자들은 자신의 활동 성과와 학교사회복지의 효과성이 동일하게 여겨질 것이기 때문에 잘해야 한다는 부담감과 더욱더 노력해야 한다는 사명감을 가지고 있었다. 이러한 생각은 자신이 학교사회복지를 대표한다는 '동일시 사고'와 자신은 일반적 직장인과는 다른 개척자라는 '사명감'에서 비롯된 것이었다. 참여자들은 개별 학생에 대한 개입 결과마저도 학교사회복지의 효과성과 연결지우며 생각하는 등 사명감에서 비롯된 부담감을 갖고 있었다.

> "어려웠던 건 그런 게 많이 어려웠어요. 처음에 아 저한테 의뢰 받은 아이가 학교를 나가게 됐어요. 그걸 인정할 수가 없었어요. (중략) 아 어떡하지. 그럼 이 아이가 학업을 중단함으로써 학교사회복지실을 어떻게 생각을 할까."
>
> (참여자 G)

　그리고 참여자들은 자신의 존재를 정확히 보여주어야 하며, 잘해야 한다는 부담감을 갖고 있었다. 또한 좋은 모델을 통해 학교사회복지를 발전시킬 수 있도록 기여해야 함과 학교사회복지가 학교에 꼭 필요한 개념이라는 것을 자신이 나타내어야 한다는 부담감에서 비롯되었다. 자신이 현재 학교에서 살아남기 위해서는 잘해야 한다는 것, 뭔가 모델을 만드는데 내가 기여해야 한다는 부담감 등 참여자들이 느끼는 부담감은 학교사회복지사가 개척자이기 때문에 나타나는 부담감이다.

　　"내가 이 학교에서 살아남기 위한 것, 그때 당시에는 학교에서 지지 않으려고 했었던 것 그런 생각이 더 강했던 것 같아요. 그러다 보니까 지지 않으려고 학교사회복지사가 반드시 정확하게 나타나야 된다."

(참여자 D)

　　"잘해야 된다는 부담감도 많죠. 좋은 모델이 되어야 하지 않을까 그런 부담감들도 많이 있고."

(참여자 B)

　이러한 부담감은 학교사회복지를 개척해야 한다는 사명감에서 비롯된 것이며, 그 사명감을 갖고 수행하는 이들의 적극성은 역할수행 과정에 영향을 주고 있었다. 참여자들은 자신들이 끊임없이 노력해야 한다고 생각하고 있었다. 이들은 단순하게 의뢰되거나 스스로 찾아온 학생들을 개입하는 기본업무뿐만 아니라 학교사회복지를 입증하기 위한 새롭고 창의적인 노력을 지속하고 있었다. 따라서 이들의 노력은 기본업무와 개척업무 등의 이중적인 업무라고 보는 것이 타당하겠다.

　　"그래서 생각한 게 뭐냐면 본교가 학업중단 예방이거든요. (중략) 그래서 지도교수님의 도움을 받아서, 학업중단 예방 알람 시스템이라는 걸 같이 만들어 갔어요."

(참여자 G)

그러나 이들은 학교사회복지사로서 기본적 서비스를 제공하면서, 교사들에게 학교사회복지를 자세히 설명하기 위한 노력, 학교가 원하는 프로그램을 만들며, 더 나아가 참여자들끼리 뭉치는 협회를 구성하면서 다양하고 끊임없는 노력 등의 학교사회복지를 위한 외부활동도 함께 하고 있었다.

> "학교사회복지 실천가 협회가 뭉쳐지게 되고, 그때 사람들이 뭔가 움직이고 실천가들이 모이고 그 속에서 나의 역할이 생기고 그러면서 이제 내가 여기서 빠지면 안 되겠다. 또 내가 중요한 역할을 담당할 수 있겠구나. 라는 생각을 하면서 여기까지 막 앞을 보면서 달려왔던 것 같고, 지금도 어깨가 많이 무거운 것 같아요. (중략) 시간이 흘러가면 흘러갈수록 더 많은 역할이나 짐들이 나에게 기대되고 그래서 더 많아진 것 같아요."
>
> (참여자 A)

참여자들은 학교에서는 기본적인 상담의 업무를 벗어나서 프로그램 개발 및 확장 등의 새로운 시도를 해나가고 있었으며, 또한 협회를 조직하여 학교사회복지 발전을 위한 노력을 경주하고 있었다. 이들은 기본업무와 개척업무 등 이중적인 업무를 수행하고 있었으며 이들은 근무시간 이외에도 많은 시간을 투자하고 있었다.

4. 「인정받기」 단계

「인정받기」는 참여자들이 학교 구성원의 동질적 존재로서 인정받으며, 더 나아가 역할에 대한 고유성을 인정받아 공식화되는 단계이다. 이는 앞에서 밝힌 정체성 혼란 단계와 스스로 찾기 단계에서 나타난 학교 문화의 특성을 극복하고(Etzioni, 1964; Katz, 1964; Waller, 1964;

박용헌, 1985; 진원중, 1986), 교사문화에 적응하면서 그들과 함께 구성 교사의 특성을 배우고 익히며 자신의 역할을 찾고 있었다(대한교원총 연합, 1982; 황기우, 1992; 유윤석, 1995; 이용숙; 1996; 강승호, 1997; 이병승 외, 2003; 윤정일 외; 2003).

참여자들은 자신을 이해해주는 교사를 만나고, 그들과 학생의 문제 해결을 위해 협력하기도 하면서, 주변에서 교사들이 자연스럽게 챙겨주기 시작하고, 학교의 일체감 형성에 도움이 되는 이벤트를 실시하면서 궁극적으로는 학교 구성원으로서 소속감을 느끼게 되었다.

참여자들은 학생에 대해 비슷한 관점을 가진 교사가 자신들과 협력이 가능하다는 것을 발견하게 되었다. 협력 가능한 교사들의 특성은 학생들에 대한 애정이 깊고, 학생의 문제해결을 위해서는 교사만이 아닌 다양한 사람들이 함께 도와주어야 한다는 개방적인 태도를 갖고 있었으며, 학생의 문제해결을 위해서는 학교와 지역사회가 함께 노력해야 한다는 생각을 갖고 있었다. 그리고 이 단계에서는 참여자들을 챙겨주는 교사들이 나타나기도 하였다. 학교의 공식적인 유인물이나 문서에 학교사회복지실이 공식적으로 등장하고, 학교행사에 역할을 배당받았으며, 과일이나 떡, 선물이 생겼을 때에 참여자들을 챙겨 주었다. 학교의 회식, 교사 체육회, 송년회 등등 각종 공식적인 회식자리나 특정 부서의 집들이나 회식 후 2차 모임에도 꼭 함께 초대되었다.

특정 참여자는 학생과 교사들이 함께 참여하는 행사를 통해 학생과 교사들의 소통관계를 강화시키고 있었다. 참여자들은 행정실 직원, 식당 및 일용직 직원들도 함께 참여하는 행사를 진행하면서 같은 '식구'임을 확인하는 행사를 주관하는 등 학교 내 각 체계들을 소통하는 역할을 하기도 하였다. 이때 참여자들은 자신들의 역할과정을 공식적으로 나타내기 시작한다. 교사들은 참여자들에게 학생을 공식적으로 의뢰하기 시작하며, 학교사회복지실의 활동을 교직원회의나 유인물을 통해 공식적으로 알렸다. 참여자들은 교내의 각종 협의회에 참여하여 사업을 알리고 홍보와 협조를 부탁하기도 하였으며, 학교로부터 사회봉사, 특별 교육과 같은 학교의 징계프로그램의 일부를 전담하게 되었다. 그리고 H·R시간을 이용하거나 창의재량활동 같은 교과시간을 의뢰 받아 필요한 프로그램을 공식적으로 운영하고 있었다.

이와 같이 참여자들은 학교를 구성하는 동질적 식구임을 인정받음과 동시에 전문적 역할 인정도 함께 이루어져 모든 역할이 신뢰를 바탕으로 공식화되어가는 「인정받기 단계」를 경험한다.

1) 변화 사건

참여자들에게 전환점이 된 사건은 담당교사의 교체였다. 담당교사들은 참여자들의 역할수행에 관심이 없거나 방해를 하였던 사람들이다. 담당교사가 교체가 되면서 참여자들은 심리적인 안정감을 얻을 수 있었고, 보다 역동적으로 역할수행을 할 수 있는 행정체계의 변화를 가져오는 등 역할수행의 기반이 되었다.

> "일단 제가 복이 많아서인지, 상담선생님이 바뀌셨어요. 저희 부서에서 회의를 할 때 보고서를 드리고 (중략) '담당 선생님이 안 계신 경우에 사업 자체가 안 되더라.' 그랬더니 '내가 이 일에 대해서 알지도 못하는데 결재권이 있을 수 없다. 내가 협력을 하는 걸로 하고, 그건 내가 교감선생님께 말씀을 드리겠다.' 그러시더라고요. 그래서 그 선생님이 부장선생님께 말씀드리고, 당연히 OK하셨고, 교감선생님께 '상담실은 협조를 하는 것으로 하고 학교사회복지실이 독자적으로 일을 하는게 좋을 것 같은데요.'라고 사적인 자리에서 말씀을 드려서 굳이 선생님을 안 거치고 부장님께 가더라도 공문접수가 되게끔 ……."
>
> (참여자 I)

"저희 생활지도부장님이 바뀌셨어요. 올해 같은 부장님은 참 저를 많이 믿고 제가 하고자 하는 일에 대해서 참 지지적이셨어요. 그런 부장님이 있었기 때문에 제가 올 안에 많은 것들을 실행해 봤어요. 창의적 재량 수업이라든지 아니면 캠프를 하는 데 있어서 작년 같은 경우는 상상도 할 수 없었던, 수업시간을 빼고 하루를 그게 가능했었어요."

(참여자 G)

담당 교사가 교체되면서 전 담당교사가 참여자에게 행하였던 부당한 관계를 바로 잡고 오히려 참여자의 존재와 역할을 인정하는 중요한 요소가 되었다. 그리고 참여자들은 성실한 역할수행의 모습, 전문성을 보여줄 수 있는 프로그램 실시, 학교 내에서 학생과 교사를 위해 노력하는 모습을 보이는 이벤트 등을 통해 교사들과 관리자들에게 인정을 받았다.

"일단은 제가 학교 안에서 늘 뛰어다니거든요. 느긋하게 걸어 다닐만한 시간적 여유가 없어요. (중략) 결제를 받으러 늘 뛰어 다니고 하는 걸 교감선생님도 보시고 '다른 교사는 일년에 끽해야 몇 번 결제를 안 받는다. 자기 이름으로 기안을 해서 올리는 게 굉장히 드물다. 그런데 사회복지실은 혼자서 일을 하고 굉장히 페이퍼 웍이 많구나.' 말씀을 하셨어요."

(참여자 I)

참여자들은 교내에서 바쁘게 활동하고, 항상 결재 과정을 통해 열심히 일하는 모습을 보여주며 복교생 등 학생들을 위한 프로그램을 성공적으로 마친 후 평가보고를 하는 과정, 전문적인 지역사회자원을 연계하는 과정을 통해 교사들의 인식과 태도를 변화시켰다.

"그 다음에 복교생 아이 만난 거 그러면서 그때 처음에 그 아이를 만나고 프로그램 짜고 평가서를 써서 학생부장님을 드렸어요. 그때 학생부장님이 너무 놀라셨데요. 이렇게 프로그램을 해서 평가서를 갖고 온다는 게 너무 신선했데요. (중략) 교문에 선도 이런 것 때문에 항상

서 계시는데 절 보면 90도로 인사하시는 거예요 (중략) 인사를 그렇게
해야 될 사람이라고 생각이 들었다고 말씀하시는 거예요."

(참여자 H)

또한 참여자는 '부진아 학습지도'를 하라는 학교의 요구를 받고서 많
은 고민을 하였다. 그러나 참여자는 학교에서 지정해준 학생들과 함께
사회복지 프로그램으로 기획, 성공적으로 수행하면서 학생들과 교사들
에게 학교사회복지사로 인정을 받는 계기를 만들었다.

"학교에서 얘기하는 부진학생지도, 국/영/수를 하라고 그랬는데, 내
가 뭐 공부 가르치러 온 것도 아니고 할 수 없다고 했지만 결국은 안
할 수 없게 된 상황이었는데 (중략) 또 내용을 사회사업적인 걸로 그
러면서 도움이 되는 걸 아이들한테도, 선생님한테도, 학교 교육에 도움
이 될 수 있는 다양한 것들로 꾸려가니까, 선생님들이 예의 주시하고
있는 상황들에 대해서 활동으로 보여주니까 그런 면들이 학교사회복지
를 나타낼 수 있었던 기회였던 것 같아요."

(참여자 D)

참여자들은 자신의 역할에 변화를 가져오는 기회를 맞이하고 있었다.
이러한 기회의 공통점들은 대부분은 우연하게 찾아오거나, 참여자의 전
문성 발휘를 할 수 있는 기회가 되며, 잘 처리하면 참여자의 위상과 전
문성이 인정되는 계기가 된다는 점이다. 이러한 사건을 통해 참여자들
은 학교사회복지사에 대한 오해와 경계심이 사라지면서, 보다 발전된
전문가로 인식되는 계기가 되었다.

2) 식구로 인정됨

참여자들은 학교 내에서 관점을 같이하는 교사들을 발굴하면서, 또한

주변에서 가족처럼 챙겨주며, 스스로가 소속감이 형성될 때에 식구로 받아들여지는 경험을 하였다.

참여자들은 이러한 존재의 인정을 받기 위해 학생에 대한 가치관이 비슷한 교사들로부터 인정을 받고 챙김을 받게 된다. 즉 참여자와 관계 형성이 되어 있는 교사들이 나타나고 그들에 의해 '한 가족이다'라는 인식으로 함께 생활할 때에 동질적 존재로 인정받게 되는 것이다. 이것은 앞에서 밝혔듯이 한국 학교 조직의 특수성과 상호작용을 통해 획득되어진 결과물로 판단된다.

참여자들은 교사들과 어느 정도 관계가 개선되면서 관심을 갖고 참여자를 도와주는 교사, 학교사회복지사업이 중단될 때를 염려하면서 걱정해주는 교사, 참여자에게 회식이나 간식 등을 챙겨주는 교사 등 주변에서 챙겨주는 경험을 하게 되었다. 이렇게 주변에서 잊지 않고 챙겨줌으로써 참여자들은 학교 가족이라는 생각과 소속감을 느끼곤 하였다.

"챙겨주는 부분인데요. 어떤 학부모가 어떤 일이 있어서 빵이나 음료수를 냈다 그러면 부서마다 그런 걸 돌리거든요. 그럴 때 꼭 챙겨준다든가, 학교에 선물이 들어왔을 때 나한테도 챙겨주는 부분, 회식 같은 거 있을 때 챙겨주는 것, 그런 것들은 겉으로 드러나는 부분이구요."

(참여자 F)

"지금 생각해 보면 그들이 참 많은 위로가 되어 주더라고요. 그리고 이제 시범 사업을 마무리하는 단계인데, 저보다 더 많이 걱정해주고, 우리 학교에 남아있으려면 어떻게 해야 하는지 저보다 더 많이 걱정해주고, 이렇게 하면 어떨까요, 그렇게 막 얘기도 해 주시고, 그럴 때마다 그런 과정이 없었다면 있을 수 있겠지만, 마음에서 우러나는 따뜻한 말이 나오지 않을까."

(참여자 G)

학교에서 누군가를 챙겨주는 것은 교사들의 일상적 생활이다. 참여자들은 교사들의 일상적 생활에 참여하게 됨으로써 학교 가족이 된다고 볼 수 있다. 이때에는 각 담당교사가 참여자를 확실하게 기억하며, 누락시키지 않도록 노력하여 소풍, 단체활동, 학교 청소 구역, 교직원 연락망, 졸업앨범 등등에서 참여자의 존재가 나타났으며, 만일 누락되었다면 다른 교사들에 의해 발견되어 시정되는 등의 현상도 나타난다.

참여자들은 한 가족이라는 느낌을 갖고 있으며, 교직원으로서 느껴질 때, 부서에 소속되어서 활동할 때, 자신을 걱정해 주는 사람들이 있을 때, 일반 교사들과 똑같이 생활할 때, 각종 유인물, 청소구역, 소풍 등의 학교행사에 참여할 때 소속감을 느끼고 있었다.

> "너무 고맙죠. 너무 감사드리고 나를 걱정해 주는 사람이 있구나 라는 거에 대해서 너무 감사드려요. 그리고 또 하나의 느낌은 내가 혼자가 아니구나라는 느낌."
>
> (참여자 G)

> "그냥 다른 선생님들하고 똑같이 밥 먹고 얘기하고 그랬거든요. 그니깐 별다르게 손님이다 특별 …… 뭐 이런 건 아니구요. 그냥 다른 선생님하고 똑같이 이렇게 있으면서 아 …… 그래도 소명이 있다고 이렇게 자리를 같이 하게 됐네 …… 라는 생각이 좀 들더라고요."
>
> (참여자 H)

기관소속의 참여자들은 사회복지 기관보다는 주로 생활하는 학교에서 소속감을 느끼고 있었으며, 다른 참여자는 학교에 고용되어 있었지만 소속감을 전혀 느끼지 못하는 경우도 있었다. 따라서 소속감을 느낄 때는 행정적인 소속과 준거 집단 구성원들의 인식 등이 동시에 고려되어야 할 요인으로 생각된다.

3) 역할 인정

학교사회복지가 인식하는 가장 중요한 요소는 존재적 의미와 기능적 의미가 있다. 대부분 학교사회복지사라는 존재적 의미와 전문성이라는 기능적 의미는 상호 밀접한 관련이 있지만 존재는 인정되더라도 전문성이 확보되지 못할 때에는 '학교사회복지사가 학교에 있을 필요가 없다'라는 결론이 나올 수 있기 때문에 전문성은 매우 중요한 것이다. 따라서 본 연구자는 역할의 인정이란 참여자들의 전문성을 어떻게 인정하는가에 초점을 두어 분류하였다.

참여자들은 역할 인정을 받음으로써 교사들로부터 개입의뢰를 받고, 학교사회복지사의 활동을 교육활동으로 인정받고, 협의회를 구축하고 있었다. 역할의 인정은 존재의 인정과 밀접한 관련이 있으나 존재는 인정이 되지만 전문적 역할이 인정되지 않아 허용되지 않는 경우도 있기 때문에 역할의 인정을 달리 범주화하였다.

참여자들은 교사들로부터 심리적, 환경적 문제 상황에 처해있는 학생들을 의뢰받았다. 교사들은 단순한 상담의 차원에서 의뢰를 하였지만 참여자들은 학생들의 문제해결과 그 결과에 대한 협의 및 사례관리를 통하여 상담에서부터 문제해결 및 자살 등의 위기상황이나 심각한 문제 성향이 있는 학생들을 돕는 위기개입까지 하면서 전문성을 인정받고 있었다.

> "학생이 한 명 사고를 당해서 ……. 사실은 자살이었어요. (중략) 그 반의 아이들에게 어떤 상담적인 서비스가 필요하다고 해서 학과목 담임선생님이 갑자기 수업시간에 뛰어오셨어요. 내가 도저히 수업을 못하겠다. (중략) 들어가서 간단한 디브리핑을 했었어요. 담임선생님이나 그 학과목 선생님한테는 아 …… 이 사람은 이런 일에 전문가로구나라는 인식을 줄 수 있었던 사례."
>
> (참여자 E)

> "선생님들이 의뢰를 하면, 그 아이와의 상담 결과라든가 또 학부모와
> 의 상담결과라든가 그런 것들에 대해서도 나누고, 선생님들이 부서에서
> 해야 할 일들에 대해서 저에게 부탁을 하면, 제가 할 수 있는 일에 대
> 해서는 도움을 드리는 역할도 하고 있고."
>
> (참여자 F)

참여자들은 개별적인 노력을 통한 변화보다는 함께 개입하는 과정에 초점을 두었다. 따라서 교사들은 참여자들의 이러한 과정을 보면서 자신들이 할 수 없는 전문성, 접근 방법의 다양성과 전문성이 있다고 인정하게 되었다.

참여자들의 역할수행은 개별적 변화를 넘어서 교육적 의미를 인정받게 되었다. 초임교사가 학생들 다루는 비법을 묻는 경우, 창의재량활동을 진행하는 경우, 학급 개입을 실시하는 경우, 교사에게 도움이 되는 주제로 연수를 개최하는 경우 등을 통하여 학교사회복지를 홍보하고 알리는 등의 긍정적인 효과도 있었다.

> "초임 교사가 저한테 와서 물어봐요. 그 선생님들이 사회복지실이 늘
> 들끓고 재밌어 하니까 저희들한테 뭔가 기준이 있나, 비법이 있나 그렇
> 게 다가왔었던 것 같아요. 어떤 선생님은 와서 몇 번 물어봤어요. 우리
> 반 애들은 이렇다 저렇다 얘기하고 뭐 어떻게 하면 좋을까요. 좋은 방
> 법이 있나요?"
>
> (참여자 D)

> "또 학생들 전체에 대한 학급개입 이런 부분을 의뢰하신 선생님들이
> 계셔서 학급개입을 했는데, 그게 어느 정도 참 잘 됐어요. 처음에 의뢰
> 됐던 아이가 반에서 왕따, 따돌림을 당하는 아이였는데, '반 아이들한테
> 어떻게 해야 할지 모르겠다.' 하셔서 저희가 그 반에 3회기에 걸쳐서
> 학교 응집력 쪽으로 프로그램을 한 번 해보자 했는데, 그게 반응이 좋
> 았어요."
>
> (참여자 I)

그러나 참여자의 집단 프로그램이 창의재량활동과 같은 교육활동으로 의미를 확인할 수는 있지만 과도하면 학생들의 직접서비스 역할이 축소되거나 학교사회복지의 고유한 역할수행이 지장을 받는 등의 부작용이 나타날 수 있다고 본다.

참여자들은 상담을 통한 개별 접근에서부터 교육활동으로서 인정을 받으며 역할을 수행하였을 뿐만 아니라 더 나아가 학교의 체계로 접근을 시도하였다. 참여자들은 운영협의회를 구축하여 그 역할을 공식적으로 알리고 연계의 방향성을 모색하는 등 점차 구조적이고 체계적인 역할수행 방법을 활용하고 있었다.

> "학교 안에서 그 학생을 도울 수 있는 조직체계를 같이 만들어내고 같이 합의하고 논의하는 구조를 만들어 내고 (중략) 협의체를 만들어 가는 것도 사실은 해보니까 선생님들이 막 그렇게 폐쇄적이고 그렇지 않는 분들도 계시고, 제가 두려워했던 것 이전에 부딪혀 가보니까 그렇지 않구요."
>
> (참여자 B)

> "학교 안에서 나 이외에 여러 선생님이 도와줄 수 있는 부분을 같이 나누고, 협조도 받고 그러면서 교내협의회도 조직이 되고, 운영도 하면서, 쭉 그런 활동을 하다가 (중략) 그걸 더 부각시켰죠. 2학기 들어오자마자 교내 협의회를 갖고 2학기 때는 이런 방향으로 갈 것이고, 이런 활동들을 할 것이다. 구체적으로 써줬어요. 그들이랑 같이 이야기를 나눴죠. 어떻게 생각하시는지, 어떻게 했으면 좋을 지에 대하여 …… . 그렇게 의견 조정을 맺고 학년별로 제가 들어가서 설명을 했어요."
>
> (참여자 G)

교육청에서 실시하는 시범사업의 경우 교내 협의회와 시범학교들이 함께 모이는 자문회의가 행정적인 의무사항이기 때문에 수월하게 진행되었으나 이외의 참여자들은 협의회 구성이 용이하지 않는 경우도 많

았다. 왜냐하면 참여자들 스스로 어렵다는 생각을 하고 있고, 실제로 참
여자의 현재 지위로는 어렵기 때문이다. 그러나 학교사회복지사들은 상
황이 허락된다면 학교 내부의 협의회 구축 노력을 할 것이다. 따라서
학교사회복지사들이 협의회를 구축할 수 있도록 공식적 역할을 인정해
주는 것이 필요하다고 본다.

  또한 참여자는 학교장이 공식적으로 칭찬을 했을 때, 신뢰관계가 형
성되었다고 생각될 때, 공식적 학교 행사를 통해 모두가 일체감을 경험
하게 될 때, '우리'라는 단어를 들었을 때에 식구로 느껴짐을 경험할 수
있었다.

  "작년 교장 선생님께서 그 부분을 다른 부장 선생님들 있는 부장회
  의 시간에 이런 거 되게 잘하더라, 애쓰고 노력한다. 그런 것들을 퍼프
  려 주셨어요. 그 속에서 그 사람들이 저를 아주 작은 일련의 과정들을
  통해서 그렇게 자기 자신의 동료로서 받아들여준다는 건 저한테도 일
  을 할 때 굉장히 큰 힘과 에너지가 되고 장을 마련해 주는 일이라고
  생각을 하거든요."

  (참여자 B)

  "선생님은 교사 나는 사회복지사가 아니라 그냥 우리는 같이 아이들
  을 사랑하는 사람들이다. 선생님 말대로 그냥 식구라는 느낌 그런 게
  굉장히 컸던 것 같아요. 교감 선생님이 1학기가 안 되서 우리 사회복지
  사라는 말을 하셨어요. 아마 기억 못하실 지도 몰라요. 그분은 그 말을
  첨에 딱 듣는데, '우리'라는 말이 저렇게 사람을 뭐라 그럴까 말로 표현
  못할 정도로 따뜻하다. 내가 ○○에 있는 사람이구나. 참 너무 좋다. 이
  런 거구나 그런 걸 느꼈어요."

  (참여자 G)

  참여자는 교육계획서에 독립적인 하나의 부서로 인정을 받으면서 정
규 조직에 편재된 가족으로 느껴지게 되었다. 교사들은 학교사회복지실
을 하나의 독립된 부서로 인정하였으며 이는 개인적인 인정과 전문가

168

로서 활동에 대한 인정 모두가 반영된 것이다.

> "작년까지는 특색사업으로 기록되었는데 올해부터는 부서활동 소개
> 란에 독립적으로 사회복지실 활동이 소개되어서,(그건 진짜 엄청난 소
> 속감이에요.) 자기들이 이건 부서다! 라고 인정하시고 책에까지 넣어
> 주셨으니까요!"
>
> (참여자 C)

참여자들이 식구로 느껴질 때에는 ○○학교 교직원으로 학교의 목표
에 부합되는 존재로 인식되어졌다. 이러한 일체감은 참여자의 역할을
강화 및 확대시키는 기반이 되며 학교를 변화시킬 수 있는 기본 조건
이 되기도 하였다. 참여자들은 의뢰체계의 공식화, 역할수행에서의 어려
움 공지, 독립적 개입활동, 고유한 역할을 단독으로 수행함, 활동 결과
의 공지, 담임교사의 프로그램 신청, 선도 결과 집행 등을 통하여 개입
활동을 공식화하고 있었다.

참여자는 공식적인 절차를 통하여 자신의 어려움과 업무의 개선사항
등을 전달하였고, 그 과정을 통하여 다양한 해법과 방법들이 도출되기
도 하였다. 또한 교직원회의 시간을 활용하여 학생 의뢰의 절차를 공식
화 및 정형화하였다.

> "그런 것들을 공식화하고 또 선생님들 모인 자리에서 나의 어려움들
> 을 또 말씀드리게 하고 이것이 어떤 공식적인 절차를 통해서 계속 위
> 로 전달되게 하는 과정들을 거쳤구요. 동시에 우리의 활동하는 것이 의
> 미 있다는 것도 보여주려고 노력했던 것 같고, 그래서 이 두 가지 것들
> 이 같이 맞물려 갔던 것 같아요."
>
> (참여자 A)

> "가시적으로라도 선생님들이 항상 쳐다보는 칠판 공지란이 있는 부
> 분에다가 학교사회복지실 서비스 의뢰서를 두고, 어떨 때 아이들을 의

뢰하고, 의뢰된 아이들에 대한 기본적인 정보를 복사를 해다가 담아 두
거든요."

(참여자 F)

개입의 공식화는 교사들의 협력과 의뢰를 확대하는 결과를 가져오기
도 하였다. 교사들은 학생 의뢰나 도움이 필요하여도 개별적인 접근 방
식으로는 접근성이 떨어지기 때문에 쉽게 요청하지 못하였지만 공식적
인 기회가 부여됨으로써 상시적이며 적극적으로 요청하게 되었다.

"(교사들이) '우와, 학교사회복지사가 저런 도움도 줄 수 있구나.' 문
제가 완전히 해결된 건 아니지만, 어느 정도 아이들한테 새로운 자극을
주고, 정말 할 일 없이 보내는 학급회의 H·R시간을 이렇게 보낼 수도
있구나. 그런 어떤 아이디어까지 주면서 선생님들이 '우리 반도 몇 번
해 주세요.' 하는 일들이 늘어났어요. 그래서 제가 의뢰건수가 많아지니
까 순번을 정해야 하는 그런 …… 그게 일이 많아서 싫다기보다 즐거
운 고민이더라고요."

(참여자 I)

참여자는 학교로부터 공식적인 역할 허용을 받음으로써 교사들과의
긴밀한 협조체계를 구축하게 되었고, 이를 통하여 학생들에게 다양한
서비스가 제공되게 되었다. 따라서 학교사회복지는 학교 조직에서 필요
하며 충분히 활착할 수 있다는 의미를 확인할 수 있다.

5. 「변화시키기」 단계

「변화시키기」 단계는 학교사회복지사로서 전문성을 발휘하여 개인의
변화, 학교의 변화, 지역사회의 변화, 학교와 지역사회의 협력체계 생성

등을 이루어내는 각 체계의 변화를 이끌어내는 단계이다.

이 단계에서는 학교사회복지사의 전문성이 발휘되는 시기이다. 즉 학생, 학부모, 교사, 지역사회 등에 개입하여 개인의 변화를 도모하는 임상적 변화, 학교 조직의 변화, 지역사회의 변화, 학교 정책에 영향 등등 다양한 전문적인 역할을 수행하는 것을 말한다(Costin, 1969; Allen-Meares, 1977; 김기환, 1997; 사회복지대사전, 1999; 윤혜미; 2000, 최정호, 2000). 학교사회복지사의 전문적 역할이란 의뢰된 학생의 문제의 해결 및 상담의 능력, 학생들에게 필요한 프로그램 실시의 능력, 평가의 능력, 교사들과 함께 해결하는 구조를 만드는 협력자의 역할, 지역사회 자원을 활용하는 자원동원의 능력 등을 말한다.

참여자들은 학생의 문제를 해결함으로써 학생 개인의 변화, 가족의 변화 등을 이룰 수 있다. 특히 학생들을 처벌하거나 벌하는 존재로서가 아니라 학생들이 처해있는 상황을 이해하며 실질적인 문제 해결을 도와주는 존재로 인식하게 되었다. 또한 문제 해결 과정에 교사를 함께 참여시킴으로써 학교사회복지에 대한 오해를 해소하고 교육의 동반자로서 인식하게 하였으며 더 나아가 관리자들에게 보고하는 과정에서 학교사회복지에 대하여 잘 알지 못하였던 부장 교사나 교감, 학교장의 인식과 태도를 변화시켰다.

참여자들은 개인의 변화뿐만 아니라 학교 변화를 가져왔다. 참여자들은 학교 안에 이방인으로서 존재하여 이들에게 부여된 어떠한 요구도 없었지만, 이 단계에서는 학교에서 요구하는 것이 생겨나기 시작하였다. 학교에서는 학생들의 중도탈락의 문제, 심각한 학생 사안의 발생에 대한 결합을 비롯하여 학교의 선도위원회에 참여를 허락하게 되었다. 학교 선도위원회는 학교 교육활동에 중요한 직책을 담당하는 사람들이 참여하는 공식적이고 권위를 부여받은 위원회이다. 참여자는 존재와 전문성을 인정받은 후 학교 선도위원회에 결합하게 됨으로써 참여자에 대한 학교의 인식과 태도가 전폭적인 신뢰로 변화하게 되었다.

참여자들은 그들의 전문성을 발휘하면서 학교 내부의 소통기능을 원활하게 하면서, 학교와 지역사회의 신뢰를 회복하며 연계하는 역할을 수행하였다. 참여자는 백혈병에 걸린 학생을 돕기 위해 학교 내 복지위원회를 구성하여 각각의 역할을 분담하고, 병원의 의료사회복지사, 외부 지원기관과 협력하여 문제 해결에 기여하며, 학생부장과 함께 교내 헌혈운동을 전개하면서 학교 전체의 관심과 도움을 이끌어 내었다. 또한 학교 주변의 지역사회가 갖고 있는 학교에 대한 불신을 확인하고 이를 해결하기 위하여 동아리 활동을 통한 지역사회 봉사활동을 적극 주선하였다.

참여자들은 지역사회 관련 단체들과 함께 지역위원회를 조직하여 학교의 노력과 교육 내용을 지역사회에 홍보하고 협력을 이끌어내는 노력을 하기도 하였다. 그 결과 지역사회는 학교를 신뢰할 수 있게 되었으며 이를 바탕으로 학교와 지역사회가 연계하여 학교교육을 달성할 수 있는 기초를 확립하였다. 또한 참여자는 학교장으로부터 '변화의 주체'로 인식되었다.

이와 같이 참여자들은 개인의 변화, 학교 구성원의 인식의 변화, 학교 구조의 변화, 지역사회의 변화, 학교와 지역사회의 연계체제 구축 등 다양한 차원에서의 변화를 주도하는 「변화시키기」 단계를 경험한다.

1) 전문성 발휘하기

참여자들은 역할수행 과정을 통해 사회복지사로서의 전문적 능력을 보여주고 있었다. 참여자들의 전문성은 학생들의 문제해결에서 시작하고 있었으나 참여자들이 추구하는 전문성은 교사 및 다른 사람들과 연합적으로 문제를 해결하는 과정을 통해서 자신의 전문성을 나타내고 있었다. 참여자들은 교사와 함께 하며, 문화행사, 캠프 등 다양한 방법을 동원하면서 문제를 해결하고 있었고, 쉼터, 동사무소, 병원 등 각종 전문단체와 연합하여 종합적으로 학생의 문제 해결을 도와주고 있었다.

> "중도탈락예방이라는 어떤 프로그램을 가지고 했었는데, 그 아이들에 대한 개별개입도 물론 했었고, 그 아이들을 집단 활동을 통해서, 또 외부에서 어떤 강사가 와서 퍼포먼스랄까? 이런 걸 한번 해서 축제 때 직접 시연을 한번 함으로써, 아이들에게 학교생활에 대한 어떤 다니고 싶은 욕구랄까 이런 것도 굉장히 많이 향상이 되었었어요. 그리고 방학 때를 이용해서는 어떤 병영체험이라든가 자원봉사활동, 요양원을 방문해서 …….
> (참여자 F)

> "굉장히 어려웠던 학생이 있는데, 그건 뭐 저 혼자만 역할을 한 게 절대 아니죠. 체육선생님도 굉장히 신경 많이 쓰셨고, 그 학생이 쉼터에서 있는데 쉼터에서 굉장히 많이 신경을 쓰셨어요. 그런 것들이 많이 여러 가지로 플러스가 돼서 그 학생이 이제 학교를 굉장히 잘 다니고, 적응도 되게 잘하고 그러고 있거든요. 근데 학생 부장선생님이 아! 이런 게 있어서 이 아이가 이렇게 학교를 다니지 라고 이렇게 얘기를 하세요."
> (참여자 H)

참여자들은 상담, 문화활동, 체험활동 등 다양한 개입방법을 활용하여 역할을 수행하고 있었고, 학생의 문제 해결과 학교생활 향상을 중심으로 활동하였다. 그러나 교사들과 함께 하지 않는 단독적 접근이나 다양한 자원이 협력되지 않는 문제해결은 교사들에게 그 전문성과 차별성을 인정받지 못하고 있었다.

그리고 참여자들은 학교에 영향을 주고 있었다. 참여자들은 기존 학교 조직에 존재하지 않는 사람들이었다. 따라서 참여자들은 그들의 전문적 역할이 충분히 발휘될 때 자연스럽게 학교의 변화가 이루어지므로, 학교를 변화시킬 수 있는 기회를 활용하고 있었다. 참여자가 학교에 영향을 주기 위해서는 학교에서 요구하는 것을 실시해야 했었다. 참여

자들은 학교에서 요구하는 것을 거부할 수 없으며 학교는 참여자들에
게 필요한 부분을 요청할 수 있는 지위에 있다.

> "선생님들이 하기 싫어하는 것들이기도 하고 특별히 내가 수업을 안
> 한다는 것을 보시니까 '쟤 노는 거 아닌가' 그런 생각을 해서 '국/영/수 지
> 도해라' 그렇게 제의가 왔고 이거는 어떤 면을 살펴봐도 내가 할 것은 아
> 닌데 …… 이거는 결정됐다고 하라고 던져주는 것들에 대해서는 되게 불
> 편했었던 것 같아요. 고민하면서 정리하면서 '그런 아이들을 맡고 활동하
> 겠는데, 활동의 내용에 대해서는 노터치해라 그래서 내 방법대로 내가 할
> 수 있는 걸로 하겠다.' 그랬었던 그렇게 출발하고 학교에선 상까지 얹어서
> 주고 돈도 얹어서 주고 그랬거든요. 그 활동이 잘됐다고"
>
> (참여자 D)

> "저는 솔직히 흡연에 대한 개입을 안 하고 싶었는데, 병원에서 하는 금
> 연교실도 효과가 없어서 몇 번 집단 활동해서 금연을 하게 만들리라고는
> 절대 생각이 안 들더라고요. 그런데 금연에 대해서는 '학교사회복지실에
> 서 뭐하냐.' 그런 욕구도 있고 해서 금연을 주제로 하는 집단을 시작했어
> 요. 그러면서 하기 싫지만, 학교가 원하니까 해야 하는 일들, 그런 일들도
> 있었고요."
>
> (참여자 I)

학교에서 요청하는 것을 하지 않고 참여자들이 원하는 프로그램만
하겠다고 한다면 학교에서 적응할 수 없으므로 참여자들은 학교에서
원하는 것을 실시하면서 나름대로 자신의 전문성과 결합하는 기회로
삼고 있다. 참여자가 경험하는 학교에서 원하는 것은 일단 방과 후 학
습지도, 창의재량 수업, 개소식 행사의 진행, 학생들이 요구하는 프로그
램, 금연 프로그램, 중도탈락률을 낮추는 것 등 학교가 원하는 당면 현
안이 될 수 있는 것들이었다. 오히려 참여자들은 학교의 요구를 받아서
전문성 인정의 기회로 바꾸고 있었다.

또한 참여자들은 그들의 역할수행을 통해 학교의 변화를 이끌어내었

다. 학교의 변화들은 주로 학교장이 공식적 자리에서 학교사회복지실을 칭찬하고 인정하는 분위기, 학생들의 중도탈락률의 변화 및 문제 발생 빈도 감소, 지역사회에 대한 학교 내 인식과 태도의 변화 등이었다.

"교장선생님도 처음에는 그저 그러려니 하셨다가 저희가 교내 협의 회를 거치면서 선생님들의 말씀을 들으시고 새롭게 생각을 하시면서 저 사회복지실이 뭔가 우리 학교에 어떤 기여를 하고 있고, 어떤 선생 님은 능동적이라거나 활기가 돈다. 그렇게 말씀하시는 분들도 계세요."
(참여자 B)

"학교장님이 학교 전체적으로 선생님들에게 도움을 드리고, 아이들 이 가서 쉴 수 있는 곳이고 해서 좀 윤활유 역할을 했다고 보실 수도 있구요. 대외적으로 학교를 홍보했다. 라고도 얘기를 해 주시더라고요."
(참여자 F)

특이한 것은 학교가 지역사회에 대하여 소통하게 되었다는 점이다. 참여자의 지역사회와 연계한 전문적인 역할수행을 통해 학생 부장이 해당 기관을 직접 방문하고 인사를 하며 언제라도 협력하겠다는 태도 를 보이는 등의 변화가 왔다. 이러한 태도의 변화는 학교가 점차 개방 체계로 나가고 있음을 의미하는 것이다.

"학생부장님이 담임선생님하고 해당 기관에 직접 가셔서 인사도 하고, 이후에 학교에서 이 기관에 기여할 점이라든가 도움이 될만한 일이 있으 면 언제든지 연락해 달라. 이렇게 학교가 좀 많이 개방이 됐어요."
(참여자 J)

참여자가 학교에 변화를 주는 가장 중요한 요소는 신뢰성에 근거한 전문성이었다. 학교의 변화는 참여자들의 전문성에 의해 나타났으며 이 를 통해 그들의 입지나 위상 등이 보다 명확해지는 효과도 가져왔다.

참여자들은 학생과 교사, 교사와 교사, 교사와 학부모간의 의사소통과 관계 증진에 전문성을 발휘하였고 학교와 지역사회와의 협력에 전문성을 발휘하였다. 참여자들이 학교와 지역사회의 상호 소통을 증진시키는 역할을 수행하는 것은 학교사회복지의 발전적 형태로 진입했다는 것을 의미하는 것이며 교사와 다른 학교사회복지사의 역할 고유성을 정립하게 되는 의미도 있었다.

참여자가 구축한 지역사회와의 협력은 지역사회와 소통하는 구조를 만드는 것, 사회봉사와 관련한 공식적 의뢰관계를 구축하는 것, 복지관 및 병원, 구청 등의 주요기관과의 연계망을 구축하는 것, 학교에 대한 소식을 지역사회에 알리고 지역사회 자원을 학교에 알리는 것, 공문서로 의뢰하기 등등 주로 공식적인 형태로 이루어졌다.

> "학교에 지역사회의 좋은 자원이 들어가야 한다고도 생각하지만 역으로 학교의 자원이 지역사회로 나갈 수 있는 그렇게 소통하는 구조가 살아남는 구조라고 생각을 하거든요."
>
> (참여자 B)

> "저희는 선생님들하고도 오픈식을 하게 되고, 학생들하고도 같이 학교사회복지실 개소식을 하게 되면서 지역사회 유관기관들, 청소년 관련 단체들, 복지관들, 그 청소년을 담당하는 외부 인사들을 모시고 개소식을 벌렸구요."
>
> (참여자 F)

> "선생님들이 그 기관에 대해서 호의를 가질 수 있게 리플렛 이라든가 팸플릿들을 드려서 공신력 있게 보시고 웬만한 기관에는 다 공문으로 의뢰를 했어요. 아이를 맡길 때 공문을 보내고, 기관에서 아이에 대한 소견서를 보낼 때도 공문으로 오게 해서 굉장히 공식화하게 했더니, 학교주변에 이렇게 관련된 기관과 도움 받을 수 있는 전문기관이 많구나, 라는 걸 알게 되고"
>
> (참여자 I)

   참여자들은 학교에서 지역사회자원을 소개하고, 지역사회에는 학교의
교육방침을 설명하고, 그리고 난 후 두 체계를 공식적으로 연계하는 방
식을 사용하였다. 이때의 참여자들은 지역과 학교의 '징검다리' 역할을
수행하고 있었고 이러한 역할은 학교사회복지사로서의 고유한 전문성
을 발휘하고 있었다.

 2) 개인 변화

   참여자들은 자신을 학교 정책에 영향을 미칠 수 없는 존재, 외부인으로
인식하며, 개인변화 역할에 주력하고 있었다. 대부분 모든 참여자들은 개
인 변화를 기본으로 점차 역할을 확대하고 있었지만 구조적이고 조직적인
한계로 인하여 학교의 정책과정에 참여할 수 없거나, 학생의 입장을 대변
해 주지 못할 때에는 개인 변화 역할만을 수행할 수 있었다.

   "아까 말씀 드렸듯이 정책결정에 이런 것들이 위치가 안 되니까 할 수
   없는 것들이 사실 인상적으로 봤을 때는 그 아이 한 명 상처받은 거나 이
   런 것들에 대해서 풀도록 하는 그런 거 말고 앞으로도 이러한 사건들이
   학교에서 많이 일어날 텐데 계속 이런 식으로 오히려 다른 아이들도 학교
   라는 곳이 안전하지 않다는 그런 거 자체가 불안하게 만들고 이런 것들을
   학교에서 정책적으로 어떻게 한다든가 이런 거에 참여할 수 있으면 굉장
   히 좋을 것 같다고 생각이 들고요."
                                                        (참여자 H)

   "한 예를 들면 분명히 법적으로는 아이에게 하자가 없는 데도 불구하
   고 학교의 분위기나 교사들의 분위기에 애를 잘라야 하는 상황일 때, 내
   가 아무것도 해주지 못하고 그냥 바라만 보고 있어야 하는 상황들이 제일
   힘들었던 것 같아요."
                                                        (참여자 A)

참여자들은 학교의 결정과 다른 의견이 있을 때에 의견을 피력할 수 있는 자격조차 주어지지 않았다. 참여자는 자신의 불안정한 지위로 인하여 학생에 대한 옹호 및 개입을 할 수 없고, 학교의 결정에 따라야 할 때에 안타까움을 갖게 되었다. 이러한 안타까움과 부력감은 정체성의 혼란으로도 연결되었다.

참여자들은 자신을 손님으로 챙긴다는 느낌을 받을 때, 교사들의 무관심으로 인해 밥조차 혼자 먹을 때, 완전한 직원이 아닐 때 소속감을 느끼지 못하였다.

> "뭐 …… 식구로서 인정받고 그런 건 아닌 것 같아요. 다만, 식구랑 또 틀리죠. 이제는 챙겨야 되는 사람이구나. 그렇게는 생각하시는 것 같아요. 뭐 하구 있다. 그러면 애들을 챙기려고 하시고, 식구면 오히려 안 챙기죠. 당연한 거니까 근데 그냥 어쨌든 챙겨야지 하고 생각을 하시는 것 같아요."
>
> (참여자 H)

> "제가 생각하는 것만큼 학교에서도 저를 우리 같은 소속된 직원이라고 생각하지 않으시는 것 같아요. (중략) 저는 밥시간이 되게 괴로웠어요. 그 선생님들하고 아주 못 지내는 건 아닌데 …… 또 제가 먼저 가서 밥을 먹자고 해도 딱히 할 말이 없는 거예요. 아주 연세들이 많으시거든요. (중략) 왜 내가 여기서 왕따 같이 밥 먹어야 되나, 뭐 이런 것도 싫고, 만약 제가 신임교사였고 하다못해 강사였어도 그렇게 안 하실텐데 ……. 선생님들의 무관심……."
>
> (참여자 E)

참여자들의 유형을 분석해 본다면 기관 소속일 경우와 시간제 고용일 경우, 학교 고용형일 경우가 모두 속해있었다. 기관 소속과 시간제처럼 명백한 사유가 있는 경우는 제외하더라도 학교 고용형의 경우에는 행정적 조건은 구비되었지만 학교의 분위기, 의사소통 구조, 잦은 학교

관리자의 교체로 인한 충분한 이해 부족, 행정실장의 방해 등 영향을 주는 실재적 요소가 부족하면 역시 소속감을 느끼지 못하고 있었다.

따라서 참여자의 소속감은 개인적인 요인에 의해 결정되는 것이 아니라 행정적인 조건과 학교의 분위기와 허용적 태도 등 학교의 상황에 따라서 영향을 받는다.

참여자들은 기관에서 학교의 상황을 인정하지 못할 때, 학교사회복지사로서 해야 하는 것들을 현실적인 어려움으로 수행해 내지 못할 때, 원천적인 이중구조의 어려움 등으로 학교사회복지사로서 역할을 할 수 없을 때에 혼란을 경험한다.

> "근데 가다 보니까 기관에서는 너는 기관 직원이지 학교직원이 아닌데 ……. 왜 그러느냐? 라는 어떤 그런 대우를 받았을 때 ……. 아 …… 내가 어디에 도대체 초점을 두어야 하는가? 그런 혼란이 많이 되더라구요."
>
> (참여자 H)

> "그래서 학교 내에 체계로 만들어야 한다는 강박관념이 늘 있는 것 같아요. (중략) 제 존재에 대해서 학교는 나를 뭐라고 생각하는가에 대해서는 참 많이 고민했고요 지금도 사실은 고민스러워요. 그게 너무 소진되는 큰 이유인 거 같고요. 그걸 만들어 나가야 한다는 게 부담이고요, 나름대로 저는 기준을 갖고 있잖아요. 이상을 갖고 있고, 학교사회복지는 이래야 한다는 생각을 갖고 있는데 ……. 그런데 학교에서 보는 저는 되게 우습거든요. 완전 자원봉사자에요."
>
> (참여자 E)

참여자들은 학교사회복지사로 어떠한 역할을 수행해야 하는지 잘 알고 있었고, 또한 그러한 역할을 수행하고 싶었지만 구조적인 문제나 내부적인 요인에 따라서 현실적으로 수행해내지 못할 때에 심한 정체성의 혼란을 경험하고 있었다. 참여자들은 '이러한 상황에서 학교사회복지사로서 역할을 지속해야 하는지?', '어떻게 해야 하는지' 등의 개인적인 차원에서 해결책을 찾고 있었다. 그러나 구조적인 부분과 조직적 요인이 문제의 본질이므로 개인적 해결은 근본적인 해결책이 되지 못하였다. 따라서 학교사회복지가 정착되기 위해서는 국가고용의 운영 구조를 도입하고, 학교의 상황 개선에 영향을 줄 수 있는 권위 있는 행정력이 절실하게 필요하다고 판단된다.

참여자들은 자신에게 허용된 여건이 제한될 때에 주로 상담활동에 집중을 하고 있었다. 참여자는 자신에게 허용된 역할 중에서 상담활동이 자신의 전문성을 인정받을 수 있으며 또한 보람도 찾을 수 있기 때문이다.

> "그것 때문에 많은 어려움을 느끼고 있는 것 같고 체계가 안 되니까 제가 그냥 의뢰 받고 상담하고 그러면 마음 편하게 할 수 있을 것 같아요. 그런데 '(교사들이) 학교사회복지사는 학교에 부적응하는 아이들이나 적응을 필요로 하는 아이들에 대해서 상담 및 여러 가지 서비스를 주는 사람이구나' 이런 개념이 다 설 것 아니겠어요. 그게 좀 아쉬워요."
>
> (참여자 E)

> "아이들을 만나는 임상적인 역할이죠. 그리고 그걸 통해서 교사와 학부모를 만나죠. …… 근데 그게 그렇게 자유롭진 않죠. 그래서 일단 임상적인 그런 것들이 되면 교사나 학부모 이런 체계로 자연스럽게 만날 수 있을 것 같은 생각이 좀 들고요."
>
> (참여자 H)

참여자들은 자신의 처해있는 상황 속에서 상담활동을 통하여 전문성을 인정받고 있었지만 한편으로는 상담가 역할로 고정되어질 수 있는 경우가 생기며, 상담교사와 차별성이 나타나지 못함으로써 정체성 혼란의 현상을 경험할 수 있다는 염려를 함께 하고 있었다. 참여자들은 더 많은 역할을 하고 싶었지만 상황은 상담에 대하여만 제한적으로 허용되었다.

참여자들은 문제를 해결함에 있어서 개인 차원의 접근을 하고 있었다. 그 유형은 교사들과 개인적으로 접근해 가는 경우, 소속기관의 직원보다는 학교사회복지사로서의 정체성이 강하게 형성된 경우 등이었다.

> "그러니까 자원 연계하는 것도 사실 개인적으로 아는 범위 내에서 했던 것 같아요. 하고나면 이제 학교에서 좋아하시고. 특히 이제 담임 선생님 선에서 해결하는, 친분이 있는 담임선생님들하고 해결하는, 약간의 비공식적으로. 그 다음엔 그게 어떤 학교사회복지사의 공식적인 역할이라는 인식들을 제 전반적으로 주지 못했다는 생각이 들어요. 그러니까 제가 제 역할을 만들어 가는 데는 사실 실패한 거"
>
> (참여자 E)

이러한 개인적인 접근 방식은 참여자가 학교 식구로 인정받지 못할 때에 나타나는 것으로 참여자가 개인적으로 문제 해결을 수행하게 된다. 개인적인 접근 방식으로는 개인에 대한 전문성 인정을 가져올 수 있다는 장점이 있으나 인정을 해주는 대상의 폭이 제한적이라는 한계가 있으며, 개인적인 접근 방식이 지속되면 학교사회복지사는 제한적인 역할만 수행하게 된다는 단점이 있다. 물론 참여자들이 초기에는 대부분 개인차원에서 역할수행과 존재를 알리기도 하지만 대부분 학교의 체계를 활용하여 정착되고 있다. 그러나 참여자의 행정소속의 변동이 없거나 학교의 분위기가 참여자를 수용하지 않는다면 개인적인 차원의 접근이 지속될 수밖에 없고, 참여자의 역할수행은 제한적으로 이루어지게 된다.

따라서 개인적인 차원의 접근이 지속되지 않는 구조를 행정적으로 보장해 주어야 하겠다.

3) 학교 변화

참여자들은 식구로 인정되면 학교의 변화를 이루어가면서 학교사회
복지사로서의 정체성을 경험하기도 하였다. 또한 내부변화를 이루면서
학교 체계 내에 존재하는 완전한 구성원임을 경험하였다.

학교 변화 능력은 일반 교사와는 다른 방법을 사용하여 학교 조직에 도
움이 되는 변화를 일으킬 수 있는 능력을 말하며, 기존 학교에서 필요하지
만 실시하지 않는 것, 학교에 보다 더 긍정적인 도움이 될 수 있는 것, 학
생과 교사의 신뢰성 향상에 도움이 되며, 궁극적으로 학교의 교육목표를
달성할 수 있는데 기여하는 문화를 만들어 내는 것을 말한다. 참여자들의
내부 변화 능력의 발휘는 학교 구성원들에게 긍정적인 반응을 받고 있었
으며 참여자들을 보다 더 신뢰할 수 있는 기회가 되었다.

참여자들은 학교의 변화를 이루는 역할을 수행하고 있었다. 학교 변
화를 이루는 활동내용을 살펴보면 학생과 교사들이 함께 참여하는 문
화활동, 교사와 학생 간의 심리적 거리감을 좁히는 사진전, 교실 카페를
통한 전체적인 학교생활 만족도를 높이는 다양한 학생 문화 프로그램,
학생 처벌 규정을 '벌점제'에서 '상점제'로 바꾸는 역할 등이었다.

학교 변화의 내용은 학생 중심의 문화 프로그램, 학생과 교사의 상호
소통을 위한 이벤트 프로그램, 학생의 지도문화에 변화를 주는 징계규
정 변화 프로그램 등이다.

"다양한 이벤트 프로그램을 통해서는 아이들이 선생님하고도 가까워
질 수 있는 그런 프로그램, 학급별 대항 DDR 경연대회, 노래방 경연대
회 이런 걸 걸쳐서 선생님들하고 점심시간에 짧게라도 노래연습을 한
다거나 해서 학생들 기억에 남을 수 있는, 선생님 기억에도 남을 수 있
는, 그런 프로그램도 실시를 했습니다. (중략) 그런데 제가 학교에서
그런 개별상담만 하는 것이 아니라 전체적인 학교 문화를, 학생들의 학

교생활 만족도를 높이고, 그렇게 아이들 만족도가 높아지면서 선생님도
함께 학교생활이 즐거워지고, 뭐 그런 역할들을 할 수 있는 부분."

(참여자 F)

참여자들은 학생과 교사들에게 비공식적으로 친밀감을 형성하고 이
후에 이를 바탕으로 학교 구성원의 일체감 형성을 위해 공식적인 프로
그램을 조성하며, 학교의 규칙을 변화시키는 등 비공식적, 공식적 변화
를 이루었다.

참여자는 학생 지도 규정을 변화하는 데에 결정적인 기여를 하게 된
다. 대부분 학교는 학생 지도 규정은 올바른 행동을 기본으로 생각하여
아무리 잘해도 그것은 당연한 것으로 여기는 지도문화가 있다. 따라서
학생 지도는 잘된 행위를 장려하고 잘못된 행위의 지도가 동시에 행해
지는 교육의 개념보다는 학생이 어긋나는 것을 바로잡는 교도(敎導)
개념이 강하게 운영되고 있었다. 이러한 문화 속에서 벌점자가 누적되
어 처벌대상학생이 늘어나는 현상에도 불구하고 상점제로의 변화는 내
부적으로 쉽지 않았다. 그러나 참여자는 합리적인 대안을 제시하고
그 대안의 일부로 학교사회복지의 방법과 프로그램을 결합하여 훌륭하
게 상점제로 이행하였다. 따라서 참여자가 있었던 130여년 전통을 자랑
하는 B상고에서 벌점제에서 상점제로 변화가 이루어졌다는 것은 학생,
교사들에게 대단히 획기적인 변화가 아닐 수 없었다.

"'그래 벌점제 참 문제가 있다. 우리 아이들이 학교생활을 잘 해 나
가는 데 그 벌점제가 디딤돌이 되는 것이 아니라 걸림돌이 되는 것 같
다'고 말씀을 드리니까 학생부장님도 '상점제로 바꿔보자' (중략) 그래
서 그 반 동상 배지 받고, 사복입고 왔다니까요. '우와, 우리도 할 수
있다.' 그런 칭찬의 효과 아시잖아요. 그렇게 된 거예요. 선생님들도 과
연 우리 500점 못 간다. 그랬는데 500점 되고, 600점이 되면 은장 배지
랑 한 달간 토요일에 사복 입을 수 있게. 그리고 700점이 되면 금장 배

지랑 격주 토요일 두 번 재택수업. 아직 700점까지는 안 갔어도 500점
은 나왔거든요. 그리고 상점은 학년이 올라 갈수록 누적되거든요. 그래
시 아이들에게도 자격증에 괸심을 기지게 히는 계기, 그리고 사회복지
실에서 하는 어떤 프로그램에 애들이 더 적극성을 띄고 저희가 주는
것들이 다 좋은 자극을 줄 수 있는 감화의 계기가 되고 또 체험학습이
니까 학교에서 공식적으로 인정해 주는 어떤 체계가 되더라고요."

(참여자 I)

한편 참여자의 태도나 역할을 보면서 교사들이 영향을 받는다는 평
가도 나타났다. 참여자가 학생 입장에서 열심히 노력하는 활동을 보고
교사들도 열심히 하는 분위기로 바뀌었다.

"생활지도부장님이 하시는 말씀이 학교사회복지사 때문에 학생을 대
하는 자세라든지 관점이 자신도 모르게 달라지고 따라갔다고 했어요.
학생의 입장에서 생각하고 고려하는 것을 배웠다고 …… 하셨어요. 그
리고 학교사회복지실이 있으면서 각각의 부서들이 열심히 하시고 부서
의 역할을 다시 정비하시면서 교사들이 열심히 할 수 있는 변화를 가
져왔어요. 아마도 교사들 자신이 '우리도 이렇게 열심히 해야 하는구나'
라는 자극을 받았다고 하세요."

(참여자 C)

이상과 같이 참여자들은 다양한 프로그램을 통해 교사와 학생들의
관계 증진에 도움이 되는 프로그램을 통해 학교생활 만족도 향상에 기
여하였다. 또한 학생지도 규칙의 변화를 통해 교도위주의 엄격한 학생
지도 의식 및 방법, 더 나아가 학교의 문화까지도 변화를 일으켰다. 물
론 참여자의 힘이 아니라 학생부장의 입김으로 제도의 변화가 이루어
졌지만 학생부장을 변화시키기 위해 많은 노력을 하였던 참여자의 노
력의 결과라고 볼 수 있다. 더 나아가 학생 중심으로 함께 열심히 노력
하는 분위기를 교사들과 함께 조성해 나가는 변화도 이루었다.

참여자들은 내부 변화의 능력을 발휘하면서 교사와는 차별적 방법을 활용하고 있었다. 그 내용으로는 학생 접근 방법의 차이, 학생들을 바라보는 관점의 차이, 문제 해결 방법의 차이 등이었다.

"일단 학교에서 일하는 사회복지사라는 것이고, 그것은 교사와는 분명히 다른 것이구요, 교사는 교과를 가르치는 그런 전문적인 일들을 하지만, 우리는 이제 그것이 아니라 사람을 다루는 일을 하고, 물론 교사도 그러한 역할을 부여를 받고 있기는 하지만, 차이점은 학생만 바라보지 않고 우리가 이를테면 얘기하는 생태체계적인 관점 속에서 아이들을 접근하는 것."

(참여자 B)

"그런 면에서 교사하고 다르다는 거 학생을 바라보는 것, 학교를 바라보는 것, 그리고 교육을 바라보는 게 똑같이 그런 세 가지를 교사들과 똑같이 바라보곤 있지만 바라보는 방향이 좀 다르다. 그런 생각이 들어요. 다르다는 것은 문제에 대한 해결책이 좀 다르겠죠. 제시하고자 하는 해결책, 실제로 적용하고자 하는 것들도 다를 것 같구요, 갖고 있는 지식이 다를 것이고, 가치관도 좀 다를 것이고."

(참여자 D)

"일단은 '학생을 바라보는 관점이 넓다'라는 피드백을 주세요. 친구나 학생, 가정 등에 대하여도 선생님보다 더 많이 알고 있어요. 가정방문을 가서 최대한 많은 정보를 가지고 오고, 개입이 필요할 경우에도 '그 학생이 도움을 받아야 할 것이 무엇이고 필요한 기관을 잘 연결한다고 …… (중략) 담임교사에게 하지 않는 이야기를 쉽게 잘 하는 것 같다'라는 이야기를 많이 해주세요."

(참여자 C)

참여자들은 자신들이 교사와 차이점이 있다는 것을 스스로 인식하고 있었으며, 교사들로부터도 '자신들과는 다르다'라는 인정을 받고 있었다. 참여자들은 문제를 바라보는 시각과 그 문제 해결 방식이 다르다는 것을 말하고 있었고, 교사들 역시 이러한 차이에 대해 인정을 하고 있었다.

본 연구자는 학교사회복지사의 역할에 있어서 교사들과의 차별성을 이끌어내는 것이 매우 중요한 일이며 이를 바탕으로 참여자들의 역할 혼란이나 모호, 그리고 스스로의 정체성에 대한 해답을 마련하는 중요한 요소라고 판단하였다.

4) 학교와 지역사회 연계 변화

참여자들은 개입 대상을 개인이 아닌 체계(system)로 인식하면서 개입의 방법도 시스템으로 구축하고 있었다. 참여자들의 초점은 개인과 개인이 아닌 학생과 교사, 학교와 지역사회와 같은 체계의 변화이며, 이를 위해서 선도위원회와 같은 핵심체계에 개입하여 학생의 변호를 옹호하는 등 학교 변화의 주체로 인정받는 것을 경험하고 있었다.

참여자들은 체계 중심으로 개입하기 위해 몇 가지의 변화를 경험한다. 그 내용은 체계를 바라보는 시각의 변화이다. 참여자들은 개인이 아닌, 교사들에게 안전장치로서, 학생들에게는 도움장치로서의 학교사회복지사로서 존재하는 내부체계로의 확립을 강조하였다.

참여자들은 학생 복지를 위한 지원 체계를 구축하였다. 먼저 관련된 교사들과 함께 모여 학생들의 문제와 그 해결책을 모색하였고, 사안에 따라 필요한 경우에는 외부 인사도 학생복지위원회와 협의회에 참여할 수 있도록 하였다. 참여자는 함께 모여 논의하는 체계를 구축하였고 이에 교내·외 관련 인사들이 서로 교류할 수 있도록 하였다.

"올해 특화사업 자체가 〈교내·외 협의체를 활용한 학생 복지체계 구축〉이라는 주제를 뒀거든요. 작년에는 너무 중구난방 식으로 일이 진행이 되고, 외부기관과 연계하는 것도 절차 없이, 올해는 그런 것을 좀 정례화 한다면 다른 사업들에 훨씬 시너지가 있겠다. 라는 생각이 들더

라고요. 그래서 교무회의 때 적극적으로 발표하고, 사안이 발생할 때마
다 사례회의 하고, 진로부 교사들하고의 모임도 계속 많이 가지고요.
또 학교사회복지 협의회도 여러 차례 했어요."

(참여자 I)

　"우리의 학생지원회의 시스템이 구축이 되어 있어서, 담임교사, 관련
교과교사, 진로상담부장, 생활지도부장, 학생보호자, 교감, 관련기관 등
이 참여하여 학교사회복지실에서 회의를 해요. 교감선생님께서는 교직
생활 25년만에 한 학생을 위해 여러 어른들이 참여하는 이런 시스템은
처음이라고 말씀하셨어요. 엄청난 피드백이라 생각했어요."

(참여자 C)

　참여자들은 학교를 개인의 문제 중심으로 바라보았던 것으로부터 학생
과 교사, 학교와 지역사회의 소통구조가 중요하다는 것으로 체득하게 되
었으며, 지역사회에 대해 개별적인 일개 단위가 아닌 여러 체계단위의 연
합체로 인식하게 되었다. 따라서 이러한 다양한 체계가 함께 모여 학생 복
지의 문제를 논의한다는 것은 매우 필요하면서도 획기적인 일이며 교사들
에게는 참여자의 전문성을 다시 한번 재고하는 계기가 되었다.

　본 연구자는 참여자들이 체계를 인식하면서 학교사회복지사로서의
자격이 형성되었다고 판단한다. 왜냐하면 학생을 중심으로 바라보는 생
태체계적 관점을 충분히 이해하는 계기가 되었기 때문이다.

　참여자는 선도위원회에 참여하는 경험을 하게 되었다. 선도위원회에
참석한다는 것은 학교사회복지사로서 존재와 전문성을 신뢰받고 있다
는 것을 의미한다. 일선 학교의 선도위원은 교감, 학생부장, 상담부장,
특별활동부장, 담임교사, 학생부 교사, 해당 학년부장 등 대부분 학생
사안에 책임이 있는 핵심인물로서 학교규정집에 명시된 자만이 참여할
수 있다. 선도위원회의 결정은 매우 신중하게 이루어지며 그 결과의 활
용도 전례가 되므로 학생지도의 핵심이라 할 수 있다.

　참여자는 선도위원회에서 학생에 대한 '문제의 분석과 전문가적 견해'

를 설명하며 학생에게 도움이 될 수 있는 방안을 제시한다. 이 과정을 통해 참여자는 학생에 대한 전문가임과 학생을 위한 학교에서 실시할 수 있는 '최선의 교육서비스'의 상징으로 존재한다. 따라서 학교를 구성하는 가장 중요한 인물들에게 학교사회복지사는 합리적이며 학생 교육을 위해서도 절대적으로 필요한 중요한 핵심인물로 재등장하고 있었다.

 "선도위원회에 참석을 하니까 저는 발언의 기회가 없을 줄 알았는데, 기회를 주시더라고요. 그래서 그 아이에 대해 제가 가지고 있던 소견과 그 아이에게 기회를 준다면 어떤 개입계획으로 개입을 하겠다는 것을 말씀을 드리고 하면서 아이에 대한 징계수위가 낮아지고요. 그러니까 권고전학이나 자퇴로 갈 분위기였는데, '일단은 특별교육으로 한 번 더 기회를 주자. 이런 내용이 다 기록이 되니까 학교에서도 이 아이를 위해서 충분히 배려할 것은 다 했고, 또 전문프로그램으로 개입을 하니까 학부모도 더 이상 할 말이 없을 것이다.' 이렇게 '누이 좋고 매부 좋고' 이런 식으로 선생님들이 생각을 하시더라고요."

(참여자 I)

 "선생님들이 말하지 못하는 부분을 사전에 아이 환경이 어떤지, 가정방문을 한 후에 들어가기 때문에 학생에게 필요한 것을 말하고, 결정에 영향을 주며, 실행에 있어서도 직접 관여되기 때문에, 선도위원회에서도 '사회복지실장 어떻게 생각합니까?'라고 꼭 물어보시더라구요."

(참여자 C)

 그러나 선도위원회에 참여하는 것도 참여자의 의지나 노력보다는 학생부장의 도움을 받아 우연히 얻은 기회를 통해 이루어졌으며 참여자는 이때에 전문성을 십분 발휘하여 자신의 존재를 확고히 인식시키는 계기로 삼았다. 그 이후 참여자들은 선도위원회에 지속적으로 참여하면서 학생 문제 해결을 위해서 교내·외에서 활발하게 역할수행을 하고 있었다.

또한 참여자는 복지관들과의 관계회복과 학교 이미지 개선 노력을 실시하였다.

참여자는 지역사회자원 연계망을 구축하여 먼저 교사들에게 알리면서 교사들에게 지역사회기관에 대한 설명과 유용성에 대해 설명하였다. 또한 지역사회기관에는 직접 방문하여 좋지 않았던 이미지를 개선하여 학교와 지역사회의 연계방안에 대하여 강구하였다. 공문서로 업무협력을 실행하였으며 사회봉사명령 이수 후 학생들의 변화 및 효과를 교사들에게 꾸준히 설명하여 지역사회자원이 학교교육에 도움이 됨을 강조하였다.

> "예전에는 저희 ○○에 있는 네 군데의 복지관이 공통적으로 'B상고는 우리가 절대로 들어갈 수 없는 학교다. 전화하면 무조건 리젝트(reject) 당하고 연계가 안 되는 학교다.' 그렇게 문제가 심각했는데, 올해는 사안별로 그 네 개의 복지관과 잘 연계가 되고 있거든요. (중략) 선생님들도 사람이니까 늘 받기만 하는 것에 대해서 미안하게 생각하시잖아요. 그래서 예를 들어 복지관에서 음악회를 한다. 그러면 인원이 필요하면 우리가 학생동원해서 가서 공연도 들어주고, 자리도 메꿔 주고 이런 것들도 가능하다. 뭐 그런 식으로 기관에 호의를 많이 베풀더라고요."
>
> (참여자 I)

그 결과 학교는 지역사회에 신세를 졌다고 판단한 후 지역사회행사에 참여하고자 하는 의식의 변화를 보였다. 그리고 학교 통학로 주변의 지역사회에서 학생 생활지도에 대한 불신을 파악한 후 동아리 활동을 중심으로 지역사회 문화봉사를 실시하였고, 학교 밖 금연 캠페인 등 지역사회자문이 민감한 사안에 대한 학교의 노력 등을 보여주었다.

> "저희 학교가 지역사회에서 이미지가 별로 좋지 않거든요. 예를 들면, 학생들이 인근 아파트 주변에서 흡연을 하거나, 담배를 꼬나물고 가면서 지역 어르신들한테 많이 눈총을 받고, 교장선생님한테 전화오

고, '학교에서 뭐하냐.' 그런 것들. (중략) 그런 인식을 변화시키는데 저
희 아이들이 지역사회에 가서 한 게 자원봉사밖에 없거든요. (중략) 그
런데 풍물동아리라든가, 뭐 이런 동아리들을 저희가 도움 받은 복지관
에 경로잔치가 있다 그러면 아이들이 가서 공연을 하게 한다든가. B상
고 아이들이다 하는 이미지 개선 그런 것들을 하고요. 그리고 '흡연하
지 말자' 그런 지역사회 내에서의 캠페인, 그렇게 '조금 노력은 하네.'
하는 것들은 보여주는 작업까지는 한 것 같아요."

(참여자 I)

참여자는 장애인과 독거노인이 많은 지역의 학교에서 근무하는데, 정
규 프로그램으로 장애인식개선운동을 전개하였다. 지역사회주민들은 장
애인식개선운동 후 학생들과의 나눔의 시간에서 학생들의 태도에 대한
고마움을 표시하였고 학교 교육을 신뢰하게 되었다고 말하였다.

"지역이 영구임대 아파트이고, 장애인 주민과 독거노인이 많은 지역
이에요. 근데 3년에 걸쳐 장애인식개선운동을 전개하면서 아이들이 그
들을 이해할 수 있었고, 아이들이 먼저 '무엇을 도와드릴까요?'라고 먼
저 물어보거나 하면서 주민들이 배려 받는 것이 느껴진대요. 교육 후
지역사회 주민들과 함께하는 결과를 나누는 어울림 콘서트에서 학교에
서도 이런 교육을 하는구나! 좋은 거다! 라는 말을 하셨어요."

(참여자 C)

그 결과 지역사회에 대한 학교교육의 홍보 및 봉사 등을 통해 지역
사회주민이 갖고 있는 학교교육의 불신 등을 해소하는 데 큰 기여를
하였다.

학교교육은 지역사회와의 공조를 통해 그 목적 달성의 완성도를 높
일 수 있으며 학교가 지역사회와 개방체계로서 교육을 통한 소통구조
를 확립할 때에 교육의 목적은 달성된다. 따라서 참여자는 지역사회의
학교에 대한 신뢰성을 회복시킴으로써 학교교육 목표달성에 기여하는

중요한 경험을 하였다.

　참여자들은 지역사회자원을 연계하기 위한 노력을 하였다. 주로 실시한 형태는 공식적인 외부기관과의 문제해결을 위한 협력이며 다른 형태는 위기상황 때 투입된 위기개입 자원들을 상시화하는 노력이었다. 참여자들 중에는 지역사회자원을 연계하여 성공적인 효과를 경험한 자들도 있었는데 그들은 다양한 기관이 참여하여 공식적인 협의체를 결성하고 그 활동이 지속적일 때, 지역사회자원이 학생의 문제해결에 직접적인 관련이 있을 때, 참여자들이 지역사회자원 연계의 핵심적 역할을 할 때 등이었다.

　　"애가 백혈병으로 진단을 받고, 병원을 알아보니까 ○○대, ○○대 몇 군데가 〈어린이에게 새 생명을〉 재단 아시죠. 선생님? 거기랑 연계해서 치료비를 지원해 주는 시스템이 되고, ○○○○병원이 부산에서 알아주는 곳이기도 하고 해서 애를 거기로 옮기고요. 거기 의료사회사업가가 있거든요. 그 선생님께 부탁해서 애한테 의료지원을 해 줄 수 있는 채널을 만들고, 외부에 홍보하고 자원을 끌어들이는 것은 제가 맡고 이렇게 역할을 나눴어요."

　　　　　　　　　　　　　　　　　　　　　　　　　　　(참여자 I)

　　"이런 사업들을 하는데, 1학기가 끝날 때 유관기관협의회이라 해서 스무 분을 초청을 했는데, 인근의 지역사회뿐만 아니라 청소년 지원단체라든가 여러 저와 연관이 되었던 분들을 했는데, 열다섯 분 정도 오셨어요. 관찰교육을 받는 아이들, 사회봉사 보내는 곳이라든가, 인덕원이라든가, 노인복지회관이라든가 직접적으로 연계했던 분들을 초청해서, 한 학기동안 우리가 어떤 일들을 했고, 어떠어떠한 도움들을 받았고, 앞으로 어떠어떠한 도움들이 필요할 것 같고, 그런 것들에 대한 유관기관 회의를 했었어요."

　　　　　　　　　　　　　　　　　　　　　　　　　　　(참여자 F)

　또한 다른 유형으로는 학교의 위기상황에 개입한 위기개입팀과의 연

계를 체계적으로 유지하여 상시적 자원화 하였으며, 해당학교에 위기
상황이 없더라도 주변 학교에서 문의가 왔을 때 연계하였으며, 또한 참
여자도 적극적으로 도움을 주었다. 따라서 참여자는 신속한 위기개입을
통해 성공적인 위기극복을 도왔으며, 더 나아가 주변 학교에 대한 지원
체계 구축에 노력하고 있었다.

> "위기개입 때 정신과의사, 사회복지학과 교수, 정신의료사회복지사,
> 폭력상담 전문가, 학교사회복지사 등등 20여명이 외부 전문지원팀으로
> 학교에서 활동하였어요. 사건 발생 후 다음날 바로 투입되어 3일째부터
> 1주일정도까지 활동하였고, 3개월 정도까지는 학교에서 요청하면 언제
> 라도 들어올 수 있는 위기개입 지원팀이 가동되었어요. (중략) 이제 주
> 변 학교에서도 학교사회복지실이 있는 것을 아시고 자기네 학교에서
> 발생하는 사안에 대하여 많이 물으시고 도움도 요청하시고 했어요."
>
> (참여자 C)

본 연구자는 지역사회자원의 연계는 학교와 지역사회 다양한 주체가
결합하는 상시적인 협의체를 구성하고, 그 협의체를 운영하는 핵심역할
을 학교사회복지사가 담당할 때에 학교와 지역사회는 교육적 협력자가
될 것으로 본다. 그러나 협의체를 구성하기 전에 학교사회복지사는 학
교내부의 관계자들에게 지역사회와의 연계가 왜 중요한지에 대한 충분
한 설득과 이유를 제공함이 선행되어야 하겠다.

5) 학교사회복지사의 재인식

참여자들은 두 가지의 사건을 통해 각각 학교에서 변화의 주체로 인
정받게 되었다. 먼저 한 가지는 백혈병을 앓고 있는 학생에 대한 개입
사건이고, 또 다른 한 가지는 교내 살인 사건에 개입하여 위기를 극복
한 위기개입 사건이었다. 이 두 가지는 매우 큰 의미를 갖고 있으므로

따로따로 나누어서 살펴보겠다.

참여자는 백혈병을 앓고 있는 학생에 대한 개입을 학교와 지역사회의
차원에서 실시하였다. 즉 학교 내에서 학생 복지 위원회를 조직하여 교
장, 교감, 학생부장, 보건교사, 담임교사 등과 함께 대처 방법을 논의하였
고, 이들과 함께 역할 분담을 이루어 나갔다. 그러면서 참여자는 학생 복
지 위원회에서 역할을 조정하고 종합하여 전달하는 간사의 역할을 수행
하였고, 이와 동시에 학생부장과 함께 동창회의 지원을 이루어냈으며,
의료사회복지사, 민간 재단, 동사무소 등 외부의 사회적 연계망을 활용
하여 자원화하는 역할을 보여주었다. 특히 주목할만한 것은 학생부장과
함께 학생들의 자발적 참여를 이끌어내어 수혈을 통해 학생들의 자발적
인 동참을 이끌게 되었고 이 과정에서 학교는 가족도 할 수 없는 역할을
해 주었으며, 학교를 하나로 결집하게 하는 역할을 하였다.

"그게 너무 잘 되가지고, 교내에서는 모금이 천만 원 되고, 동창회에
알리기도 하고, 우리 아이들 교내에 헌혈차 와가지고 애한테 헌혈증 주
고, 애가 의료보조도 없고 국가보조가 아무 것도 없는 상태였어요. 아
버지 소득이 130만원이었는데, 4인 가족 기준으로 약간 넘친다는 거였
어요. 아버지가 일용 근로자였는데도 어머니는 파출(부)일 하시고 그래
서 어떻게 보면 사각지대에 있는 ……. 그래서 애를 의료특례로 3개월
간 의료비 내용이 있으면 아이만 의료특례가 되더라고요. 그래서 그렇
게 하고 외부에 여러 가지 홍보를 냈어요. 기금 모금 그래서 기금도 많
이 들어오고요. 또 혈소판 투석을 받아야 되는데 우리 아이들이 RH+
O형 중에서도 애랑 조직이 비슷한 아이들이 애가 혈소판 수치가 떨어
졌다 그렇게 긴급전화가 오면 학생부장님이 그 아이들 명단 중에 몇
명을 보내게끔 이런 시스템으로 해서 아이는 휴학을 한 상태인데도 애
에 대한 지원이 잘 되고 있거든요."

(참여자 I)

"선생님들이 사회복지실이 없으면 이렇게 외부와 연계하고 부모에게
제대로 된 정보를 주고 그런 게 잘 안됐을 거다. 끽해야 모금 한번 해

서 주고 이랬을 뿐일 텐데 사회복지실에서 계속 이런 팔로업(follow up)을 잘해서 우리가 이렇게까지 잘 …… 선생님들 다 뿌듯해 하시거든요. 우리학교 아이들한테 우리가 이렇게까지 해줬다는 거. 나는 교직생활 몇 년 해봤지만, 이렇게 체계적으로 지원해주고 걔가 정말 운이 좋은 애다. 말씀하시면서 갑자기 사회복지실 이미지가 공고히 되는, 그걸 또 역으로 이용했죠. '여기 위기개입체계가 있거든요. 이런 체계를 미리 만들어 놨을 때 학교에 위기상황이 발생하면 바로 개입하기 좋습니다.'라는 정보도 드리고 그런 일이 있었죠."

(참여자 I)

참여자가 실시한 역할은 가정에서도 할 수 없는 역할을 학교가 대신하여 학생의 생명을 구하는 가장 교육적이면서 복지적인 역할을 해내고 있었다. 학교 내 자원과 지역사회 자원을 유기적으로 통합시키며 이를 조정하면서 결과적으로 실천을 통한 학교 교육의 실행과 학생의 생명을 구하는 역할수행과정을 통해 관념적이고 가치적인 학교사회복지의 개념을 현실로 체득하고 있었다. 이를 통해 학교는 참여자를 변화의 주체로 인정하게 되었다.

또 다른 중요한 사건은 참여자가 근무하는 학교에서 학교 수업시간에 급우 살해 사건이 발생하게 되었다. 이때에 현장을 목격한 교사들과 학생들, 이 소식을 전해들은 학생들과 교사들은 큰 불안감과 위기감에 빠져들게 되었고 학교는 위기 상황에 빠지게 되었다. 이때 참여자는 학교장에게 건의하여 외부의 위기관리 자원단의 도움을 요청하여 피해 및 가해 학생들에게 정신적 충격을 완화하여야 한다고 주장하여 계획서를 제출하였고 학교장이 승인하여 외부의 정신과의사, 사회복지학과 교수, 외부 학교사회복지사 등등 25명의 위기개입팀이 꾸려지게 되었다. 이때에 교육청에서는 이들의 원활할 모집을 위해 해당 각 기관에 지원단 결성에 협조를 당부하는 공문을 발송하였고, 사회복지공동모금회에서는 위기개입팀의 운영자금을 긴급하게 원조하기도 하였다. 이때 참여자는 학교와 위기개입지원단이 소통할 수 있도록 연계역할을 수행하였다. 그 결과 위기 발생 후 72시간 이내에 위기개입팀의 학생지원, 교사지원 등이 이루어져서 학교가 스스로 위기를 극복하는 데 도움이 되었다.

> "위기사건이 발생되었을 때에 처리과정과 위기 상황에서 학생들을 어떻게 처리하고 도와주어야 할지 몰라서 막연하게 있을 때에 위기가 주는 영향력과 전문적으로 어떠한 도움이 필요한지 다양한 대안을 제시하고, 교직원이 어떻게 대처해야 하는지에 대한 전문가를 데려다가 연수를 시킬 때에 '저 사람은 우리가 생각하지 못하는 부분, 저 사람은 무엇을 해야 하는지를 알고 있고 학교가 어떻게 해야 할 지에 대하여 알고 있구나.'라는 것도 인식시킬 수 있었죠."
>
> (참여자 C)

> "위기사건 발생시 서울시 교육청 담당 장학사는 '역시 학교사회복지사가 있어서 신속하고 정확하게 대처를 잘 할 수 있었다'고 말을 하였어요. (중략) 교장선생님이 집으로 전화하셔서 '너무 고생이 많다. 당신이 열심히 해주셔서 우리가 위기를 잘 극복할 수 있다. 아이들을 위해 대단한 역할을 하고 있다.'고 해 주셨을 때 눈물이 났어요. (침묵)"
>
> (참여자 C)

이 과정을 통해 참여자는 학교의 위기를 극복하는데 핵심적인 역할을 하였으며 학교에서는 참여자에 대한 전폭적인 신뢰와 지지를 보내주게 되었다. 그러나 학교사회복지사가 투입되지 않은 일반 학교에서는 이러한 개입은 생각도 할 수 없을 것이다. 학교는 위기사건이 발생하면 정보와 교류를 차단하여 잠잠해질 때까지 철저한 폐쇄체계를 유지하게 된다.

학교에서 외부 도움을 받았던 요인은 참여자의 역할수행 때문이었다. 참여자는 학교의 상황 파악과 그 대처방법을 제시하였고, 외부에서는 대처 방법을 준비할 수 있도록 노력하였기 때문이었다. 또한 행정체계

에서는 외부의 기관의 협조가 잘 이루어질 수 있도록 협력하여 학교가
필요한 시기에 위기개입팀이 투입되어 필요한 프로그램을 실시할 수
있도록 해 주었다. 참여자는 위기를 기회로 활용하여 학교의 협력적 위
기극복을 이루는 데 큰 역할을 하였다.

6. 「의미발견」

1) 긍정적 의미발견

참여자들은 학교사회복지사로 역할을 수행하면서 여러 가지 어려움
을 경험하였다. 그 어려움을 경험하는 과정에서 성장의 과정, 정체성에
기여, 역할의 확립 등 긍정적인 의미를 발견하고 있었다.

참여자들의 긍정적인 의미를 발견한 이유에 대하여 분석해 보았다.
긍정적 의미를 발견한 참여자들은 현재는 어려움을 극복한 상황에 있
었으며, 역할수행과정을 통해 자신의 의미와 학교체계에 대한 변화를
경험한 공통점이 있었다. 즉 이들은 학교에서 식구로 인정받고 있다고
생각하였으며, 임상의 전문성을 인정받고 있었고, 공식적이나 비공식적
으로 내부의 변화를 가져오는 경험을 하였다. 그러나 부정적인 의미
를 발견한 참여자들은 상황과 구조적인 여건의 미비로 말미암아 정체
성에 대한 혼란을 지속적으로 경험하고 있었다. 또한 구조적인 문제가
해결되지 않음으로써 발생하는 정체성의 혼란을 개인의 능력부족으로
인식되고 있음을 힘들어하였다.

참여자들은 '개인적으로 도전에 의한 성취감을 느낄 수 있었고 승리
하였다', '고생을 통해 많은 것을 배웠다', '인내력과 추진력이 생겼으며,
자신을 돌아볼 수 있었던 계기가 되었다', '성장과 발전의 밑거름이 되

었다'는 등 자신의 경험에 대해 긍정적으로 인식하고 있었다.

> "저한테는 음 …… 누구나 경험하지 못한 색다른 경험을 했다는 도
> 전에 의한 성취감 이런 의미도 될 수 있었을 것 같구요. 그러면서 내가
> 싸워서 이겼다."
>
> (참여자 G)

> "그러니까 상황이 조금 변화해도 굉장히 크게 변화한 것 같고, 매사
> 에 감사할 줄 아는 그런 마음도 생긴 것 같고요. 작년에 이렇게 힘들었
> 는데, 올해 이 정도 힘든 건 아무 것도 아니다. 라고 생각하니까 추진
> 력도 생긴 것 같고 그래요."
>
> (참여자 A)

> "뭔가 성장하고 발전하게 만드는 밑거름이 되는 그런 요소들이지 않
> 을까 그런 생각이 …… 중요한 것은 과정이라는 생각이 들거든요. 그래
> 서 해결이 될 수도 있고 안 될 수도 있어요. 근데 과정에서 내가 어떤
> 걸 체득하느냐 그래서 그 체득한 내용을 적용시키거나 아니면 그것에
> 서 내 마음이 변화되거나 그래서 그것을 새로운 시각으로 바라보거나
> 가능성으로 바라보거나 이런 것들 ……."
>
> (참여자 B)

참여자들은 역할수행과정을 통해 새로운 것에 대한 배움과 개인적인
성장의 의미를 발견하였다. 이들은 현재 대부분의 어려움을 극복하고
문제를 해결하였으며 그 의미를 통한 새로운 시도를 준비 중에 있었다.
따라서 참여자들의 역할수행 과정은 비록 어렵지만 자신에게 도움이
되는 성장의 의미가 담겨있다.

참여자들은 역할수행과정에서 비롯된 어려움을 통하여 학교사회복지
는 학생들에게 중요하다는 것과 자기 자신의 의미를 깨달았고, 고민하
는 만큼 방향성과 비전들을 보다 명확하게 해 나갈 수 있었으며, 자신
이 필요한 사람이라는 것을 느낄 수 있었다.

　"학교사회복지실이 우리 아이들에게 중요하다는 것을 전달할 수 있
었고, 더불어 나의 존재를 정확하게 자리매김을 해 좋았죠. 교사들에게
나 학교에 학교사회복지는 사람의 활동이나 존재에 대한 의미를 파악
할 수 있게 하였죠."

(참여자 A)

　"학교가 어려우면 어려운 만큼 우리에게 많은 경험과 노하우들이 나
올 거라는 생각이 들구요. 우리가 정체성에 대해서 고민하면 고민하는
만큼 우리가 나가야 할 방향성과 비전에 대한 부분들을 더욱더 명확하
게 해 나갈 수 있는 것 같아요."

(참여자 B)

　참여자들이 경험하는 어려움은 외부적인 환경과 내부적으로는 존재
에 대한 고민이 함께 공존하기 때문에 극복하면 할수록 생산적인 성과
를 가져올 수 있는 발전적인 의미를 발견하였다. 따라서 참여자들의 역
할수행 과정은 정체성 형성에 도움이 되었다고 본다.
　참여자들의 역할수행 과정은 새로운 시도와 시행착오가 반복되어지
는 것이었다. 꾸준한 시도와 시행착오를 통해서 참여자들은 할 수 있는
것과 할 수 없는 것, 해야 하는 것과 하지 말아야 하는 것 등 자신들의
역할을 확립해 나가고 있었다. 따라서 참여자들의 역할수행 과정 안에
는 역할을 세워가는 의미가 있었다.

　"첨부터 우리가 전문가이기 때문에 우리 역할만 했었더라면, 아마 오
늘날의 이런 모습이 없었을 것 같아요. 그리고 학교라는 보수적이고 폐
쇄적인 상황에서 우리의 역할이 충분히 보이지도 못했을 것 같구요. 특
히 교사라는 집단이나, 학부모나, 학교라는 조직에 참 소모적인 우리의
이러한 활동들은 어떻게 평가하거나 측정하긴 어렵지만 학교사회복지
사들이 자리매김 하기에는 아주 중요한 일들이었던 것 같아요."

(참여자 A)

　"지금의 모습이 없었을 것 같아요. 하물며 우리가 '학교사회복지가가

이런 것들도 해야 되나?' 했던 것들도 지금에 와서 보면, 정말 제도화
되면 그런 활동들을 하지 않더라도 이런 활동들이 모아지고 모아져서
우리의 전문가적인 역할이나 이런 것들이 자연스럽게 학교현장에 녹아
날 수 있었던 원동력이 될 수 있었던 것 같거든요."

(참여자 A)

참여자들은 다양하고 시범적인 경험과정을 통하여 자신들이 해야 할
것과 하지 말아야 할 것을 스스로 확인하고 있었으며, 또한 어떠한 기
반도 형성되지 않는 상황에서부터 시작한 그들의 역할은 자연스럽게
학교에 활착할 수 있는 기반이 되었다. 한국 학교사회복지가 초기단계
인 것을 감안한다면 이들의 역할수행 과정은 역할의 정립으로도 큰 의
미가 있다고 보인다.

2) 부정적 의미발견

참여자들은 역할수행 과정을 '소진되는 일'이며 '권장하지 못할 일'이
라고 생각하는 등의 부정적인 의미를 발견하였다. 참여자들이 부정적인
의미를 발견하는 데에는 다음의 조건들이 작용하고 있었다. 구조적인
이유든지, 아니면 상황적인 이유든지 학교 내에서 소속감이 형성되지
않았다. 따라서 역할수행도 조직적이거나 체계적이기보다는 개인적 차
원에서 이루어졌었다. 참여자들이 부정적인 의미를 발견함에 있어서 가
장 중요한 요인은 학교 내 소속감과 공식적인 역할수행이 불가능한 것
이다.

따라서 학교사회복지사들은 비공식적인 차원에서는 학교 관리자, 중
간관리자, 담임교사 등에게 존재와 전문성을 인정받는 것이 중요하며,
학교 내 공식적인 협의 기구에 참여하여, 그들의 업무를 학교의 필수적
인 교육과정으로 포함시키는 것이다. 참여자들은 떠나고 싶은 마음이

생겨나면서, 본연의 업무보다 적응의 과정이 더 힘든 초기 상황, 스스로
를 소진시키는 경험을 통해 역할수행과정에 대한 부정적인 의미를 발
견하고 있었다.

> "내 자신이 스스로 정체감을 찾지 못하는 부분이나 내가 한계를 느
> 끼는 부분도 있겠지만. 그 경험들이 굉장히 일을 떠나고 싶게 만드는
> 그래서 만약에 다른 사람들이 새롭게 또 그렇게 시작해야 된다고 한다
> 면 말리겠어요."
>
> (참여자 E)

> "자꾸 소진되는 게 힘든 것 같아요. 자꾸 소진되는 제 자신이 너무
> 싫은 거 같아요. 이거는 누가 뭐라고 하는 건 아니거든요. 아무도 제가
> 소진이 되는지 힘이 없어지는지 아무도 모르지만 저 스스로가 '이건 아
> 니다'라고 느낄 때 그때가 제일 싫은 거 같아요."
>
> (참여자 H)

참여자들은 역할수행 과정을 통해 이러한 부정적인 의미를 간직하고
있다. 그러나 이들은 학교사회복지에 대한 사명감을 갖고 있었으며 전
문적인 능력도 갖고 있었지만 부정적인 의미를 발견하는 이유는 개인
적인 이유라기보다는 역할수행의 조건들, 소속 기관의 분위기 등 상황
과 활동여건 때문으로 판단된다.

3) 정체성 요소 발견

참여자들은 학교사회복지사로서 역할을 수행함으로써 정체성을 느끼
며 그 요소를 발견하고 있었다.
참여자들은 교사들이 사회복지사의 고유한 부분을 인정해 줄 때, 교
사들이 할 수 없지만 매우 중요한 일을 해낼 때, 문헌에 제시된 고유한

역할을 실행할 때, 학교 내 교사와 학생, 학교와 지역사회가 함께 하는 논의 구조를 만들어 낼 때, 학부모나 교사들이 전문성을 인정해 줄 때, 학생들에게 꼭 필요한 존재라고 느낄 때 정체성을 느낄 수 있었다.

"선생님들이 그런 부분에 참 많은 힘을 주세요. 작년에 3월 한 달 활동을 했는데, 4월 첫째 주엔가 옆방에 우리 생활지도부에 기획선생님이 계세요. 그 기획선생님이 하시는 말씀이 학교사회복지가 어떤 일을 하는지 아시겠다는 거예요. 그래서 '어떤 일을 하는데요?' 그랬더니 '학교 안에서 일도 하지만, 외부자원들을 끌어들이는 일도 하더라' 그래서 깜짝 놀랐어요."

(참여자 F)

"선생님들이 하실 수 없는 부분이요. (중략) 그걸 담임선생님이 다 아세요. 그래서 저한테 고맙다 그런 표현을 하시는데, 분명히 선생님들이 하실 수 있는 역할과 제가 할 수 있는 역할이 확연하게 구분이 되는 대표적인 예인 것 같아요. 그런 과정 속에서 저는 정말 굉장한, 학교 내에 학교사회복지가의 역할이 이런 거구나. 라는 걸 확연하게 알 수가 있었죠."

(참여자 F)

"학교 내에서 선생님들과 함께 아이들이 즐겁게 생활할 수 있는 자원이 부족할 때 지역사회에 있는 자원과 함께 그러한 논의 구조들을 만들어 가고, 학생을 돕고 지원하는 체계들을 만들어 가는 것 그것이 가장 독특하게 학교사회복지의 정체성을 살릴 수 있는 것이 아닐까 하는 그런 생각을 하구요."

(참여자 B)

"부모님이라든지 다른 선생님을 통해서 긍정적인 지시를 받았을 때 '아! 너무 애써 주신다. 너무 우리 아이들을 위해서 발 벗고 뛰어서 너무 감사하다.' 그런 긍정적인 말들을 들을 때마다 좋은 것 같아요. 그리고 다른 일반 선생님들을 통해서 긍정적인 메시지를 들을 때 많이 기분이 좋죠. 예를 들어서 의뢰된 아이가 이렇게 많이 달라졌다든지, 담임 아닌 선생님들 같은 경우 사회복지실 꼭 필요하다. 있어야 한다."

(참여자 G)

"아무래도 아이들을 만날 때 되게 정체성을 많이 느끼게 되요. 만약에 어떤 아이를 상담을 하게 될 때 그리고 나서 쉬는 시간이나 그 다음날 그 아이에 대해서 체크를 계속 할 수 있잖아요. 그럴 때 '아 ……. 이래서 학교사회복지가 필요하지' 라는 생각을 스스로 하게 됐을 때 정체성을 ……. '아 ……. 그래 내가 학교사회복지사다.'라는 생각을 하게 되고요."

(참여자 H)

"저는 아이를 위해 저 혼자만 노력하는 것이 아니라 학교가 전체적으로 움직이게 할 때 저는 가장 정체성을 느껴요."

(참여자 C)

참여자의 정체성은 학교 내 공식적인 구성원이 될 때, 교사와 학부모로부터 전문성을 인정받을 때, 학생들에게 꼭 필요한 존재임이 인식되어질 때, 학교 내, 학교와 지역사회와의 연합적 소통구조를 만들어 갈 때에 확립되어진다고 볼 수 있다. 이는 참여자들의 자연스러운 역할수행 과정에서 경험하였던 것이므로 정체성 확립에 큰 의미가 있다고 본다. 따라서 학교사회복지사의 정체성 확립을 위하여 교사 및 학부모의 인정, 학생들에게 꼭 필요한 존재 인식, 학교 내의 소통구조, 학교와 지역사회와의 연합적 소통구조 형성을 직무로 규정하는 노력이 필요하다고 본다.

7. 학교사회복지사의 역할수행 과정의 유형분석

1) 가설수립

현실기반이론에서 개념간의 관계에 대해 연역적으로 가설을 수립하는 것은, 자료에서 귀납적으로 개념, 속성, 차원을 도출하는 것과 함께 이론화의 중요한 위치를 차지한다(신경림 역/Strauss & Corbin, 2001: 20).

앞에서 제시한 '가설적 관계 진술'에 대해, 본 연구에서 유형으로 분류된 학교사회복지사의 역할수행 과정에 대한 '나홀로형', '한울타리형', '징검다리형'에 속하는 연구참여자들을 비교하여 범주간의 관계에 따라 확인한 결과 가설적 관계진술의 64개 항목 중 (1), (2), (31), (32), (33), (34), (38)에 해당되는 7개항의 진술문이 본 연구참여자의 경험과 일치하는 것으로 나타났다. 다음은 연구참여자의 실제 경험과 일치하는 관계진술이다.

> (1) '정체성 고민이 긍정적이고 부정적 경험이 많고 일시적이며 지지
> 기반이 강하고 다수이며 긍정적 사건이 높을 경우의 학교사회복
> 지사로서 역할을 개척하고 의미발견하기'는 관계 맺기, 식구로 인
> 정받기, 전문성 발휘하기를 통해 학교, 지역사회연계 역할을 하면
> 서 의미를 발견할 것이다.6)
> (2) '정체성 고민이 긍정적이고 부정적 경험이 많고 일시적이며 지지
> 기반이 강하고 다수이며 긍정적인 사건이 낮을 경우의 학교사회
> 복지사로서 역할을 개척하고 의미발견하기'는 관계 맺기, 식구로
> 인정받기, 전문성 발휘하기를 통해 학교 변화 역할을 하면서 의미
> 를 발견할 것이다.7)
> (31) '정체성 고민이 부정적이고 부정적 경험이 많고 지속적이며 지지

---

6) 〈연구 참여자 I〉가 해당됨
7) 〈연구 참여자 A〉, 〈연구 참여자 B〉, 〈연구 참여자 D〉가 해당됨.

기반이 약하고 소수이며 긍정적인 사건이 높을 경우의 학교사회
복지사로서 역할을 개척하고 의미발견하기'는 관계 맺기, 식구로
인정받기, 전문성 발휘하기를 통해 개인변화의 역할을 하면서 의
미를 발견할 것이다.[8]

(32) '정체성 고민이 부정적이고 부정적 경험이 많고 지속적이며 지지
기반이 약하고 소수이며 긍정적인 사건이 낮을 경우의 학교사회
복지사로서 역할을 개척하고 의미발견하기'는 관계 맺기, 식구로
인정받기, 전문성 발휘하기를 통해 개인변화의 역할을 하면서 의
미를 발견할 것이다.[9]

(33) '정체성 고민이 긍정적이고 부정적 경험이 적고 일시적이며 지지
기반이 강하고 다수이며 긍정적인 사건이 높을 경우의 학교사회
복지사로서 역할을 개척하고 의미발견하기'는 관계 맺기, 식구로
인정받기, 전문성 발휘하기를 통해 학교, 지역사회연계 역할을 하
면서 의미를 발견할 것이다.[10]

(34) '정체성 고민이 긍정적이고 부정적 경험이 적고 일시적이며 지지
기반이 강하고 다수이며 긍정적인 사건이 낮을 경우의 학교사회
복지사로서 역할을 개척하고 의미발견하기'는 관계 맺기, 식구로
인정받기, 전문성 발휘하기를 통해 학교 변화의 역할을 하면서 의
미를 발견할 것이다.[11]

(38) '정체성 고민이 긍정적이고 부정적 경험이 적고 일시적이며 지지
기반이 약하고 다수이며 긍정적인 사건이 낮을 경우의 학교사회
복지사로서 역할을 개척하고 의미발견하기'는 관계 맺기, 식구로
인정받기, 전문성 발휘하기를 통해 학교 변화의 역할을 하면서 의
미를 발견할 것이다.[12]

위와 같이 참여자의 실제경험과 일치하는 관계진술을 바탕으로 결국
다음과 같은 가설이 수립되었다.

---

8) 〈연구 참여자 E〉가 해당됨.
9) 〈연구 참여자 H〉와 〈연구 참여자 J〉가 해당됨.
10) 〈연구 참여자 C〉가 해당됨
11) 〈연구 참여자 F〉가 해당됨.
12) 〈연구 참여자 G〉가 해당됨.

(1) 정체성 고민이 긍정적이고 부정적 경험이 일시적이며 지지기반이
강하고 다수이며 긍정적인 사건이 높을 경우 학교사회복지사는 관
계 맺기, 식구로 인정받기, 전문성 발휘하기를 통해 학교와 지역사
회연계의 역할을 수행할 것이다.

(참여자 C, I가 해당함)

(2) 정체성 고민이 긍정적이고 부정적 경험이 일시적이며, 지지기반이
다수이며, 긍정적인 사건이 낮을 경우의 학교사회복지사는 관계 맺
기, 식구로 인정받기, 전문성 발휘하기를 통해 학교 변화의 역할을
수행할 것이다.

(참여자 A, B, D, F, G가 해당함)

(3) 정체성 고민이 부정적이고 부정적 경험이 많고 지속적이며 지지기
반이 약하고 소수일 경우의 학교사회복지사는 관계 맺기, 식구로 인
정받기, 전문성 발휘하기를 통해 개인변화의 역할을 수행할 것이다.

(참여자 E, H, J가 해당함)

2) 유형분석

유형분석은 이론을 구축하기 위해서 자료의 가설적 정형화 및 관계
진술문을 근거자료와 지속적으로 비교해 각 범주 간에 반복적으로 나
타난 관계를 정형화하는 것이다(김연미, 2002; 안경숙, 2001). 자료에서
나타난 유형을 확인하고 그 자료를 유형화함으로써 이론에 대한 특이
성이 나타나는 분석이기도 하다. 유형은 분석 과정 중에 발견될 수 있
으며, 중심현상과 맥락적 조건, 중재적 조건의 각 속성을 다양한 조합으
로 연역함으로써 발견할 수 있다.

본 연구에서는 '학교사회복지사로서 역할을 개척하고 의미발견하기'
의 유형은 '나홀로형', '한울타리형', '징검다리형'이라는 세 가지의 유형
으로 나타났다. 학교사회복지사의 역할수행 과정의 조건과 속성간의 분
류는 【표 15】와 같다.

【표 15】 '학교사회복지사로서 역할을 개척하며 의미발견하기'의 유형

가설 및 유형 / 패러다임	가설 (3) 나홀로형 - 개별접근형	가설 (2) 한울타리형 - 학교변화형	가설 (1) 징검다리형 - 학교·지역연계형
인과적 조건	학교로 들어감 (긍정적)	학교로 들어감 (긍정적)	학교로 들어감 (긍정적)
현 상	개척하기 (소극적, 일시적)	개척하기 (적극적, 일시적)	개척하기 (적극적, 지속적)
맥락적 조건	부정적 경험 (많음, 지속적) 정체성 고민 (부정적)	부정적 경험 (일시적) 정체성 고민 (긍정적)	부정적 경험 (일시적) 정체성 고민 (긍정적)
중재적 조건	지지기반 (약함, 소수) 긍정적 사건	지지기반 (다수) 긍정적 사건 (낮음)	지지기반 (강함, 다수) 긍정적 사건 (높음)
작용/상호작용 전략	관계 맺기 (소수, 소극적) 식구로 인정받기 (부분적) 전문성 발휘하기 (소극적, 내부적)	관계 맺기 (다수, 적극적) 식구로 인정받기 (전체적) 전문성 발휘하기 (적극적, 내부적)	관계 맺기 (다수, 적극적) 식구로 인정받기 (전체적) 전문성 발휘하기 (적극적, 외부적)
결 과	개인변화 의미발견	학교 변화 의미발견	학교·지역사회 연계/의미발견

(1) 나 홀로 형 - 개별 접근 형

'나 홀로' 유형의 참여자는 주로 소수 대상의 관계 맺기 전략, 존재에 대한 부분적인 인정을 받으면서, 학생 중심의 전문성을 발휘하는 전략 등을 활용하여 개인변화를 통한 역할수행을 하고 있었다.

'나 홀로' 유형의 참여자는 맥락적 조건과 중재적 조건이 다양하게 상호 결합되어 나타나고 있었다. 정체성 고민이 부정적이고, 부정적 경

험이 많고 지속적일 때 그리고 지지기반이 약하고 그 대상이 소수일 때, '나 홀로' 유형이 나타났으며 긍정적인 사건은 별다른 영향을 주지 못하였다.

'나 홀로' 유형의 참여자들은 역할을 개척하는 정도는 소극적이며 일시적이었고 관계 맺기는 소극적으로 소수에게 주로 하였다. 또한 부분적인 식구로 인정받고 있었으며 전문성은 소극적이면서 내부로 국한되어 나타났다. 그 결과 학생에 대한 문제해결에 주력하는 임상적 접근을 주로 하며 개인적인 접근으로 역할을 수행하고 있었고, 그 과정에 대한 의미발견과 정체성 확립을 위해 필요한 요소를 발견하였다.

이 유형은 '참여자 E, H, J'에서 나타났다. 참여자 E는 학교상주형의 학교사회복지사로서 교육청 시범사업에서 실습을 한 후 교육청 시범사업에 참여한 후 공동모금 사업에 참여하고 있었다. E는 교육청 시범사업을 수행할 때에는 학교의 소속감을 갖고 학교의 문화를 주도하는 등 당시 소속 사립학교에서 전문성을 인정받는 '한울타리'유형을 경험하였다. 그러나 현재 E가 속해있는 ○○학교는 매년 30%이상의 교직원이 교체되고, 학교장과 학교감, 행정실장 등이 유난히 변동이 잦은 공립학교이다. 현재 관리자들은 공동모금회 시범사업을 충분히 이해하지 못하고 있었으며 특히 행정실의 비협조적인 태도로 인하여 많은 어려움을 겪고 있었다. 따라서 참여자 E는 행정상으로는 학교 직원으로 소속되어 있지만 문제성향이 두드러지지 않는 학교, 인사이동이 잦은 대규모 공립학교라는 조건 속에서 문화적인 특성을 발휘할 기회조차 부여받지 못하고 있었다. 그러므로 참여자는 학교에 대한 소속감이 약한 상태에서 학교조직의 일부로서 개입해야 한다는 부담감과 개별적인 접근을 하는 현실 사이에서 정체성의 혼란을 경험하고 있으며, 그 결과 학교사회복지실에서 학생들과 함께 임상적인 역할을 주로 수행하고 있었으며 주로 교사들과 개별적인 접근을 통해 협력을 유도하고 있다.

참여자 H, J는 모두 외부 기관에서 고용되어 학교에 파견, 상주하는 학교사회복지사였다. 이들은 사회복지기관에 근무한 경험은 없었으며, 학교에서 학교사회복지사로서 역할을 잘 수행하는 것이 자신의 임무라고 생각하고 있었다. 이들은 학교에서 특별한 방해나 부당한 대우를 경험하지는 않았다. 오히려 다른 참여자들보다도 학교에 대한 불만은 상대적으로 적었다. 이들은 학교에서 자신들의 모든 역량을 집중하여 학교사회복지업무를 수행하는 것이 임무인 학교사회복지사라는 정체성을 갖고 있었다. 그러나 현실적으로 이들은 학교 외부 기관에 소속되어 있는 학교 외부인이었고, 기관에서 요구하는 각종 양식과 회의 및 슈퍼비전이 이중적 업무 부담이 되었다. 왜냐하면 학교의 결재 양식과 기관의 결재 양식이 다르기 때문에 같은 서류를 두 번 작성해야 하고, 그리고 기관의 근무일정에 맞춰 정해진 회의시간으로 인해 학생들과 교사들에게 서비스 제공이 중단되기도 하며, 기관에서 실시하는 슈퍼비전이 자신들이 학생들을 만날 때에 필요한 임상적 슈퍼비전을 제공이 이루어지지 못하기 때문이다. 또한 이들은 주로 근무하는 곳이 학교이기 때문에 일주일에 한번 방문하는 기관보다는 5일 이상 근무하는 학교에 보다 많은 애정과 소속감을 느끼고 있었다. 기관의 입장에서는 '분명 기관 직원인데, 기관의 관리체계보다는 학교의 업무체계를 중요하게 생각하고 기관에 잘 오지 않으려 하는 게 이상하다'고 생각하며 이들을 이해하지 못한다. 따라서 일반적인 관리체계를 동원하여 이들을 기관 직원으로 인식하게 하였다. 한 기관은 관리통제를 강화하여 기관 직원으로서 참여자를 인식시키고 있었고, 다른 한 기관은 지역과 연계한 학교사회복지 지원체계 구축을 위해 기관의 역할과 위상을 모색하고 있었으며 지역과 연계한 모델을 참여자와 함께 찾는 등 다양한 해법을 모색하고 있었다. 참여자들은 학교에 소속될 수 없는 이질적인 존재라는 것, 소속기관의 학교사회복지에 대한 경험과 이해 부족, 소속기관에서 추구

하는 학교사회복지의 상(像)과 자신의 상(像)이 차이가 있음을 경험하
면서 자신이 학교에서 실시할 수 있는 학생중심의 개별변화를 추구하
고 있었다. 이들은 주로 기관의 도움을 받기보다는 스스로 학교에서 역
할을 개척해 나가고 있었으며 주로 개별적인 과정과 독립적인 과정을
통하여 개인 변화를 유도하는 임상적 전문가로서 인정받고 있었다.

【그림 5】 '학교사회복지사로서 역할을 개척하고 의미발견하
기'의 유형(나홀로형 – 개별접근형)

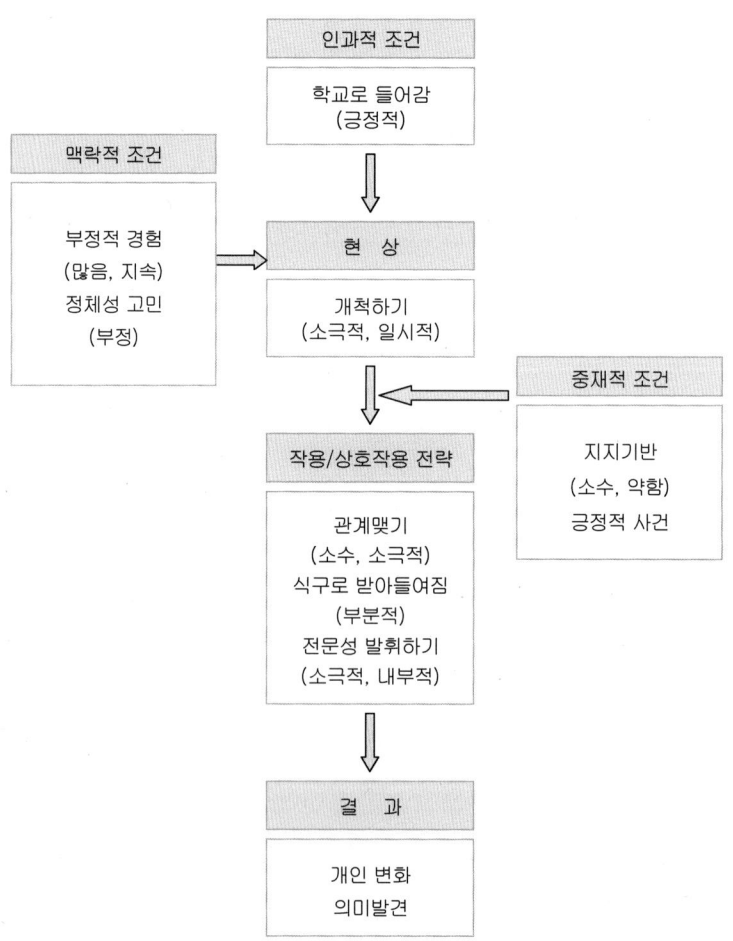

(2) 한 울타리 형 - 학교 변화 형

'한 울타리' 유형의 참여자들은 다수의 대상으로 적극적인 관계 맺기, 존재에 대한 인정을 받으며, 학생 중심의 전문성을 적극적으로 발휘하는 전략을 활용하여 학교 변화를 이루고 있었다. 이 유형의 참여자는 소속 집단에서의 '부정적인 경험'과 '정체성 고민', '지지기반'과 '긍정적 사건'의 영향을 받고 있었다.

참여자들은 학교사회복지사로서 역할을 수행함에 있어서 학교를 구성하는 가족으로 인정을 받고 있었다. 이러한 신뢰를 바탕으로 학교 내에서 공식적으로 활동하고 있었고 다양한 교내협의회를 통하여 역할을 수행하고 있었다. 대부분의 참여자들은 교육청의 시범사업으로 참여하여 활동의 공식성을 보장받고 있었기 때문에 학교에 변화를 줄 수 있었다. 이 유형의 참여자는 소속 집단에서의 '부정적인 경험'과 '정체성 고민'에 영향을 받고 있었다.

'한울타리'유형의 참여자는 맥락적 조건과 중재적 조건이 다양하게 상호 결합되어 나타나고 있었다. 즉 정체성 고민이 긍정적이고 부정적 경험이 일시적이고 지지기반이 다수이고 긍정적 사건은 낮을 때 나타나고 있었다.

'한울타리'유형의 참여자들은 정체성 혼란을 긍정적으로 해결하고 있었으며, 역할을 개척하는 데에 있어서도 적극적이고, 지속적으로 수행하고 있었다. 관계 맺기는 많은 사람들과 적극적으로 형성하고 있었으며 학교의 대부분 교사들은 참여자를 '식구'로 인정하고 있었다. 이들이 학교에서 '식구'로 인정받는 데에는 크게 두 가지의 요인이 작용하였는데 한 가지는 교육청시범사업의 경우처럼 상위기관인 교육청에서 사람을 추천하였기에 이를 의심하지 않음이 첫 번째 요인이고, 다른 한 가지는 학생들을 변화시킬 수 있는 전문성이 그 두 번째 요인이었다. 이 두 가지의 요인을 바탕으로 참여자들은 주로 체계로서 존재하여 내부의 변화를 이루는 전문성을 적극적으로 발휘하고 있었다.

이 유형은 참여자 A, B, D, F, G이다. 참여자 A는 1996년에 자원봉사, 1997년 실습 1998년부터 2000년까지 시간제 학교사회복지사, 2003년까지 전임 학교사회복지사로 다양하게 근무하였다. 참여자가 근무하는 곳은 사립학교였고, 재단 이사장의 자녀인 학교장은 이사회의 정관을 변경하고 학교사회복지사를 고용하였고, 또한 교사들이 운영하는 상담실은 폐지하고 학교사회복지실을 운영하는 등의 파격적인 여건을 조성해 줌으로써 학교사회복지사의 학교 변화를 이끌어 주었다. 그러나 2000년 이후로 당시의 교장이 사직하고 1년마다 새로운 고용 교장이 부임해오면서 지역사회와의 협력 구조를 구축하는 등의 역할 확대는 일어나지 않았고, 참여자는 해마다 새로 부임한 학교장들에게 학교사회복지에 대한 이해를 위해 많은 노력을 하였다. 그러나 소속 학교에 6년 정도 근무하면서 참여자 A는 교내 협의회 및 공식적 업무 수행에는 전혀 문제가 없는 상담 전문 교직원으로 인정받고 있었다.

참여자 B는 1998년부터 1999년까지 시간제 학교사회복지사, 2001년까지는 서울시 교육청 시범사업 연구원, 2002년부터 2004년 현재는 사회복지 공동모금 기획사업으로 학교에 고용되었다. 참여자는 임상적 역할이나 교육청의 시범사업을 통한 학교 변화만으로는 학교사회복지의 정체성을 이룰 수 없다고 느끼고 있었으며 학교 내부의 소통구조와 학교와 지역사회의 소통구조 구축을 위한 학교사회복지사의 역할을 강조하고 있었다. 참여자는 학교의 구성원으로 소속감을 느끼고 있었으며 학생복지위원회를 구축하는 등의 교내 위원회를 통한 개입활동을 하고 있었다. 또한 지역사회복지관과 협력하여 특수교육 대상자에 대한 개입활동을 하고 있지만 이는 지역사회자원을 부분적으로 활용하여 학교에 변화와 영향을 주었기 때문에 학교와 지역사회와의 전체적이고, 구조적인 협력체계가 구성되었다고 생각하지는 않고 있었다. 그러나 학교장

및 교사들은 참여자의 전문성과 성실성을 인정하고 있었고, 학교사회복
지실의 활동으로 인해 학교가 살아있는 것 같다는 피드백을 주는 등
참여자의 교내 활동에 대하여는 적극적인 지지를 해주고 있었다. 따라
서 참여자 B는 신뢰받는 학교 구성원으로서 교내 위원회구축을 주도적
으로 할 수 있는 학교 변화 유형이라고 할 수 있다.

참여자 D는 지역사회종합복지관에서 실무자로 근무하다가 2000년도
에 서울시 교육청 시범사업에 참여하게 되었다. 그 후 2년 동안의 시범
사업 후 현재는 사회복지 공동모금 기획사업으로 학교에 고용되었다.
현재 참여자가 소속된 학교는 2001년 교육청 시범사업 지정학교로서
학교의 희망에 따라 공동모금 기획사업으로 사업이 연장된 공립학교이
다. 당시의 생활지도부장은 2000년도 교육청 시범사업부터 2004년 현재
까지 생활지도부장으로서 참여자와 협력을 하고 있었고, 참여자에 대한
전폭적인 신뢰감을 갖고 있었다. 참여자는 소속 학교에 4년 동안 근무
하면서 자신의 존재 역할과 입지를 확고하게 달성하였다. 그러나 활동
은 신뢰를 바탕으로 교내에서 활발히 이루어지고 있으나 지역사회와의
협력사업은 아직 활발하지 않았다. 왜냐하면 참여자는 학교사회사업실
천가협회의 사무국장으로서 방과 후에는 협회의 사무를 처리하는 등
에너지를 협회업무에 집중하고 있었기 때문에 지역사회연계체계 구축
에 대한 여력이 부족하였다. 따라서 참여자는 학교변화유형에 고정되어
있었다.

참여자 F는 제1회 학교사회복지학회에서 주관하는 대학원생 연수를
참여한 후 Y여상에서 1년간 실습하였다. 실습 후 2000년도 교육청 시
범사업에 참여하여 Y공고에서 활동하였고, G고등학교에서 시간제 학교
사회복지사로 활동하였고 현재 Y중학교에서 교육청 시범사업에 참여하
고 있다. 참여자는 대인관계능력이 탁월하여 학교 조직 내에서 식구로
쉽게 인정받았다. 주로 임상적인 역할과 더불어 학생과 교사들의 관계

를 형성하게 하는 프로그램, 교내 다양한 이벤트로 학생, 교사 심지어 행정실 직원까지도 학교사회복지에 대한 이해를 할 수 있도록 노력하고 있었다. 다만 교육청 시범사업의 과제수행을 위해 학교와 지역사회 자원을 구축하기에는 제약이 있었으나, 지역사회 협의회를 구축하여 그들에게 학교사회복지실의 활동을 설명하고, 사회단체의 자원을 결합하여 학교 내 '화장실 문화 개선 운동'을 진행하는 등 학교를 외부로 알리는 역할을 수행하기도 하였다. 그러나 학생의 문제 해결이 아닌 학교의 홍보 중심의 활동이었고, 학교장도 학교 홍보를 위한 활동이라고 판단하고 있었기 때문에 한 울타리 형으로 분류되었다. 참여자는 학생과 교사의 신뢰형성을 위한 학교 내 문화 변화, 일체감 형성, 학교가 지역사회에 대한 개방적인 시각을 갖도록 변화를 주고 있었다.

참여자 G는 학교사회복지사가 되고자 실습과 자원봉사 등 약 2년 동안 준비한 후 2002년도 서울시교육청 시범사업에 참여한 학교사회복지사였다. 참여자가 소속된 학교에서는 교육청 시범사업임에도 불구하고 6개월 이상 교내운영협의회가 구성되지 않았다. 그러나 참여자는 교육청시범사업의 장점을 충분히 이용하여 '교내운영협의회' 및 학생 의뢰 시스템을 개발하여 의뢰를 공식화하는 등의 역할을 수행하였다. 그리고 참여자의 헌신적인 노력으로 교사들과의 관계형성이 잘되어 다수의 교사들로부터 학교 식구로서 인정받고 있었다. 그러나 교육청 시범사업의 특성상 교내운영협의회 개설 및 공식적인 역할수행은 체계적으로 달성하게 되었으나, 참여자가 주로 임상적 역할로 집중하여 폭넓은 학교의 변화는 달성하지 못하였다.

【그림 6】 '학교사회복지사로서 역할을 개척하고 의미발견하기'의 유형(한 울타리 형-학교변화형)

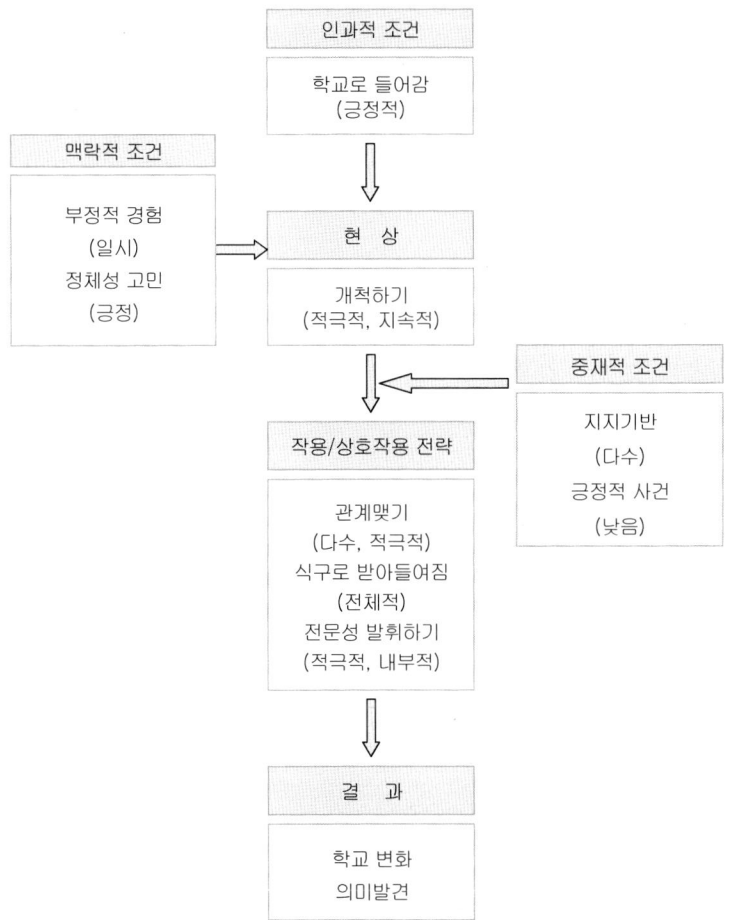

(3) 징검다리-학교·지역연계형

'징검다리'유형의 참여자는 다수를 대상으로 관계 맺기, 존재에 대한 전체적인 인정을 받으면서, 학교와 지역사회를 대상으로 전문성을 발휘하는 전략 등을 활용하여 학교, 지역사회를 연계함으로써 역할수행을 하고 있었다. 이 유형의 참여자는 '정체성 고민'과 '지지기반', '긍정적 사건'에 영향을 받는 것으로 나타났다.

'징검다리'유형의 참여자는 주로 적극적이고 지속적으로 개척을 하며 지지기반이 다수이고 강하며 다수와 적극적인 관계 맺기, 전체적으로 인정받기, 적극적이고 외부에까지 범위를 확대하여 전문성을 발휘할 때에 이루어진다.

'징검다리'유형은 정체성 고민이 긍정적이고, 부정적 경험이 일시적이며, 혹은 지지기반이 강하고 대상이 다수가 되고, 학교사회복지사의 전문성을 강하게 나타낼 수 있는 긍정적 사건이 발생하면 나타난다. 그러나 이러한 조건은 참여자의 능력과 꾸준한 노력을 전제로 하고 있다.

'징검다리'유형은 참여자 I, 참여자 C에서 나타난다.

참여자 I는 석사학위를 받은 후 학교사회복지협회와 한국 학교사회복지실천가협회가 주도하는 연수에 참여하는 등 학교사회복지에 대한 관심이 높았다. 그러나 해당 지역에서는 학교사회복지를 실시할 수 있는 기회가 없어서 아동상담센터에서 상담원으로 근무하고 있던 중 사직을 하고 2002년에 공동모금 기획사업으로 B상고에서 학교사회복지사로 근무하고 있다. 참여자는 부정적인 경험을 심하게 겪었지만 담당교사가 교체되면서 참여자를 이해하고 협력하는 교사들이 많아지고, 백혈병을 앓고 있는 학생에 대한 적절한 대처 등을 통하여 부정적인 경험을 극복하였다. 그 후 학교에서는 성실한 태도와 전문적 역할수행으로 그 존재와 업무의 고유성을 인정받아 학교와 지역사회의 신뢰감을 회복하는 프로그램을 실시하고, 외부 자원을 이용하여 학생의 문제를 해결하는 등의 연계활동을 수행하였다. 참여자는 학생들의 문제해결, 교사들에게 지역사회자원의 유용성을 충분히 설명하면서 학교와 지역사회와의 소통을 시도하였고, 사회봉사 및 캠프활동 등을 통하여 끊임없이 지역사회 자원을 연계하는 노력을 하였다. 그 결과 개인의 변화, 학교의 변화는 물론이고 학교와 지역사회의 소통구조가 참여자에 의해 이루어지고 있었다. 특히 학생의 백혈병 문제를 해결하는 과정에서 학생복지위원회를 구성하여 역할을 분배하며, 동문회, 지역사회 자원을 활용하여 체계적이고 지속적인 도움을 통해 문제를 해결하는 사건을 통해 소속 학교장은 참여자의 전문성, 업무 고유성을 확인하였으며 변화의 주체자로 참여자를 인정하고 있었다. 따라서 참여자는 학교를 개방체계로 이끌어내는데 큰 역할을 하였으며 학교와 지역사회 연계를 중심으로 역할수행을 성공적으로 실행하고 있었다.

참여자 C의 경우 학부에서는 상업교육학과를 졸업하여 교사 자격증을 소지하고 있으며 대학원에서 사회복지를 전공하였다. 제1회 학교사회복지학회와 Y여상이 공동으로 주관하는 대학원생 연수를 참여한 후 Y여상에서 1년간 실습하였다. 실습 후 2000년도 서울시 교육청 시범사업에 참여하여 D고등학교, Y중학교에서 학교사회복지 시범사업을 진행하였다. 시범 사업 종결 후 학생들과 교직원들은 참여자의 잔류 활동을 희망하여, 그 방법을 모색하던 중 2002년 사회복지 공동모금 시범사업에 지정되어 참여자는 2004년 2월 현재 4년간 근무하고 있다. 참여자 C가 근무하는 학교는 2002년도에 '급우살해사건'으로 인하여 커다란 위기를 경험하였다. 이때 참여자는 학교 내에서 피해와 가해학생들을 보호함과 동시에 학교장에게 외부 '위기개입팀'의 지원을 받을 것을 건의하였고, 학교는 이를 수용하여 외부 '위기개입팀'의 활동을 공식 허가하였다. 또한 참여자는 소속 교육청에 위기개입팀에 필요한 행정적 협조를 의뢰하였고, 교육청은 이를 수락하여 위기개입팀에 필요한 전문가들이 소속된 기관에 협력공문을 발송하였다. 그리고 사회복지공동모금 기획사업운영위원회에서는 위기개입팀의 활동에 필요한 인적, 재정적 지원을 하였다. 학교사회복지학회와 학교사회사업실천가협회는 정신과 의사, 사회복지학과 교수, 학교사회복지사, 정신의료사회복지사 등으로 25명으로 구성된 위기개입팀을 결성하게 되었다. 참여자는 외부 지원팀인 '위기개입팀'이 활동할 수 있도록 학교내부의 필요한 조치를 취하였으며, 이를 바탕으로 위기개입팀은 긴급 교사 연수, 피해 및 가해학생의 외상후 스트레스장애(PTSD)증상 감소 프로그램을 실시하게 되었으며, 해당 학년 전 학급을 대상으로 학급개입 프로그램을 실시하여 학교의 위기 극복을 도왔다. 이후 '위기개입팀'은 3개월 후까지 지속적인 연계를 하다가 해산하게 되었다. 참여자는 학교의 위기상황에서 외부 전문자원을 연계, 동원할 수 있는 능력을 발휘하여 학교의 위기 극복을 도왔으며 이를 통해 학교 구성원들로부터 절대적 신뢰와 높은 전문성을 인정받게 되었다. 또한 참여자는 위기상황 이후 학생들에 대한 지속적 관리를 학부모 및 지역사회에 지속적으로 알려주면서 '안전한 학교'라는 인식을 회복시켜 주었고, 이후 지역 주민과 함께 '장애인식 개선 교육' 등을 실시하면서 지역사회주민의 학교에 대한 신뢰성을 향상 시켰다. 이 사건 이후 학교에서는 참여자 C에 대하여 학교장은 '위기 극복의 1등 공신'이라는 인정을 해주었다.

【그림 7】 '학교사회복지사로서 역할을 개척하고 의미발견하
기'의 유형(징검다리형 – 학교·지역연계형)

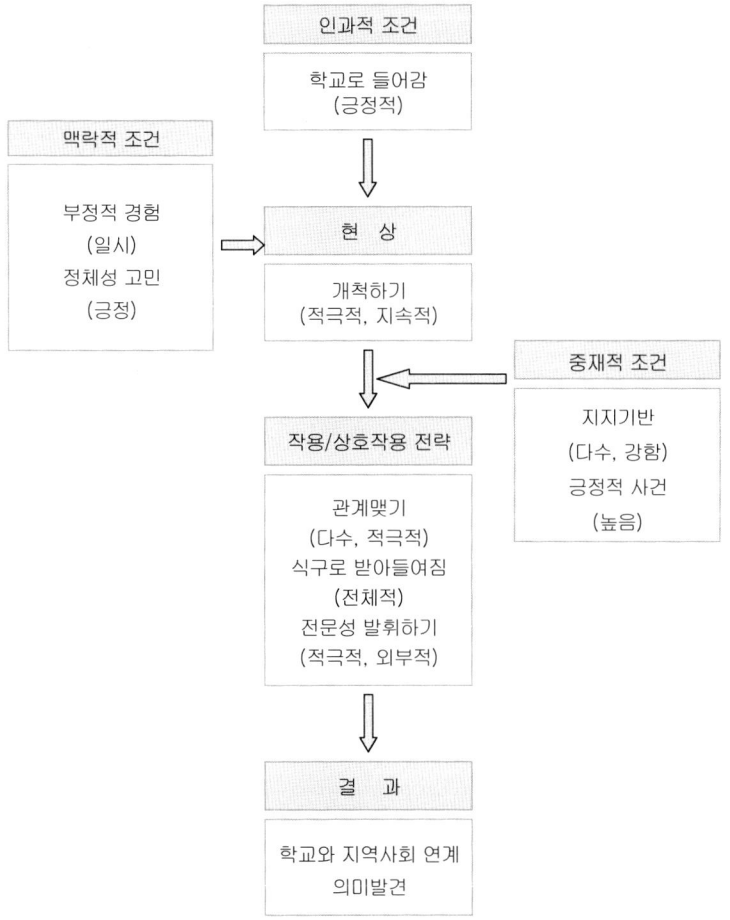

제V장 결론 및 제언

제1절 연구결과 요약

우리나라의 학교사회복지는 2006년 현재 전국 78개교에서 실시 중이며 점차 확대 추진될 전망이다. 이러한 학교사회복지의 확대에도 불구하고 그 동안 학계나 실천 현장에서는 역할수행에 따른 제반 조건과 직무 규명에 대한 표준화된 자료를 축적하지 못하였다. 따라서 본 연구에서는 한국 학교사회복지사의 역할수행 과정이 어떻게 이루어지고 있는가에 대한 과정을 밝힘으로써 역할수행과정과 그 유형 등을 밝혀내어 다양한 패턴을 설명할 수 있는 실제 이론을 정립함을 목적으로 한다.

본 연구의 참여자들은 1년 이상 학교에서 근무하고 있는 총 10명의 학교사회복지사들이다. 참여자들의 연령은 28세에서 44세로 평균 연령은 33.6세이며, 성 비율은 9명의 여성과 1명의 남성으로 여성이 절대다수를 차지하고 있었다. 이들의 학부전공은 사회복지 전공 7명, 사범대 3명이었고, 모두 대학원에서 사회복지 석사학위를 취득하였다. 고용의 형태는 학교에 고용 8명, 사회복지 기관에 고용되어 학교로 파견 2명이었다. 이들의 학교사회복지활동 경력은 실습경력을 모두 포함하여 2년에서 8년까지로 평균 경력은 4.8년이었다. 경력의 대부분은 학교 자체 고용 1명, 교육청 경력 2명, 사회복지공동모금회 기획사업 경력 2명, 나머지 5명은 교육청 시범사업 경력과 사회복지공동모금회 기획사업 경력 등을 동시에 갖고 있었다. 연구참여자의 결혼여부는 기혼 7명, 미혼 3명이었으며 활동지역은 서울 7명, 부산 2명, 경기 1명이었다.

자료 수집은 심층 면접을 통해 이루어졌으며 자료 분석은 Strauss & Corbin(1998)이 제시한 현실기반이론의 절차에 따라 자료 수집과 동시에 분석을 하면서 지속적인 비교 분석을 실시하였다. 개방코딩에서는 패러다임에 따른 개념 및 범주화, 축코딩에서는 패러다임에 의한 범주분석과 과정분석을 실시하였다. 선택코딩에서는 핵심범주를 발견하고 이야기 윤곽을 적고, 핵심범주를 중심으로 범주의 관련성을 도출하고 유형을 분류한 후 관계 진술과 비교하여 가설을 수립하였다. 그리고 상황모형을 통해 관련된 광범위한 상황을 고려해보고 연구의 과정과 결과를 통합 분석하였다.

본 연구자의 분석틀은 【그림 8】에서 제시하였다.

【그림 8】 연구자의 분석틀

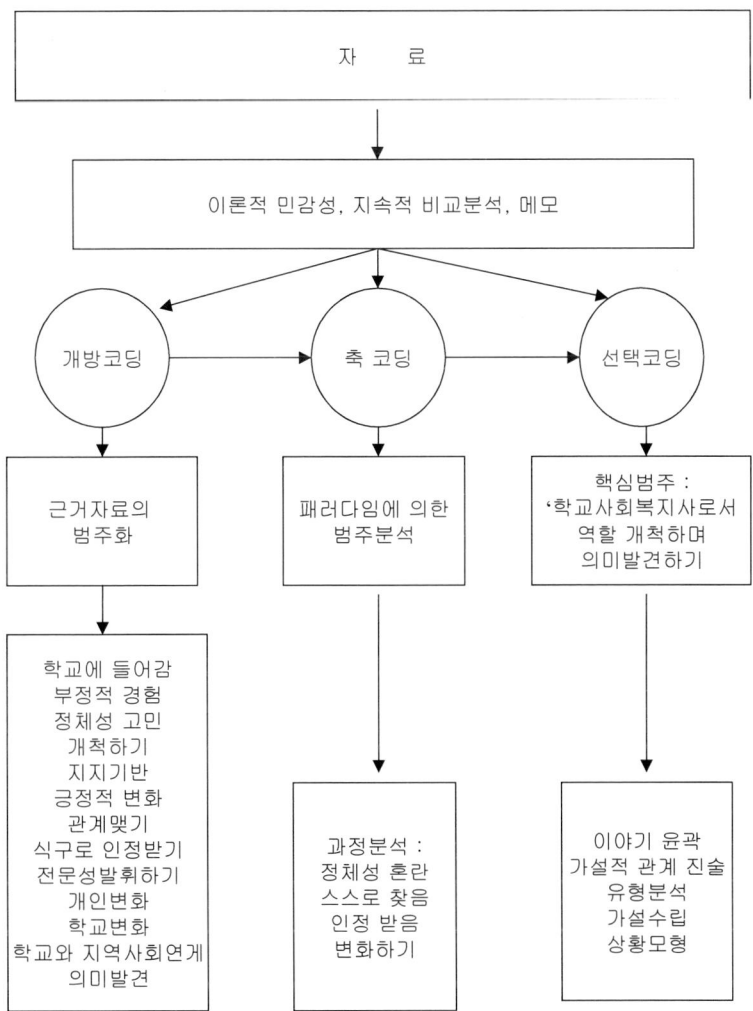

본 연구결과 개방 코딩에서는 69개의 개념과 30개의 하위범주, 그리고 13개의 범주가 도출되었다.

축코딩에서 패러다임에 의한 범주분석 결과, 학교사회복지사의 역할 수행 과정에 인과적 조건은 '학교에 들어감'이었고 중심현상은 '개척하기'이었으며, 이 현상에 영향을 미치는 맥락적 조건은 '부정적 경험', '정체성 고민'이었다. 이런 현상 속에 작용/상호작용 전략을 촉진시키거나 억제하는 방향으로 작용하는 중재적 조건은 '지지기반', '긍정적 사건'으로 나타났다. 작용/상호작용 전략은 '관계 맺기', '식구로 인정됨', '전문성 발휘하기'이었으며 그 결과는 '개인변화', '학교 변화', '학교와 지역사회 연계'로 나타났다.

　학교사회복지사의 역할수행 과정으로는 시간의 흐름에 따라 '학교 진입 전 단계', '정체성 혼란 단계', '스스로 찾기 단계', '인정받기 단계', '변화하기 단계'의 5단계를 통해 작용/상호작용에 다른 행동 변화를 보였다.

　'학교 진입 전 단계'는 학생과 학교에 관심을 보이면서 학교사회복지사로서 학교에 투입되기 전까지의 과정을 나타낸다. 이 단계는 '막연하게 관심을 갖게 됨', '경험을 통해 얻어진 관심', '학교사회복지에 들어섬', '기쁨과 기대를 느낌', '부담감과 두려움을 느낌' 등의 개념으로 구성되며 '학교사회복지사가 되고 싶음', '기회가 찾아옴', '설레임과 긴장' 등의 하위범주가 포함된다. 이 단계에서는 학교사회복지사가 어떠한 계기로 학교와 학생에 관심을 보이기 시작하며, 학교사회복지사로 입문하게 된 동기와 사건, 학교사회복지사로 결정되었을 때의 느낌 등이 포함되는 등 학교사회복지사로서 학교에 투입되기 직전의 과정까지 나타내고 있다. 학교사회복지사의 본격적인 역할수행 과정전의 단계로서 학교사회복지사의 태동 배경을 알 수 있는 단계이다.

　'정체성 혼란 단계'는 학교사회복지사로서 학교에 진입했을 때 느끼는 첫 번째 단계이다. 이 단계는 '관리 통제의 대상이 됨', '무례함을 경험함', '외로움을 느낌', '역할수행에 방해를 받음', '이질감을 느낌', '신뢰받지 못함', '학교사회복지사로서 혼란됨', '조직원으로서의 혼란', '교사와의 차별성에 대한 고민', '상담가와의 차별성에 대한 고민' 등의 개념

으로 구성되며 '부당한 대우', '배타성', '존재와 소속감', '역할 모호' 등
의 하위범주 및 '부정적 경험', '정체성의 고민'의 범주가 포함된다.

이 단계에서는 학교사회복지사로서 투입된 자신의 존재에 대하여 이
질적 존재로 여겨져 배타적인 태도를 경험하게 된다. 그러므로 학교 구
성원으로서 소속감을 느낄 수 없고, 교사나 관리자들의 학교사회복지사
에 대한 이해나 경험이 없음을 확인하면서 자신의 정체성에 대하여 혼
란을 경험하게 된다. 이때에는 자신과 비슷한 역할을 하는 사람과 자신
을 이해해주는 사람이 없기 때문에 외로움을 경험하게 되는데, 이러한
외로움을 통하여 학교사회복지사들은 자신의 정체성을 고민하는 중요
한 계기가 되기도 한다.

'스스로 찾음 단계'에서는 학교사회복지사로서 존재와 역할은 스스로
찾고, 규명해야 한다는 인식이 형성되면서 스스로 역할을 개척해 간다.
이 단계에는 '사적인 관계 형성하기', '동호회 참여하기', '개인적인 부탁
들어주기', '학생 정보 교환하기', '선물주기', '교사와 다른 방법으로 접
근하기', '또래 관계망 활용하기', '동료 학교사회복지사의 지지', '교육
및 슈퍼비전', '학생들에게 힘을 얻음', '친한 교사들의 인정과 위로' 등
의 개념과 '친해지기', '학생들에게 편안한 분위기 제공하기', '외부로부
터 힘을 얻음', '내부로부터 힘을 얻음' 등의 하위범주, '지지기반', '관계
맺기' 등의 범주로 구성되었다.

이때에는 학교의 특성을 이해하면서 자신의 존재와 역할을 찾기 위
해 먼저 학생, 교사들과 친해지기 위한 적극적인 노력을 하게 된다. 교
사들과는 다른 방식으로 학생들에게 접근하여 학교사회복지실의 분위
기를 창출하면서 학생들과의 관계를 형성하게 된다. 그리고 자연스러운
분위기와 문화적 행사, 욕구조사, 개별개입 등등의 학생들의 욕구에 맞
는 프로그램을 찾아서 실행하게 된다. 교사들에게는 '학교사회복지사'로
서가 아닌 '신규 조직원'으로서 인식되기 위하여 개인적인 차원에서 관

계를 형성하게 된다. 사적인 영역에서부터 적극적으로 친밀한 관계를 형성하고 있으며 교사들과 학생에 대한 정보를 교환하게 되면서 자연스럽게 존재가 인식되기도 하였다. 친밀한 관계가 형성된 후 학교사회복지사로서 자신을 소개하면서 학교사회복지실의 사업과 협조를 부탁하기도 하였다. 이때에는 자신의 존재와 역할을 스스로 찾고, 알리는 역할을 하게 되는데 이 과정에서 많은 시행착오와 어려움을 경험하면서 학교에 대한 이해를 하게 된다.

'인정받기 단계'에서는 학교 구성원으로서, 학교사회복지사로서의 전문성을 인정받게 되는 단계이다. 이 단계는 '담당교사의 교체', '인정받게 된 사건', '협력교사 찾기', '주변에서 챙겨줌', '소속감을 느낌', '개입의뢰 받음', '교육활동으로 인정됨', '협의회 구축함' 등의 개념과 '전환점이 된 사건', '존재 인정', '역할 인정'의 하위범주와 '긍정적 변화', '식구로 받아들여짐' 등의 범주가 포함된다.

이 단계에서 학교사회복지사는 학생들 사이에서 '도움이 되는 존재'라는 인정을 받게 되며 많은 학생들이 학교사회복지실을 방문하며, 자발적으로 의뢰된 사례수가 많아지게 된다. 그리고 교사들에게는 학교와 학생에 도움이 되는 존재라는 인식을 바탕으로 학교사회복지사를 이해하는 교사를 만나게 되고, 학교 내 공식, 비공식적 행사에 누락되지 않고 초대받고, 공식적 교내외 유인물에 학교사회복지사의 직함이 포함된다. 또한 교사와는 차별적인 전문성을 인정받게 되어 이들의 존재와 역할수행을 공식화하게 되는데 학교장 등이 학교사회복지사의 전문성을 인정하여 교직원회의를 비롯한 공식, 비공식적인 모임에서 교사들에게 협력을 당부하기도 한다. 이 단계에서는 학교사회복지사는 학교 내 구성원으로 인식을 받게 되며, 상황과 역량에 따라 전체적, 혹은 부분적으로 인식될 수 있다.

'변화시키기 단계'는 개인의 변화, 학교의 변화, 학교·지역사회의 연계협력체계를 확립하는 단계이다. 주요 개념으로는 '다양한 방법을 활용함', '학교가 원하는 문제에 개입함', '학교 변화 가져오기', '학교와 지역사회 연계망 구축하기', '학교정책에 영향을 미칠 수 없는 존재', '소속감을 느끼지 못함', '정체성과 현실의 혼란', '상담 활동에 집중됨', '개입의 공식화', '존재에 대한 고민', '학교의 변화를 이룸', '교사들과 다른 접근방식', '학생 지원체계를 구축함', '선도위원회에 참석함', '변화의 주체로 인정받음', '학교와 지역사회의 신뢰회복을 위한 노력', '지역사회자원 연계 노력' 등이 포함되며 '문제 해결하기', '학교에 영향주기', '지역과 협력하기', '외부인으로 인식됨', '개별개입을 통한 문제해결 능력', '구성원으로 인정됨', '내부변화 능력', '체계 중심의 개입', '외부 연계 능력' 등의 하위범주와 '전문성 발휘하기', '개인변화', '학교 변화', '학교와 지역사회연계' 등의 범주로 구성된다.

이 단계에서 학교사회복지사는 임상적 전문가로서 생태체계적 관점에서 접근함으로써 개인을 변화시키는 능력을 발휘하게 된다. 가장 먼저 개인의 변화를 가져오게 되는데 이러한 개인의 변화는 그 소속이 외부이든, 학교 내부이든 상관없이 학교사회복지사라면 개인변화를 이룰 수 있게 된다. 학교의 변화는 주로 각종 협의체제를 구축하게 되며, 학교의 축제, 문화 이벤트, 학교 생활만족도, 학생지도규칙의 변화 등을 통하여 학교의 전반적 분위기에 변화를 주는 것을 말한다. 이 단계에서는 학교의 구성원으로서 내부 교직원들의 지지와 협력을 받아야 효과를 거둘 수 있기 때문에 학교사회복지사는 신뢰와 전문성을 충분히 인정받아야 한다. 또한 학교사회복지사는 선도위원회에 참여함으로써 학생들의 옹호와 대변 역할을 하게 되며, 학생 교육을 위해 지역사회와 협력한 연계교육 시스템을 개발하여 운영하기도 한다. 또한 교사들에게 지역사회자원을 설명함으로써 지역사회자원에 대한 이해와 활용을 도와주며, 학교 교육의 내용으로 지역사회에 봉사활동을 하여 학교와 지역사회의 신뢰관계를 회복시키기도 한다. 또한 학생의 문제해결을 위해 학교와 지역사회의 체계적이고 공식적인 협력 체계를 구축하기도 한다. 이 단계에서는 학교사회복지사는 변화의 주체자로 인정받게 된다.

학교사회복지사는 위와 같이 5단계를 통해 역할수행을 하면서 주관적인 경험의 의미를 발견하게 되는데 '성장의 과정으로 인식함', '사회복지사로서 정체성 형성에 도움됨', '역할정립에 도움 됨', '권장하지 못할 일임', '정체성을 느낌' 등 개념과 '긍정적 의미', '부정적 의미', '정체성 요소 발견'의 하위범주, '의미발견'의 범주로 구성되어 있다. 학교사회복지사가 역할수행 과정을 통해 발견된 의미는 성장하는 과정으로서의 의미, 정체성에 기여되며 자신의 역할이 확립되는 긍정적인 의미를 발견하였으나 역할수행과정을 통해 소진되며 권장하지 못할 일이라고 생각하는 부정적인 의미를 발견하였다. 또한 역할수행 과정을 통해 학교사회복지사로서 자신의 역할과 정체성을 명확하게 하는 요소를 발견하였다.

학교사회복지사의 역할수행 과정의 핵심범주는 '학교사회복지사로서 역할을 개척하며 의미발견하기'로 나타났으며 핵심범주를 중심으로 유형을 분석한 결과 '나 홀로 형(개별 접근 형)', '한 울타리 형(학교 변화 형)', '징검다리 형(지역 연계 형)' 등 세 가지로 나타났다.

'나 홀로(개별 접근)' 유형은 역할을 개척하는 정도는 소극적이며 일시적이었고 관계 맺기는 소극적으로 소수에게 주로 하였다. 또한 부분적인 식구로 인정받고 있었으며 전문성은 소극적이면서 내부로 국한되어 나타났다. 그 결과 학생에 대한 문제해결에 주력하는 임상적 접근을 주로 하며 개인적인 접근으로 역할을 수행하고 있었고, 그 과정에 대한 의미발견과 정체성 확립을 위해 필요한 요소를 발견하였다.

'한 울타리(학교 변화)' 유형은 정체성 고민을 긍정적으로 해결하며, 다수의 지지기반을 갖고 있으며, 역할을 수행하는 데에 있어서도 적극적이고, 지속적으로 수행하고 있었다. 관계 맺기는 많은 사람들과 적극적으로 형성하고 있었으며 학교의 대부분 교사들은 참여자를 '식구'로 인정하고 있었다. 그리고 참여자들이 발휘하는 전문성은 주로 내부에서 실행하고 있었고 보다 적극적으로 실행하고 있었다.

'징검다리(지역 연계)' 유형은 적극적이고 지속적으로 개척을 하며 지지기반이 다수이고 강하며 다수와 적극적인 관계 맺기, 전체적으로 인정받기, 적극적이고 외부에까지 범위를 확대하여 전문성을 발휘하고 있었다. 정체성 고민이 긍정적이고, 부정적 사건이 일시적이며, 지지기반이 강하고 대상이 다수가 되고, 학교사회복지사의 전문성을 강하게 나타낼 수 있는 긍정적 사건이 발생하였다. 그러나 이러한 조건은 참여자의 능력과 꾸준한 노력을 전제로 하고 있다.

이상의 결과와 같이 본 연구를 통해 학교사회복지사의 역할수행 과정은 '학교사회복지사의 역할을 개척하고 의미발견하기'의 과정이 파악, 이해되었고 그 결과 '나 홀로(개인 변화)' 유형, '한 울타리(학교 변화)' 유형, '징검다리(지역 연계)' 유형 등의 세 가지 유형이 나타났다. 이들은 역할수행 과정을 통해 얻어진 주관적 경험을 통해 의미를 발견하고 있었으며 이들의 의미는 역할과 정체성 형성에 기여하는 의미가 있었다. 따라서 학교사회복지사의 역할수행 과정은 학교사회복지사의 정체성 확립정도, 적극성, 전문성을 가지고 학교 조직 내에서 다양한 어려움을 극복하면서 자신의 역할을 개척하여 확립하는 행위라고 할 수 있다.

제2절 논의 및 함의

1) 논의

본 연구는 학교사회복지사의 역할수행 과정을 파악하여 그 의미를 이해하고자 하였다. 그 결과 학교사회복지사의 역할수행 과정의 중심현상은 '개척하기'였으며 '학교사회복지사로서 역할을 개척하며 의미를 발견하기'의 과정이었다. 모든 체계는 사회·문화적인 영향을 받아 형성되며, 그 체계를 구성하는 존재는 준거 체계 안에서 형성된 역할을 수행함으로써 자신의 존재를 확인하고 인정받게 된다. 따라서 본 논의는 생태체계적인 관점에서 학교사회복지사의 역할 '개척하기'현상을 논하고자 한다.

첫째, 발견된 이론에 대하여

본 연구에서는 '학교사회복지사는 학교에서 구성원으로 인정되고 소속감을 경험하며, 이를 바탕으로 임상적, 학교 변화, 학교와 지역사회 변화 등의 전문성을 모두 발휘할 때에, 학교사회복지사로서 정체성을 느끼면서 역할수행을 할 수 있다'는 이론적 표본을 추출하였다

연구자는 학교사회복지사로서 근무할 때부터 학교사회복지사의 역할수행 과정에 대한 고민을 갖고 있었다. 왜냐하면 학교사회복지사들의 역할수행은 동일한 요소에 의하여 과정을 경험하며, 이들의 경험의 총합은 학교사회복지사의 역할이라고 말할 수 있겠다는 경험적 가정 때문이었다. 이러한 경험적 가정은 연구 주제를 선정하여 계획서를 제출하면서 연구로 변화되었고, 자료에 대한 끊임없는 지속적 비교 방법을 통해 개념의 틀이 통합되어 그 결과 연구자의 경험과 상응하였을 때에

연구가 종결되었다는 판단을 하였다. 또한 핵심범주와 범주 간의 관련성을 설명할 수 있고 학교사회복지사나 타 연구자로부터 타당성과 신뢰성을 검증 받고 난 이후에 사실(reality)로부터 형성된 이론이라는 판단을 내릴 수 있었다.

 둘째, 학교사회복지사의 역할수행 조건에 대하여
 학교사회복지사들의 역할은 학교사회복지사와 학교 조직 및 문화와의 상호작용을 통해 형성되므로 바람직한 역할수행 과정을 위해서는 학교사회복지사 자체에 대한 요소, 학교 조직 및 문화에 대한 요소, 그리고 이들의 상호작용의 요소 등이 고려되어야 하겠다. 연구의 결과 참여자들은 모두 학교사회복지사로서 기본적인 교육과 경력을 확보한 사람들이었다. 그럼에도 불구하고 특정한 요인은 학교사회복지사의 역할수행을 수월하게 하였는데 그 요인들은 학교사회복지사 자신에 대한 요인, 학교 조직 및 문화에 대한 요인, 이들의 상호작용요인 등 세 가지 요인이었다. 그 중 학교사회복지사와 관련된 요인으로는 사회복지기관이나 타 분야의 경력이 풍부하고 적극적 친화력을 통해 교사들과 쉽게 친해질 수 있고 학생들에게 접근하여 그들의 문제해결을 할 수 있는 전문성 요인이었다. 또한 학교 조직 및 문화의 요소는 학교장 및 교감의 학교사회복지에 대한 이해와 관심이 중요하였으며 담당교사의 태도가 중요하며 학교가 처해있는 지역적인 특성과 환경적인 문제점도 중요하였다. 그러나 가장 중요한 것은 학교사회복지사가 공식적으로 활동할 수 있도록 하는 공신력이었다. 교육청 시범사업의 경우 학교사회복지사의 특성과는 관련 없이 모두 '학교 식구 형'으로 활동하고 있었고, '나 홀로 유형'의 경우 민간자원을 통해 실시하는 경우이거나 구조적으로 소속이 달라 학교식구가 될 수 없는 유형이었다. 학교사회복지사와 학교 조직 및 문화의 요소에 대하여는 학교의 특성과 학교사회복지사의 장점을 결합하는 것이 매우 중요하였다. 어느 참여자의 경우 예전 학교에서는 훌륭하게 학교사회복지사의 역할을 수행하였지만 현재 학교에서는 '나 홀로' 유형으로 역할을 수행하는 경우도 있었다.

따라서 연구 결과를 중심으로 살펴본 역할 정착의 조건은 학교 현장에 대한 이해와 경험이 있으면서 적극적인 대인관계능력이 있는 전문적 능력이 있는 학교사회복지사를 엄선해야 한다. 또한 학교사회복지를 실시하기 전에 학교장과 교감, 담당교사 등이 학교사회복지를 충분히 이해할 수 있도록 연수를 실시해야 하며 교육청이나 교육인적자원부 등의 제도권 내에서 사업을 실시하는 것이 보다 유용한 조건이 된다. 마지막으로 학교의 특성에 따라 적합한 특성과 장점을 소유한 학교사회복지사를 배치하는 것도 본격적인 역할수행을 위한 전제 조건이라 보인다.

셋째, 학교사회복지사 역할수행과 환경 요인에 대한 논의

문헌고찰을 통해 살펴본 학교사회복지사의 역할연구는 연구가 진행된 시점에서 학교사회복지사의 개인적 활동을 중심으로 어떤 종류의 역할을 실시하는가에 집중되어 있었기 때문에 학교의 상황이나 학교와의 상호작용의 요소가 반영되지 않았다. 이러한 현상은 학교사회복지사의 개인적 요인에 따라 학교사회복지 효과나 성과가 평가되기도 하는데 이는 학교사회복지사에게 과도한 부담감을 주었을 뿐 아니라 학교사회복지사 스스로가 그러한 부담감을 느끼고 있었다.

그러나 학교사회복지사의 역할이란 학교사회복지사의 능력과 개별적인 요인만으로 결정되는 것이 아니다. 즉 학교사회복지사의 역할수행에는 학교사회복지사의 개인적 자질도 중요하지만 학교 조직 문화 및 환경적 조건이 더욱더 큰 영향을 주고 있었다. 연구 결과를 통해 나타났듯이 특정 참여자는 예전에 근무하였던 학교에서 훌륭한 학교사회복지사로서 역할수행을 하였지만 현재 학교에서는 소극적인 역할을 수행하

고 있었다. 그 주요한 원인은 학교사회복지의 활동이 교육청 시범사업으로 실시하였을 때와 민간재원으로 실시하였을 때의 차이, 학교 환경이 복지 개입 필요성이 비교적 많은 실업계 고등학교와 입시중심 인문계 고등학교와의 차이, 사립교의 특성상 교원인사 이동이 적음과 공립교의 특성상 학교관리자 및 대다수 교원의 잦은 인사이동으로 학교사회복지에 대한 이해부족 및 교사와의 관계 형성 부족 등 주로 학교 상황조건의 변화이다. 또한 학교사회복지사가 전문성과 그 존재를 학교에서 인정받더라도 학교교직원이 될 수 없는 현실적 조건 등 주로 환경적 요인이 학교사회복지사의 역할수행에 영향을 주고 있었다. 그럼에도 불구하고 참여자들은 학교사회복지사로서 원활한 역할을 하지 못하는 원인을 자신의 개인적 요인으로 인식하여 큰 부담감을 느끼고 있었다.

연구 결과 학교사회복지사의 역할은 학교사회복지사의 개인적인 역량과 자질을 바탕으로 학교조직의 문화 및 환경적 요인에 의해 영향을 받고 있음이 나타났다. 따라서 학교사회복지사의 역할수행은 학교 조직의 문화·환경적 요소가 큰 영향을 미치게 되므로 훈련되고 엄선된 학교사회복지사를 배치하기 전에 학교조직의 문화·환경적인 조건을 조성해야 하겠다.

넷째, 학교사회복지사의 역할수행 과정에 영향을 미치는 핵심 요소에 대한 논의

본 연구자는 연구를 시작하기 전에 학교사회복지사의 역할수행 과정에 영향을 미치는 핵심 요소는 '학교장과의 관계성', '전문성', '학교 식구로만 인정'이라는 주관적 경험에서 나온 편견을 가지고 있었다. 그러나 본 연구 결과를 통해서 역할수행 과정에 영향을 미치는 핵심 요소는 요소들의 단순한 결합이 아닌 집단적인 결합과 추가요소가 함께 작용해야 함을 발견하게 되었다. 따라서 본 연구에서 발견된 역할수행 과정의 핵심 요소에 대하여 살펴보겠다.

학교사회복지는 학교와 가정, 지역사회와의 협력 체계를 통하여 학교 교육의 목표를 달성할 수 있도록 함을 목표로 삼는다. 그러므로 학교사회복지사의 역할은 개인적인 차원에서는 문제해결, 조직적인 차원에서는 학생 중심의 분위기 변화, 지역차원에서는 학교와 지역사회자원의 협력체계를 구축 등 세 가지 차원에서 함께 다루어져야 하며, 이를 위한 기본적인 전제는 '학교 구성원으로서의 인정', '학교사회복지활동을 지원할 운영 체계 존재', '학교사회복지사들의 역할 명확화'가 확립되어야 한다. 그러나 우리나라 학교사회복지는 이러한 전제조건이 갖추어지기도 전에 학교사회복지사가 학교로 투입되었기 때문에, 학교사회복지사의 역할수행은 곧 학교사회복지사의 개인적 역량으로 인식하는 경향이 있었고, 참여자들도 동일한 고민을 하고 있었다.

연구의 결과를 종합하여 본다면 학교사회복지사의 역할수행과정에 영향을 미치는 핵심적인 요소는 단계적으로 결합되어 있었다. 그 단계적 요소들은 행정적인 소속감과 실질적인 소속감 모두가 포함된 '학교의 소속감', '부정적 경험의 일시성', 학교사회복지사를 이해하고 그 관점을 공유할 수 있는 학교 관리자가 포함된 '다수의 지지기반' 등이었다. 즉, '학교사회복지사는 학교의 행정적, 실질적 소속감을 형성하면서, 개인변화의 능력을 인정받음과 동시에 전체 구성원들로부터 학교 식구로의 인정을 받았고, 그 이후 위기 상황이 발생하였을 때에 지역사회자원을 연계하여 극복할 수 있는 전문성의 발휘가 동시에 결합될 때에 학교사회복지사로서의 고유한 역할수행을 이룰 수 있었다.

따라서 학교사회복지사의 역할수행에 영향을 주는 핵심 요인은 개인적 역량이 아니라 몇 가지 요인들이 기반을 이룬 후에 자원 연계 기회의 요소가 결합하는 '일련의 결합 과정'이었다. 그러므로 학교사회복지사의 역할수행의 핵심 요소로 '개인적 역량의 강조'는 학교사회복지에 대한 맥락적인 이해가 없는 편견으로 보아야 할 것이다.

　다섯째, 학교사회복지사의 정체성에 대한 논의

　참여자들은 학교에 투입되는 초기에서부터 역할이 정착되는 시기까지 자신의 정체성에 대한 고민을 하고 있었다. 이들의 정체성 고민은 참여자들이 자신에 대하여 '나는 학교사회복지사의 자격과 소양을 갖추고 있는가?', '나는 학교사회복지사인가?', '교사나 학생들이, 또는 학부모가 학교사회복지사의 필요성에 대해 인정하고 있는가?', '어떠한 역할을 해야 학교사회복지사로서 정체성을 느끼고 있는가?'에 대한 것이다.

　참여자들 대부분은 자신을 학교사회복지사라고 인식하고 있었고, 학생이나 교사, 혹은 학부모가 학교사회복지사의 개입 효과를 인정해 줄 때에 정체성을 느낀다고 하였다. 그리고 학교의 관리자인 교감, 교장이 인정해 줄 때에는 학교에 대한 강한 소속감을 느끼고 있었다. 또한 참여자들은 전문성에 대하여 어느 정도 인정받고 있었지만 자신들이 무엇이라고 내세우기에는 표준화되거나 정형화되지 못하였기 때문에 자신들은 부족하다고 생각하고 있었다. 그러나 이것도 현장에서 부딪히면서 배워가든지 아니면 워크샵 등을 통해 필요한 능력을 보충하고 있었다.

　가장 중요한 것은 '어떠한 기능을 하여야 학교사회복지사로 정체성을 느끼는가?'의 문제이다. 일부 참여자들은 학생들의 변화를 보면서 정체성을 느끼고 있었고, 어떤 참여자들은 학교의 변화를 보면서 정체성을 느끼고 있었다. 또 다른 참여자들은 교사와 함께 학생의 문제해결을 할 때에 정체성을 느끼고 있었다.

　학교사회복지사는 분명 변화를 시킬 수 있는 능력이 있어야 한다. 그 변화의 수준은 개인의 변화, 학교의 변화, 지역사회의 변화, 사회의 변화, 국가의 변화 등 그 수준이 다양하다. 그러나 학교사회복지사에게 가장 중요한 것은 학생들의 학교 교육의 목표달성을 위하여 변화가 이루어지는 것이며, 그 변화의 폭은 개인의 변화, 학교의 변화, 그리고 학교와 지역사회가 함께 나타날 때이다. 즉 학생의 문제해결을 위하여 학교와 지역사회가 함께 참여할 수 있도록 소통의 구조와 협력의 구조를 만들고 활용하는 참여자가 학교사회복지사로서의 기능적인 정체성을 경험하였다고 할 수 있겠다.

따라서 학교사회복지사는 학교 조직의 일원으로서 자신이 스스로 학교사회복지사라고 확신할 수 있는 전문성을 갖추고 있을 때, 학교에 소속되어 학생, 학부모, 교사가 그 존재와 전문성을 인정할 때, 학생의 학교교육 목표 달성을 위하여 개인, 학교를 변화시키며 지역사회자원을 연계·협력할 수 있는 구조를 만들어 갈 때에 학교사회복지사로서 정체성은 확립된다.

2) 함의

본 연구결과를 근거로 학교사회복지사의 역할수행 과정 연구를 통해 나타난 함의에 대하여 살펴보고자 한다.

(1) 교육·실천적 함의

첫째, 참여자들은 학생들과 관계를 형성하는 데에는 아무런 어려움이 없었다. 다만 교사들에게 자신을 알리고, 효과적으로 학교사회복지를 설명하는 등의 교사들과의 관계 맺기에 대한 방법은 각각 제 각각이면서 공통의 시행착오들을 반복하고 있었다. 따라서 참여자들의 성공적인 경험, 교훈적인 경험 등을 자료화하고, 그 자료를 근거로 학교사회복지사들의 활동 공유에 활용할 수 있다면 보다 수월하게 학교에서 자신들의 역할을 정립하고 인정받을 수 있을 것이다.

둘째, 본 연구 결과에 참여한 참여자들은 학교사회복지사로서의 역할에 대하여 자신의 경험을 서로 공유하지 못하기 때문에 외로움과 부담감을 느끼고 있었으며, 자신이 학교사회복지사로서 정당한 역할수행을 하고 있는 것인가 대한 확신이 없기 때문에 역할 확장을 주저하고 있었다. 따라서 개별학교에서 실시하는 역할수행 과정에 대한 다양한 정보 교류와 교육을 할 수 있는 슈퍼비전 시스템을 운영한다면 역할의 확장 및 정립에 도움이 될 수 있을 것이다.

셋째 참여자들은 일반 사회복지기관에 종사하는 사회복지사들이 학교사회복지에 정확한 이해가 없음으로 인해 혼란스러워하고 있었으며, 학교에 학교사회복지사가 상주하게 된 이후에는 기존 학교와의 연계사업을 중단하기도 하였다. 이것은 일부 기관에 종사하는 사회복지사들이 학교사회복지사업에 대하여 주관적 경험으로 판단한 결과라고 여겨진다. 따라서 대학의 과목을 개설하여 학교사회복지에 대한 이해를 높이며, 실무기관에 종사하는 사회복지사들에게 학교사회복지에 대한 교육과 연계협력 방안을 모색하는 기회가 필요하다고 판단된다.

(2) 이론적 함의

첫째, 본 연구의 결과에서 나타났듯이 참여자들은 학생들의 개입을 통하여 전문성을 가장 먼저 인정받게 되므로 학생들의 변화를 이룰 수 있는 능력과 자질을 갖추어야 한다. 그러나 학교사회복지에서 말하는 개인 변화 능력과 자질은 단순한 상담기술만을 의미하는 것이 아니라 고유한 사정방법, 개입기술, 그리고 교사, 학부모 등의 체계를 활용하는 방법 등 학교사회복지의 독특한 능력을 의미하며 참여자들은 상담가와는 다른 방법과 기술로 학교에서 그 독특성을 인정받고 있었다. 따라서 이들의 경험을 기초로 상담과의 차별성을 나타낼 수 있는 고유한 접근 방법과 한국적 상황에 적합한 모델을 개발하여 표준화한다면 학교사회복지의 독특성을 발휘 할 수 있을 것이다.

둘째, 본 연구의 결과에서 나타났듯이 우리나라 학교사회복지사의 역할은 일련의 과정이 존재하였고 이러한 과정은 우리나라 학교 상황을 반영하고 있었다. 참여자들은 우리나라 학교의 특성과 교사 문화에 적응하기 위하여 관계 형성을 위한 많은 노력을 하였고, 이들의 노력은 중요한 학교사회복지사로서 중요한 역할이었다. 왜냐하면 정착과 관계 형성에 실패하면 제한적인 역할수행이 나타나기 때문이다. 따라서 학교 사회복지사의 역할은 결과적인 행위(task)군으로만 인식하지 말고 학교 환경과 학교사회복지사와의 상호작용 과정으로 인식하며, 이러한 과정 에서 비롯된 학교사회복지사의 역할은 '학교의 정착과 관계형성'이었다.

(3) 제도적 함의

첫째, 연구 결과 참여자들은 교사들이 학교사회복지에 대한 이해와 경험이 없음으로 말미암아 발생되는 오해, 방해, 경계 등을 체험하고 있다. 특히 학교 관리자, 부장교사, 담당교사 등 참여자들과 직접적인 업무 연계가 이루어지는 사람들이 학교사회복지에 대해 어떠한 인식을 갖고 있는가에 따라 그 체험의 강도와 정도는 달랐다. 그들에게 학교사회복지에 대한 이해를 돕고자 참여자들은 교사연수 등이나 안내물 등을 통해 전달하고 있었으나 많은 에너지와 시간이 걸렸다. 즉 현장에서 발생하는 부정적인 경험에 대한 중요한 요인은 학교사회복지에 대한 이해나 정보의 부재이었다. 따라서 학교사회복지에 대한 개념과 소개를 교육청에서 주관하는 일반 연수 과정, 1급 정교사 연수과정, 교감 연수과정, 교장 연수 과정 등등 연수 과목으로 선정하여 교육을 실시한다면 교사들의 학교사회복지사에 대한 오해나 경계 등은 다소 완화될 것이다.

둘째, 본 연구의 결과 참여자들은 교사들과 협력하여 업무 협력, 공식적 역할 분담 등의 학생 교육활동에 참여하고 있었으며 교원의 업무 체계 안에 포함되고 있었다. 그러나 교육복지투자우선지역 지원사업의 예처럼 만일 현실적인 법적 기준에 근거하여 행정 직원으로 분류되어

제도화가 이루어진다면 교육활동보다는 행정활동에 주력하게 되어 임상적 전문성을 발휘하여 자신들의 전문성을 인정받지 못할 것이다(한국교육개발원, 2003). 따라서 제도화가 이루어질 때에는 교원에 준하는 전문직으로서 임상적 교육 활동을 실시 할 수 있는 교원 조직에 포함되어야 한다.

셋째, 참여자들은 학교에 투입되었을 초기에 많은 시행착오와 어려움을 경험하고 있었으나 참여자들은 시간이 지나면서 적극적인 노력을 발휘하여 학교의 구성원으로 인정받고 있었으며, 전문적 능력을 발휘하여 개인변화, 다양한 문화활동, 프로그램, 학교의 제도나 규칙 등에 변화를 주면서 학교의 분위기에 영향을 주었다. 또한 학교와 지역사회를 연계하여 학교 교육활동을 지원하는 체계를 구축함으로써 학교와 지역사회의 관심과 협력을 할 수 있는 여건을 조성하였다. 참여자들은 학생과 교사들로부터 존재에 대한 인정, 전문성의 인정을 통하여 협력과 지지를 이끌어 내었으며 개인 및 학교, 지역사회까지 변화를 유도함으로써 학교 '변화의 주체'로 인정받고 있었다.

이러한 역할수행은 교사의 신분과 접근 방법이 아닌 학교사회복지사로서의 신분과 접근 방법을 활용하였기 때문에 보다 전문적이고 고유한 복지서비스가 제공될 수 있었다고 보인다. 따라서 앞으로는 교사가 아닌 학교 내 전문가(specialist)인 학교사회복지사의 자격으로 역할수행을 할 수 있도록 제도화가 이루어져야 할 것이다.

넷째, 본 연구의 결과 참여자들이 학생들에게 보다 효과적인 도움을 줄 수 있었던 요인 중의 하나는 교사들의 지원을 통한 협력체계를 구축했기 때문이었다. 학교사회복지사는 개별적인 전문성만으로는 스스로 정체성을 확립하지 못하였다. 이들은 교사들과 함께, 학교와 함께, 지역사회와 함께 역할을 수행할 때에 스스로 정체성을 확립할 수 있었으며 학교로부터도 인정을 받을 수 있었다. 따라서 학교사회복지의 제도화에는 학생 복지위원회, 학년 협의회, 선도위원회, 지역교육협의회 등등 학생과 교사, 학교와 지역사회가 함께 협력할 수 있는 구조에 참여 및 조직할 수 있는 역할을 명시해야 하겠다. 따라서 학교사회복지제도화에는 학생과 교사, 교사와의 협력 구조, 학교와 지역사회의 협력구조 창출을 학교사회복지사의 역할로 규정하여야 하겠다.

다섯째, 본 연구를 통해 참여자들이 속한 학교와 지역사회가 협력할 때에 학생들의 문제해결이 이루어졌었다. 그러나 이러한 협력은 학교와 지역사회의 자발적인 노력에만 의해서 이루어져서는 안 되고 보다 연합적이면서 통합적인 노력이 이루어져야 하겠다. 따라서 우리나라에서 진행되는 학교사회복지의 제도화는 교육인적자원부, 보건복지부, 행정자치부, 문화관광부 등의 다양한 부처와 기능이 협력하는 내용이 포함되어 학생 교육에 있어서는 모든 주체가 함께 참여하는 구조 속에서 학교사회복지사의 기능과 역할이 정해져야 한다.

여섯째, 본 연구의 결과에서 나타나듯이 참여자들은 학교사회복지실의 운영을 한국 학교사회복지의 특성이라 생각하고 있을 정도로 학교사회복지실 운영을 중요하게 생각하고 있었다. 또한 학교사회복지실은 학생들에게 학교사회복지사만의 독특한 접근방법을 활용할 수 있는 중요한 기반이 되었고, 학교사회복지실의 분위기 조성을 통하여 학교사회복지사의 전문성과 이미지 형성을 하게 되었다. 그리고 무엇보다도 학생들 상호 교류의 장이 되었고, 학생들이 존중되고, 편안하며, 언제나 도움을 청할 수 있는 상시적인 공간으로 인식하게 되어 학생들이 끊임없이 찾아오는 중심이었다. 따라서 학교사회복지의 제도화에는 학교사회복지실을 중심으로 활동 할 수 있도록 '학교사회복지실'의 운영을 필수적인 역할로 규정하여야 한다.

3) 제언

본 연구의 결과와 논의를 중심으로 후속연구를 위한 제언은 다음과 같다.

첫째, 본 연구는 중등학교에서의 학교사회복지사 역할수행 과정에 초점을 두어 진행하였기 때문에 초등학교에서 근무하는 학교사회복지사의 역할수행 과정에 대하여는 다루지 못한 한계가 있다. 따라서 후속연구에서는 초등학교의 학교사회복지사의 역할에 대한 연구가 진행되길 바란다.

둘째, 본 연구의 학교사회복지사의 역할수행 과정에 대한 패러다임 모형에서 나타난 각 조건 변수들 간의 관계연구와 핵심범주와 각 범주 간의 가설적 관계진술에 대한 검증연구가 이루어져야 한다.

셋째, 본 연구는 우리나라에서 아직 제도화가 이루어지지 않는 학교사회복지 발달 초기의 학교사회복지사의 역할 연구이므로, 학교사회복지사의 정립된 역할이라고 하기에는 많은 한계를 지니게 된다. 따라서 학교사회복지가 제도화 이후, 정기적으로 학교사회복지사의 역할 연구를 통하여 역할의 탄생과 정립에 이르는 지속적이고 총체적인 연구가 필요하다고 판단된다.

참고문헌

강명옥 (2000). 학교장의 지도성이 학교조직문화에 미치는 영향에 관한 연구. 연세대학교 석사학위논문.

강성호 (1998). 학교조직문화의 형성 변화과정에 관한 연구. 경원대학교 석사학위논문.

강승규 (1995). "학교의 본질: 오늘날 학교의 기능은 그 본질에 충실한가"에 대한 토론. *교육학 연구*. vol.33, pp.41-46.

강연미 (1988). 간병인의 역할 긴장에 관한 실태 분석. 이화여자대학교 석사학위논문.

강은실 (1995). 근거이론 접근방법을 적용한 알코올 중독자 부인의 경험. 부산대학교 박사학위논문.

강희정 (2001). 담임 및 비담임 교사의 직무 만족요인에 관한 연구. 숙명여자대학교 석사학위논문.

계헌근 (2001). 학교사회사업의 단위학교에의 도입방안. 국민대학교 석사학위논문.

구동수 (2004). 각 정당초청 학교사회복지제도화 정책토론회 자료집 토론원고. 학교사회복지제도화 추진위원회, pp.53-56.

구일고등학교 (2001). 학교사회사업실 운영계획서. 학교교육계획서.

권진숙 (1983). 한국정신의료사회사업가의 전문적 기능 및 업무에 관한 연구. 이화여자대학교 석사학위논문.

김규수 (1988). 의료사회사업론. 형설출판사.

김달님 (2002). 학교 내 학교사회복지사의 역할에 관한 사례연구. 가톨릭대

242

학교 석사학위논문.

김문채 (1986). 중학생과 학부모가 바라는 학급담임교사의 역할에 관한 조사연구. 중앙대학교 석사학위논문.

김미경 (2001). 건강증진행위수준과 삶의 질간의 관련성 연구. 연세대학교 석사학위논문.

김미영 (2000). 치매노인을 돌보는 간호사의 경험 과정. 이화여자대학교 박사학위논문.

김성실 (2003). 학교사회사업가의 역할수행에 따른 장애 요인에 관한 질적 연구: 2002년 서울시 교육청 시범사업학교를 중심으로. 서울여자대학교 석사학위논문.

김성희 (2000). 정신보건사회복지사와 다른 정신보건 전문가의 업무 및 역할 중첩에 관한 연구. 이화여자대학교 석사논문.

김수지·신경림 역 (1996). 근거이론의 이해. 한울아카데미.

김승호 (1999). 현대 학교교육의 위기와 그 극복방안에 관한 연구. *도덕교육연구*. 제11집, 한국교육학회도덕교육연구회.

김안중 (1988). 교육의 본래적 모습: "학교"라는 아이디어와 그 말살기획, *교육과정 연구*. 한국교육학회 교육과정연구회, 제7집, pp.11-26.

김안중 (1995). 학교의본질: 오늘날 학교의기능은 그 본질에 충실한가?, 교*육학 연구*. vol.33, pp.21-34.

김연미 (2003). HIV/AIDS 감염인의 삶의 과정: 근거이론 연구 접근. 이화여자대학교 박사학위논문.

김연옥·이상균 (1998). 가정, 학교, 지역사회 연계를 위한 학교사회사업 실천전략, *교육개혁과 학생복지 - 학교사회사업의 실천방향*. 제3회 한국학교사회사업학회 학술대회 자료집.

김영종 (1999). 사회복지조사방법론. 학지사.

김윤진 (1997). 학교의 사회·심리적 환경 지수 측정에 관한 방법론적 일 연구. 연세대학교 석사학위논문.

김은혜 (1998). 학교사회사업 활성화를 위한 학교와 지역사회복지관의 협력에 관한 연구. 서울여자대학교 석사학위논문.

김인숙 (2001). 우리나라 학교사회사업이 실천방안에 관한 연구. 청주대학교 석사학위논문.

김정규·권영원 (1988). 교사와 교육. 형설출판사.

김정호 (1999). 교장의 지도성 유형이 교원사기와 학교 효과성에 미치는 영향. 성균관대학교 박사학위논문.

김종철 (1982). 학교행정의 이론과 실제. 교육과학사, pp.42-43.

김종철 외 3인 (1985). 교사론. 한국방송통신대학교 출판부, p.88.

_____ (1984). 교육행정의 이론과 실제. 교육과학사.

김주미 (1997). 학교 내 학교사회사업과 지역사회복지관의 학교사회사업에 관한 비교연구. 숭실대학교 석사학위논문.

김주철 (2004). 각 정당초청 학교사회복지제도화 정책토론회 자료집 토론 원고. 학교사회복지제도화 추진위원회, pp.57-52.

김준기 (1991). 학교조직문화 진단에 관한 연구. 전북대학교 박사학위논문.

김지영 (1995). 학대받는 아내들을 위한 사회복지관련기관의 서비스 현황에 관한 연구. 숭실대학교 석사학위논문.

김창걸 (1995). 학교조직문화와 조직효과성과의 관계연구, *인문과학연구소 논문집*. 인하대학교 인문과학연구소, 제22집, pp.555-601.

김풍삼 (1992). 한국 교원문화의 형성요인에 관한 연구. 단국대학교 박사학위논문.

김화순 (2003). 말기 암환자의 삶의 질 변화 과정에 관한 연구: 근거이론 접근 방법으로. 가톨릭대학교 석사학위논문.

김희복 (1991). 학부모 문화연구. 서울대학교 박사학위논문.

남용현 (1996). 학교장의 지도성 행위유형과 학교조직풍토 및 교사의 직무
   만족과의 관계. 한남대학교 박사학위논문.

남정걸 (1984). 관료제로서의 교육조직, *한국교육행정의 과제와 이론적 접
   근*. 교육과학사. pp.134-144.

노민구 (1994). 학교장의 수업지도성 행위가 학교효과성에 미치는 영향 –
   고등학교를 중심으로. 한국교원대학교대학교 박사학위논문.

노혜련 (2001). 학교사회복지 실천의 현재 – 2000년 서울시 교육청 시범학교
   의 활동을 중심으로. 제9회 한국학교사회복지학회 학술대회 자료집.

대한교원총연합 (1982). 사도헌장.

동서문화사 (2002). 파스칼대백과사전.

박경묵 (1991). 초등교사의 자질 모형 정립에 관한 연구. 한국교원대학교
   박사학위논문.

박경정 (2004). 학교사회복지에 대한 정책질의 답변 내용, *각 정당초청 학
   교사회복지제도화 정책토론회*. 학교사회복지제도화추진위원회.

박병량 (2000). 학교·학급경영. 학지사.

박용헌 (1985). 학교사회. 배영사.

박종태 (1983). 학급담임교사의 역할수행에 관한 조사연구. 경상대학교 석
   사학위논문.

박현정 (2001). 특수교육교사의 직무만족도와 소진과의 관계. 전남대학교
   석사학위논문.

배성근 (1991). 한국 학교조직의 Theory Z적 특성에 관한 연구. 서울대학
   교 석사학위논문.

백승관 (1992). 학교조직효과성 준거 설정을 위한 연구. 연세대학교 박사학
   위논문.

백완기 (1982). 한국의 행정문화. 고려대학교 출판부.

서울시교육청 (2000). 학교사회사업을 활용한 효과적인 학생생활지도 - 생활지도 시범학교 운영 공동보고서.

_____ (2001). 학교사회사업을 활용한 효과적인 학생생활지도 - 2001 생활지도 시범학교 운영 공동보고서.

_____ (2003). 학교사회사업을 활용한 효과적인 학생생활지도 - 생활지도 시범학교 운영 공동보고서.

성민선 (2000). 학교사회사업 실천 과제. *학교사회사업*. 제3호.

_____ 외 (2004). 학교사회복지의 이론과 실제. 학지사.

송광진 (1995). 특수학교 조직의 역할 유형이 교사의 직무만족에 미치는 영향. 부산대학교 석사학위논문.

신경림 역 (2000). 체험연구. 현문사.

신재흡 (2002). 교사가 지각한 학교장의 변혁적 지도성과 학교 조직 효과성 간의 관계 연구. 건국대학교 박사논문.

영등포여자상업학교 (1998). 학교사회사업실 운영계획서. 학교교육계획서.

오봉수 (1992). 학교장의 지도성 행위, 교사의 소진, 학교 효과성의 관계 연구. 고려대학교 박사학위논문.

오영애 (1987). 장애영역별 특수학교 교사의 스트레스 비교. *재활과학연구*. Vol. 7, pp.23-35.

오영재 (1999). 학교사회사업가의 역할 설정에 관한 비판적 고찰. *청소년복지연구*. 한국청소년복지학회, 제1권 제2호.

오영재 (1999). 학교사회사업가의 역할 설정에 대한 비판적 고찰. 청소년복지연구. 제11권 제2호. pp.15-26.

오정미 (2001). 지역사회 학교사회사업 종사자의 역할수행 실태에 관한 연구: 전북지역을 중심으로. 원광대학교 석사학위논문.

왕기항 (1983). 학교조직 건강진단을 위한 연구. 중앙대학교 박사학위논문.

우국희 (1997). 치매노인 수발인의 수발 및 사회적 지지에 대한 주관적 경험. 서울대학교 박사학위논문.

원혜연 (2001). 교사의 학교사회사업 인식에 관한 연구. 숭실대학교 석사학위 논문.

유영준 (1998). 지역사회중심의 학교사회사업에서 사회사업가의 역할. 가톨릭대학교 석사학위 논문.

유윤석 (1995). 학교조직문화의 형성 과정에 관한 연구. 단국대학교 박사학위논문.

유은주 (2001). 중등학교 교사들의 학생지도현황과 학교사회사업에 대한 인식에 관한 연구, *학교사회사업*. 제4호, 한국학교사회복지학회.

윤순천 (2001). 학교사회사업가에 대한 교사들의 기대에 관한 연구. 강남대학교 석사학위논문.

윤정일 (2003). 교육행정학 원론. 학지사.

윤철수 (2004). 산타가 만난 아이들. 학지사.

윤혜은 (2000). 학교사회복지사의 역할에 대한 교사들의 인식 연구. 가톨릭대학교 석사학위논문.

이금연 (1987). 학교조직의 특성에 관한 연구. 한양대학교 석사학위논문.

이민진 (2002). 지역중심형 학교사회사업가의 역할수행에 따른 장애 요인에 관한 연구. 가톨릭대학교 석사학위논문.

이병대 (1987). 교사의 배경적 특성과 전문직성에 관한 연구. 고려대학교 석사학위논문.

이상구 (1996). 학교조직 풍토와 교원 사기와의 관계 연구. 영남대학교 박사학위논문.

이상균 (1999). 학교에서의 또래폭력에 영향을 미치는 요인. 서울대학교 박사학위논문.

_____ (2001). 학교사회복지사의 활동에 대한 평가와 전망. *학교사회사업*. 한국학교사회사업학회.

이상오 (2004). 각 정당초청 학교사회복지제도화 정책토론회 자료집 발표원고. 학교사회복지제도화 추진위원회. pp.13-23.

이상천 역 (1979). 민주주의와 교육. 박영사.

이석이 (1993). 정신지체 특수학교교사의 사기에 관한 분석적 연구. 청주대학교 석사학위논문.

이옥자 (1995). 말기 암환자의 체험에 관한 현상학적 연구. 이화여자대학교 박사학위논문.

이용숙 (1997). 중학교 도덕 교과서의 내용분석: 제 6차 교육과정을 중심으로. 인하대학교 석사학위논문.

이은영 (2002). 학교사회사업가에 대한 교사들의 역할기대에 관한 연구. 경성대학교 석사학위논문.

이인효 (1990). 인문계고등학교 교직문화 연구. 서울대학교 박사학위논문.

이종길 (1990). 학교조직관리에 있어서 교사를 중심으로 한 인간관계. 영남대학교 석사학위논문.

이채원 (1995). 의료사회사업가의 역할 갈등 및 역할 모호성과 직무 만족에 관한 연구. 서울대학교 석사학위논문.

이형행 (1999). 교육행정론 - 이론·법제·실제. 양서원.

이홍우 역 (1983). 민주주의와 교육. 교육과학사.

장은숙 (1995). 정신의료사회사업가의 소진(burnout)과 업무 환경에 관한 연구. 숭실대학교 석사학위논문.

전재일 외 (1999). 학교사회사업 욕구에 따른 학교사회사업가의 역할 모색, *학교사회사업*. 학교사회사업학회. 제2호.

정우현 (1977). 현대교사론. 배영사, pp.56-65.

조남두 (1992). 학교조직의 환경·문화·효과성간의 관계 연구. 고려대학교 박사학위논문.

조미숙 (2004). 독일의 학교사회복지에 관한 고찰. 학교사회복지. 제7호.

조수정 (1988). 한국정신의료사회사업가의 타 치료진과의 업무중첩에 관한 연구. 숭실대학교 석사학위논문.

조흥식 (1981). 역할이론의 사회사업실천에의 활용에 관한 연구. *청주대학교 논문집*. 제14권.

조희자 (2000). 학급담임교사와 상담교사의 상담활동에 관한 고등학생의 인식. 인천대학교 석사학위논문.

주삼환 (1985). 교육행정연구. 성원사, pp.250-252.

주삼환·신익현 (1989). 인간자원장학론. 배영사, pp.68-70.

중앙일보. 가난에 갇힌 아이들. 2004년 3월 28일.

최귀순 (2001). 전신분열병환자의 외로움 과정 연구. 이화여자대학교 박사학위논문.

최연선 (1999). 학교사회사업 서비스 수혜욕구에 관한 연구. 이화여자대학교 석사학위논문.

최유미 (1999). 학교사회사업가 역할에 대한 진로 상담교사와 사회복지사의 인식 비교. 숙명여자대학교 석사학위논문.

최정호 (2000). 학교사회사업가의 역할에 관한 학생·교사·학교사회사업가의 인식 비교. 한림대학교 석사학위논문.

한가람고등학교 (2000). 학교사회사업실 운영계획서. 학교교육계획서.

한국교육개발원 (2004). 교육복지투자우선지역 내 학교와 지역사회의 연계협력 실태 조사 연구 - 서울지역을 중심으로. 연구보고 CR 2004-6.

한국교육개발원 (2004). 교육복지투자우선지역 지원사업을 위한 연구·지원사업 결과 보고서. 기술보고 TR 2004-1.

한국사회복지사협회 (2002). 해외연수자료집.

한국학교사회사업실천가협회 (2004). 2004년도 학교사회사업 실시현황. 내부자료.

한미자 (1996). 학대받는 아내들을 위한 쉼터운영의 개선 방안. 대구대학교 석사학위논문.

한인영·김혜란·홍순혜·김기환 (1997). 학교와 사회복지. 학문사.

한인택 (2002). 담임교사의 지도성 유형과 학급 풍토에 관한 연구. 부산대학교 석사학위논문.

현석곤 (2002). 중학생이 기대하는 학급 담임교사의 역할에 관한 연구. 대구가톨릭대학교 석사학위논문.

홍봉선 (2003). 교육복지투자우선지역 지원사업에 관한 학교사회복지적 의의와 그 과제, 한국학교사회복지학회. 교육복지 지원사업의 사회복지적 의미와 과제, 한국학교사회복지학회 춘계 학술대회 자료집.

홍봉선 (2004). 우리나라 교육복지의 방향과 과제. 한국사회복지학. 제56권, 제1호.

홍순혜 (2000). 학교사회복지의 실천모형과 발전전략 토론원고. 학교사회복지학회추계 학술대회자료집.

황기우 (1992). 한국 초등학교의 교사문화에 관한 해석적 분석. 고려대학교 박사학위논문.

황민균 (1995). 특수학급 교사와 일반학급 교사의 스트레스 지각 수준상의 차이에 관한 연구. 경남대학교 석사학위논문.

Allen-Meares, P. (ed.) (2003). Social Work Services in Schools. 4th. ed., MA : Pearson Education, Inc.

_____, Robert O. Washington & Betty L. Welsh (2000). Social Work Services in School. Englewood Cliffs, Prentice-Hall.

_____, (2000). Predicting the Future of School Social Work Practice in the New Millennium, *School Social Work in education*. Vol.22.

_____, (1977). Analysis of Tasks in School. *Social Work. Social Work*. Vol. 22, pp.135-139.

_____, (1994). Social Work Services in Schools: A National Study of entry-level tasks, *Social Work*. Vol. 39, pp.560-565.

_____, (1996). Social Work Services in Schools: A Look at Yesteryear and the Future, *Social Work in Education*. Vol. 18, No.4. October, pp.202-207.

Anderson, R. J. (1974). Role Analysis in the Pupil Services: An Exploratory Study, The *Journal of International Association of Pupil Personnel Worker*. 18, pp. 524-530.

Anderson, R. J. (2001). Forty Year in and Around School Social Work, *Journal of School Social Work*. Vol.12, No. 1, Fall.

Arnold, S. L. (1909). Committee on Public Schools. in Woman's Education Association. Thirty-seventh Annual Report of Woman's Education Association for the Year Ending January 21, 1909(pp.11-15). Boston: Woman's Education Association.

Backman, C. W., & Second, P. F. (1964). A Social Psychological View of Education. N.Y.: Harcourt Brace & World, Inc.

Berrick, J. D., & Duerr, M. (1996). Maintaining Positive School Relationship: The Role of the Social Worker vis-a-vis Full-Service Schools, *Social Work in Education*. Vol. 18, No. 1., January, pp.53-57.

Bidwell, C. E. (1974). The School as a Formal Organization, *in handbook of Organization Maintaining*, ed., J. G. March. Chicago: Rand McNally. pp.972-1022.

Briar-Lawson, K., Lawson, H. A., Collier, C., & Joseph, A. (1997). School-Linked Comprehensive Services: Promising Beginnings, Lessons Learned, and Future Challenges, *Social Work in Education*. Vol. 19, No.3. July, pp.136-145.

Brookover, W. B. (1964). A Sociology of Education. N.Y.: American Book Company.

Bullough, R. V. (1989). First year teacher: A Case Study. N.Y.: Teachers College Press.

Clancy, J. (1995). Ecological School Social Work: The Reality and the Vision, *Social Work in Education*. Vol. 17, No. 1, January, pp.40-47.

Constable, R. (1996). Mandated Foundations for Service Delivery: An Overview. *School Social Work. Practice and Research Perspectives*. Third Edition, in Constable, R., Flynn, J. P., & McDonald, S.(ed.). Chicago: Lyceum Books, Inc. pp.87-94.

Copleston, F. C. (1952). Medieval Philosophy; 박영도 역(1988). 중세철학. 이문출판사.

Costin, L. B. (1969). Analysis of the task in School Social Work. *Social Work*.

_____ (1975). School Social Work Practice: A New Model. *Social Work*. pp.135-139.

_____ (1978). School Social Work in Schools: Historical Perspectives and Current Directions, No. 8. University of Illinois at

Urbana-Champaign.

_____ (1981). School Social Work as Specialized Practice. *Social Work*. pp.36-43.

Daley. J. (1979). Preventing Worker Burnout in Child Welfare, *Child Welfare*. Vol. 8.

Davis, L. V. (1996). Role Theory and Social Work Treatment. in F. J. Turner(ed.), *Social Work Treatment*(4th ed.). New York: The Free Press.

Deal, T. E. & Kennedy, A. A. (1982). Corporate Management : The Rites and Rituals of Corporate Life. Massachusetts: Addition-Wesley.

Deutch, M., & Krauss, R. (1965). Theories in Social Psychology. New York: Basic Books, pp.15-18.

Dewey, J. (1899). The School and Society; 이우기 역(1999). 학교와 사회. 성바오로출판사.

_____ (1916). *Democracy and Education*; 이홍우 역(1987). 민주주의와 교육. 교육과학사.

Dryfoos, J. (1994). Full-service schools. San Francisco: Jossey-Bass.

Dupper, D. R. (2003). Skill and Interventions for Effective Practice; 한인영·홍순혜·김혜란·박명숙 공역 (2004). 학교사회사업. 학지사.

Etzioni, A. (1964). Modern Organization. Englewood Cliffs, Prentice-Hall.

Fieman-Nemsers, S., & Floden. R. E. (1984). The Culture of Teaching. College of Education Michigan State University.

Firestone, W. A., & Wilson, B. L. (1985). Using Bureaucratic and Cultural Linkage to Improve Instruction: The Principal's Contribution. *Educational Administrative Quarterly*. vol.21.

Franklin, C. (2000). Predicting the Future of School Social Work Practice in the New Millennium. *Social Work in Education*, vol. 22.

Freeman, E. M. (1995). School Social Work Overview. in R. L. Edwards(ed.), *Encyclopedia of Social Work*. vol. 3. Washington, DC: NASW Press. pp.2087-2099.

Germain, C. B. (1988). School as Living Environment within the Community. *Social Work in Education*, Summer, pp.260-257.

_____ (1999). An Ecological Perspective on Social Work. in Constable, R., McDoanld, S., & Flynn, J. P. (eds.) School *Social Work: Practice, research, and policy perspectives(4th)*. Chicago: Lyceum Books, pp.33-44.

Gianesin, J. (1996). The Many Roles of School Social Workers, *Principal*. Vol. 75, No. 4. pp.36-40.

Gibelman, M. (1993). School Social Workers, Counselors, and Psychologists in Collaboration: A Shared Agenda, *Social Work in Education*. Vol. 15, No. 1, January, pp.45-53.

Gilbert, N. (1977). The Search for Professional Identity, *Social Work*. Vol.22, No.5, pp.401-405..

Glaser, B. G., & Strauss, A. L. (1967). Discovery of Grounded Theory. Walter DeGruyter, Inc.

Goodwin, R. (2002). 30 Years in School Social Work: What the Heck Was I Thinking?, *Journal of School Social Work*. Vol.13, No.1, Fall.

Greenwich House. (1906). *Fifth annual report*. New York : Author. p.8.

Guba, E. G., & Lincoln, Y. S. (1981). Effective Evaluation. San Francisco: Jossey Bass.

Guba, E. G., & Lincoln, Y. S. (1985). Naturalistic Inquiry. Beverly Hills, CA: Sage Publication.

Hare, I., & Rome, S. H. (1999). The Changing Social, Political and Economic Context of School Social Work. in Constable, R., McDonald, S., & J. P. Flynn(eds.), School Social Work: Practice, Research, and Policy Perspectives(4th ed., pp. 97-123). Chicago: Lyceum Books.

Hargreaves, D. H. (1982). The Challenge for the Comprehensive School: Culture, Curriculum and Community. London: Routledge and Kegan Paul.

Harrison, R. (1972). Understanding Your Organization's Character. Harvard Business Review, May-June, pp.25-43.

Herbert, G. H., & Gullett, R. C. (1975). Organization: Theory and Behavior. New York: McGraw-Hill; 왕기황 역 (1987). 교육조직론. 집문당. pp.17-18.

Hoy, W. K, & Miskel, C. G. (1987). Educational Adminstration: Theory, Research Practice. New York: Random House. pp.254-255.

Johnson, A. (1967). School Social Work, Encyclopedia of Social Work. NASW.

Katz, D., & Kahn, R. L. (1978). The Social Psychology of Organization, 2ed., New York: John Wiley & Sons, Inc.

Katz, F. E. (1964). The School as Complex Social Organization, Cambridge: Harvard Educational Review.

Lane, T. S. (1998). School-Linked Services in Action: Results of an Implementation Project. Social Work in Education, Vol. 20, No. 1, January, pp.37-45.

Lim, C., & Adelman, H. S. (1997). Establishing School-Based, Collaborative Team to Coordinate Resources: A Case Study. *Social Work in Eduation*, Vol. 19, No.4. October, pp.266-277.

Linton, R. (1936). The Study of Man. Appleton-Century Co., Inc.

Lopez, S. A., Torres, A., & Norwood, P. (1998). Building Partnership: A Successful Collaborative Experience between Social Work and Education. *Social Work in Education*, Vol. 20, No. 3. July, pp.165-175.

Mason, J.(1996). Qualitative Researching: 김두섭 역(1999). 질적연구방법론. 나남.

Max, A. G. (1968). Hierachical Impediments to Innovation in Educational Organization: in Fred D. C., & Thomas, J. Sergiovanni(eds.), Organizations and Human Behavior: Focus on School, N.Y.: Mcgraw-Hill Book Company.

McCullagh, J. G. (1993). The Roots of School Social Work in New York City. *Iowa Journal of School Social Work*, May, pp.49-74.

_____ (1993). The Inception of School Social Work in Boston: Clarifying and Expanding the Historical Record. *School Social Work journal*.

Mead, G. H. (1934). Self and Society. (ed.) Charles W. Morris. Chicago: University of Chicago Press.

NASW (1978). Encyclopedia of Social Work: 김만두·김융일·박종삼 감수 (1999). 사회복지 대백과사전. 나눔의 집.

NASW (1995). Encyclopedia of Social Work.

Owens, R. G. (1987). Organizational Behavior in Education. Eng-lewood Cliffs, New Jersey: Prentice-hall, Inc.

_____ (1995). Organizational Behavior in Schools. Needham Heights: Alyn and Bacon. pp.163-203.

_____ & Steinhoff. C. R. (1989). Towards a Theory of Organizational Culture, Journal of Education, vol 27(3).

Padgett, D. (1998). Qualitative Methods in Social Work Research: Challenges and Rewards; 유태균 역(2001). 사회복지 질적 연구 방법론. 나남.

Park, R. E. (1926). Behind Our Masks. *Survey Graphic* 56, May.

Pascale, R. T., & Athos. A. G. (1981). The Art of Japanese Management. New York: Penguin Book. Co.

Pasons, T. (1951). The Social System. Glenco. IL: Free press of Glenco.

Pelman, H. H. (1968). Persona: Social Role and Persnoality. Chicago: University of Chicago Press.

Public Education Association. (1910). Fifteenth annual report of the Public Education Association 1909-1910. New York: Author.

Richman, J. (1910). A Social Need of the Public School. The Forum. 43. p.161.

Rubin, S. P. (1986). Organizational Behavior: Concepts, Controversis and Applications. New Jersey: Prentice-Hall.

Sarbin (1954). Role Theory, Handbook of Social Psychology, in Lindzey, G.(ed.). Addision-Warley Publishing Co., pp.497-498.

Sathe, V. (1985). Culture and related corporate realities. Richard D. Irwin, Inc.

Schreiber, R. & Stern, P. (1999). Using Grounded Theory in Nursing; 신경림·김미영 공역(2003). 근거이론 연구방법론. 현문사.

Secord, P. F., & Backman, C. W. (1964). Social Psychology. New York: McGraw-Hill.

Sergiovanni, T. J. (1967). Factors with Affect Satisfaction and Dissatisfaction of teachers, Journal of Education.

_____ (1990). Advances in Leadership: The Theory and Practice, in Thurston, P. W., & Lotto, S.(ed.), *Advances in Educational Administration*, vol.1. pp.5-7.

_____ & Carver, F. D. (1980). *The New School Executive: A Theory of Administration*. 2nd ed., Harper & Row, pp.163-164.

_____ & Startt, R. J. (1983). Supervision: Human Perspectives 3rd ed., N.Y.: McGraw-Hill,Inc.

Siefert, K., Jayaratne, S., & Chess, W. (1991). Job Satisfaction, Burnout and Turnover in Health Care Social Workers, *Health and Social Work*. Vol.16, August, pp.193-202.

Silver, P. F. (1983). Educational Administration: Theoretical Perspectives on Practice and Research. N. Y.: Harper & Row, Publishers.

Simth, J. P. (1988). Organizational Culture in Secondary: A Comparative Case Study: Unpublished Doctorial Dissertation. Pennsylvania State University.

Skidmore, R. A., & Thackery, M. G. (1976). Introduction to Social Work Practice, 2nd., New Jersey : Englewood Cliffs, Prentice-Hall.

Smith, K. W. (1908). Report of the Home and School Visitor for the Winthrop School District for the Eight Months Ending June, In the Colonel Miriam E. Perry Goll Archives, Simmons College.

South End House Association. (1908). Sixteen Annual Report. Boston: Author.

Spiegel, J. P. (1960). The Resolution of Conflict Within the Family. in Bell, N. W., & Vogel, E. F.(eds.). The Family, Glence, Ill: Free Press, pp.361-380.

Staudt, M. (1997). Correlates of Job Satisfaction in School Social Work, *Social Work in Education*. Vol. 19, No. 1. January, pp.43-50.

Stran, H. S. (1971). Social Change and the Proliferation of Regressive Therapies. Psychoanalyses Review. Vol.58, pp.581-594.

Strauss, A. & Corbin, J. (1998). Basic of Qualitative Research: Grounded Theory Procedures and Techniques(2nd ed.); 신경림 역(2001). 근거이론의 단계. 현문사.

Tuner, J. H. (1974). The Structure of Sociological Theory; 김진균 외 역 (1974). 사회학이론의 구조. 한길사.

Turner, R. E. (1974). Role Learning as Role Learning. International Journal of Critical Sociology, September.

Waller, W. (1961). The sociology of Teaching. N.Y.: Rusell & Rusell.

Wayne, H. K., & Cecil, M. G. (1978). Educational Administration: Theory, Research and Practice. N.Y.: Random House.

Wood, P. (1983). Sociology and the School. London: Routledge and Kegan Paul.

<부록 1> 연구 참여 동의서

■ 연구주제 : 학교사회복지사의 역할수행 과정: 그 과정과 의미에 대한 현실기반이론 탐구
■ 연 구 자 : 윤철수
■ 연 락 처 : santasu@chollian.net

　본 연구는 한국 학교사회사업가들 학교 조직 안에서 어떠한 역할수행 과정을 통해 이루어지고 있으며 이러한 과정 속에서 발생하는 주관적 경험과 그 의미를 발견하는 데에 그 목적이 있습니다. 연구자는 참여자가 학교사회사업가로 시작한 동기에서부터 학교 내에서 1년 이상 활동의 과정과 그 주관적 경험에 대하여 질문할 것입니다. 연구자는 참여자와 2회 이상의 면담을 할 예정이고 각 면담은 약 1시간 정도 걸릴 것입니다. 면담 내용은 녹음될 것이며 녹음된 내용은 다른 목적으로 사용하지 않고 본 연구를 위해서만 사용될 것입니다. 또한 녹음된 내용은 추후에 익명으로 인용될 것입니다.

　_____은(는) 면담에 자의로 참여하고 면담내용을 녹음하고 기록하는 것을 허락합니다. 이 연구에 참여하는 동안 본인에게 어떠한 비용이나 위험이 따르지 않는다는 것을 설명을 통해 알고 있으며, 이 연구에 관한 모든 궁금한 점에 대해 질문하고 대답을 들을 수 있다는 것을 설명 들었습니다. 또한 연구자로부터 본인의 익명을 보장하고 면담하는 동안에 특별한 질문에 대한 대답을 거부할 수 있으며 원하지 않는 경우 언제든지 참여를 철회할 수 있음을 이해합니다.

2003년 _____월 _____ 일
참여자 :_____ (서명)
연구자 :_____ (서명)

〈부록 2〉 개방형 설문지

※ 다음의 물음에 대하여 답을 해 주시기 바랍니다.

질문분야	개방형 질문

배경	1. 자기소개를 부탁드립니다.
	  (학부, 대학원 전공, 학교사회복지 실습 경험, 경력)
	2. 학교사회복지사가 되기까지의 과정에 대하여 말씀해 주시기 바랍니다.
	  (관심의 동기 및 사건, 실습, 입문 동기 및 사건)
	3. 학교사회복지사로서 결정되었을 때의 상황과 느낌은 어떠하였습니까?

학교조직	4. 학교에 처음 들어갔을 때의 상황과 느낌은 어떠하였습니까? (교사들의 태도, 학생들과의 관계, 학교의 분위기 등) 5. 학교에서 참여자의 지위와 역할은 어떠합니까? 6. 우리나라 학교의 특성과 문화에 대하여 어떻게 생각하십니까? 7. 우리나라 교사 문화에 대하여 어떻게 생각하십니까? 8. 학교 관리자와 학교교사들과의 관계형성은 어떻게 하였습니까?
역할수행과정	9. 학교사회복지사의 역할은 무엇이라고 생각하십니까? 10. 당신은 어떠한 역할을 하고 있으며 앞으로 어떠한 역할을 더 추구해야 한다고 생각합니까? 11. 역할수행을 위해 어떠한 노력을 하고 있나요? 12. 학교사회복지사로서 역할수행하려고 할 때에 학교의 반응은 어떠했나요? 13. 그러한 반응의 이유는 무엇 때문이라 생각합니까? 14. 학교사회복지사로서 하신 일을 시간의 흐름에 따라 이야기해 주시겠습니까? 15. 역할수행 과정에서 경험하신 기억에 남는 에피소드들은 어떠한 것입니까? 16. 우리나라 학교에서 필요한 학교사회복지사의 역할은 무엇이 그 이유는 무엇입니까? 17. 학교사회복지사로서 역할수행의 어려움은 무엇이고 어떻게 극복하였습니까? 18. 학교사회복지사로서 역할수행에 도움이 되었던 사건이나 요소는 무엇입니까? 19. 당신이 학교사회복지사로서 어떠한 사업을 하였습니까? 20. 그 사업을 수행하면서 기억에 남는 경험은 무엇인가요? 21. 당신은 어느 때에 학교사회복지사로서 정체성을 경험합니까? 22. 학교사회복지사로서 전문성은 무엇이라고 생각합니까? 23. 학교사회복지사의 역할수행을 위해 먼저 선행되어야 될 조건은 무엇입니까?

질문 분야	개방형 질문
경험 의미	22. 역할수행 과정 중 기억에 남는 경험이 있다면 무엇입니까? 23. 그러한 경험이 학교사회복지사로서 역할을 수행하는 데에 어떠한 영향을 주었습니까? 24. 학교사회복지사로서 활동해왔던 주관적 경험은 당신에게 어떠한 의미가 있나요?
기타	25. 우리나라 학교사회복지사만의 독특한 역할이 있다면 무엇이라 생각하십니까? 26. 한국 학교 조직의 특성 중 학교사회복지사가 가장 주의해야할 것은 무엇입니까? 27. 학교사회복지사의 역할수행을 위해 필요한 것들은 무엇입니까?

〈부록 3〉 맥락적 조건과 중재적 조건에 따른
핵심범주의 가설적 정형화 내용

(1) '정체성 고민이 긍정적이고 부정적 경험이 많고 일시적이며 지지 기반이 강하고 다수이며 긍정적인 사건이 높을 경우의 학교사회 복지사로서 역할을 개척하고 의미발견하기'

(2) '정체성 고민이 긍정적이고 부정적 경험이 많고 일시적이며 지지 기반이 강하고 다수이며 긍정적인 사건이 낮을 경우의 학교사회 복지사로서 역할을 개척하고 의미발견하기'

(3) '정체성 고민이 긍정적이고 부정적 경험이 많고 일시적이며 지지 기반이 강하고 소수이며 긍정적인 사건이 높을 경우의 학교사회 복지사로서 역할을 개척하고 의미발견하기'

(4) '정체성 고민이 긍정적이고 부정적 경험이 많고 일시적이며 지지 기반이 강하고 소수이며 긍정적인 사건이 낮을 경우의 학교사회 복지사로서 역할을 개척하고 의미발견하기'

(5) '정체성 고민이 긍정적이고 부정적 경험이 많고 일시적이며 지지 기반이 약하고 다수이며 긍정적인 사건이 높을 경우의 학교사회 복지사로서 역할을 개척하고 의미발견하기'

(6) '정체성 고민이 긍정적이고 부정적 경험이 많고 일시적이며 지지 기반이 약하고 다수이며 긍정적인 사건이 낮은 경우의 학교사회 복지사로서 역할을 개척하고 의미발견하기'

(7) '정체성 고민이 긍정적이고 부정적 경험이 많고 일시적이며 지지 기반이 약하고 소수이며 긍정적인 사건이 높을 경우의 학교사회 복지사로서 역할을 개척하고 의미발견하기'

(8) '정체성 고민이 긍정적이고 부정적 경험이 많고 일시적이며 지지

기반이 약하고 소수이며 긍정적인 사건이 낮을 경우의 학교사회
복지사로서 역할을 개척하고 의미발견하기'

 (9) '정체성 고민이 부정적이고 부정적 경험이 많고 일시적이며 지지
기반이 강하고 다수이며 긍정적인 사건이 높을 경우의 학교사회
복지사로서 역할을 개척하고 의미발견하기'

(10) '정체성 고민이 부정적이고 부정적 경험이 많고 일시적이며 지지
기반이 강하고 다수이며 긍정적인 사건이 낮을 경우의 학교사회
복지사로서 역할을 개척하고 의미발견하기'

(11) '정체성 고민이 부정적이고 부정적 경험이 많고 일시적이며 지지
기반이 강하고 소수이며 긍정적인 사건이 높을 경우의 학교사회
복지사로서 역할을 개척하고 의미발견하기'

(12) '정체성 고민이 부정적이고 부정적 경험이 많고 일시적이며 지지
기반이 강하고 소수이며 긍정적인 사건이 낮을 경우의 학교사회
복지사로서 역할을 개척하고 의미발견하기'

(13) '정체성 고민이 부정적이고 부정적 경험이 많고 일시적이며 지지
기반이 약하고 다수이며 긍정적인 사건이 높을 경우의 학교사회
복지사로서 역할을 개척하고 의미발견하기'

(14) '정체성 고민이 부정적이고 부정적 경험이 많고 일시적이며 지지
기반이 약하고 다수이며 긍정적인 사건이 낮을 경우의 학교사회
복지사로서 역할을 개척하고 의미발견하기'

(15) '정체성 고민이 부정적이고 부정적 경험이 많고 일시적이며 지지
기반이 약하고 소수이며 긍정적인 사건이 높을 경우의 학교사회
복지사로서 역할을 개척하고 의미발견하기'

(16) '정체성 고민이 부정적이고 부정적 경험이 많고 일시적이며 지지
기반이 약하고 소수이며 긍정적인 사건이 낮을 경우의 학교사회
복지사로서 역할을 개척하고 의미발견하기'

(17) '정체성 고민이 긍정적이고 부정적 경험이 많고 지속적이며 지지 기반이 강하고 다수이며 긍정적인 사건이 높을 경우의 학교사회 복지사로서 역할을 개척하고 의미발견하기'

(18) '정체성 고민이 긍정적이고 부정적 경험이 많고 지속적이며 지지 기반이 강하고 다수이며 긍정적인 사건이 낮을 경우의 학교사회 복지사로서 역할을 개척하고 의미발견하기'

(19) '정체성 고민이 긍정적이고 부정적 경험이 많고 지속적이며 지지 기반이 강하고 소수이며 긍정적인 사건이 높을 경우의 학교사회 복지사로서 역할을 개척하고 의미발견하기'

(20) '정체성 고민이 긍정적이고 부정적 경험이 많고 지속적이며 지지 기반이 강하고 소수이며 긍정적인 사건이 낮을 경우의 학교사회 복지사로서 역할을 개척하고 의미발견하기'

(21) '정체성 고민이 긍정적이고 부정적 경험이 많고 지속적이며 지지 기반이 약하고 다수이며 긍정적인 사건이 높을 경우의 학교사회 복지사로서 역할을 개척하고 의미발견하기'

(22) '정체성 고민이 긍정적이고 부정적 경험이 많고 지속적이며 지지 기반이 약하고 다수이며 긍정적인 사건이 낮을 경우의 학교사회 복지사로서 역할을 개척하고 의미발견하기'

(23) '정체성 고민이 긍정적이고 부정적 경험이 많고 지속적이며 지지 기반이 약하고 소수이며 긍정적인 사건이 높을 경우의 학교사회 복지사로서 역할을 개척하고 의미발견하기'

(24) '정체성 고민이 긍정적이고 부정적 경험이 많고 지속적이며 지지 기반이 약하고 소수이며 긍정적인 사건이 낮을 경우의 학교사회 복지사로서 역할을 개척하고 의미발견하기'

(25) '정체성 고민이 부정적이고 부정적 경험이 많고 지속적이며 지지 기반이 강하고 다수이며 긍정적인 사건이 높을 경우의 학교사회

복지사로서 역할을 개척하고 의미발견하기'

(26) '정체성 고민이 부정적이고 부정적 경험이 많고 지속적이며 지지
　　기반이 강하고 다수이며 긍정적인 사건이 낮을 경우의 학교사회
　　복지사로서 역할을 개척하고 의미발견하기'

(27) '정체성 고민이 부정적이고 부정적 경험이 많고 지속적이며 지지
　　기반이 강하고 소수이며 긍정적인 사건이 높을 경우의 학교사회
　　복지사로서 역할을 개척하고 의미발견하기'

(28) '정체성 고민이 부정적이고 부정적 경험이 많고 지속적이며 지지
　　기반이 강하고 소수이며 긍정적인 사건이 낮을 경우의 학교사회
　　복지사로서 역할을 개척하고 의미발견하기'

(29) '정체성 고민이 부정적이고 부정적 경험이 많고 지속적이며 지지
　　기반이 약하고 다수이며 긍정적인 사건이 높을 경우의 학교사회
　　복지사로서 역할을 개척하고 의미발견하기'

(30) '정체성 고민이 부정적이고 부정적 경험이 많고 지속적이며 지지
　　기반이 약하고 다수이며 긍정적인 사건이 낮을 경우의 학교사회
　　복지사로서 역할을 개척하고 의미발견하기'

(31) '정체성 고민이 부정적이고 부정적 경험이 많고 지속적이며 지지
　　기반이 약하고 소수이며 긍정적인 사건이 높을 경우의 학교사회
　　복지사로서 역할을 개척하고 의미발견하기'

(32) '정체성 고민이 부정적이고 부정적 경험이 많고 지속적이며 지지
　　기반이 약하고 소수이며 긍정적인 사건이 낮을 경우의 학교사회
　　복지사로서 역할을 개척하고 의미발견하기'

(33) '정체성 고민이 긍정적이고 부정적 경험이 적고 일시적이며 지지
　　기반이 강하고 다수이며 긍정적인 사건이 높을 경우의 학교사회
　　복지사로서 역할을 개척하고 의미발견하기'

(34) '정체성 고민이 긍정적이고 부정적 경험이 적고 일시적이며 지지

기반이 강하고 다수이며 긍정적인 사건이 낮을 경우의 학교사회
복지사로서 역할을 개척하고 의미발견하기'

(35) '정체성 고민이 긍정적이고 부정적 경험이 적고 일시적이며 지지
기반이 강하고 소수이며 긍정적인 사건이 높을 경우의 학교사회
복지사로서 역할을 개척하고 의미발견하기'

(36) '정체성 고민이 긍정적이고 부정적 경험이 적고 일시적이며 지지
기반이 강하고 소수이며 긍정적인 사건이 낮을 경우의 학교사회
복지사로서 역할을 개척하고 의미발견하기'

(37) '정체성 고민이 긍정적이고 부정적 경험이 적고 일시적이며 지지
기반이 약하고 다수이며 긍정적인 사건이 높을 경우의 학교사회
복지사로서 역할을 개척하고 의미발견하기'

(38) '정체성 고민이 긍정적이고 부정적 경험이 적고 일시적이며 지지
기반이 약하고 다수이며 긍정적인 사건이 낮을 경우의 학교사회
복지사로서 역할을 개척하고 의미발견하기'

(39) '정체성 고민이 긍정적이고 부정적 경험이 적고 일시적이며 지지
기반이 약하고 소수이며 긍정적인 사건이 높을 경우의 학교사회
복지사로서 역할을 개척하고 의미발견하기'

(40) '정체성 고민이 긍정적이고 부정적 경험이 적고 일시적이며 지지
기반이 약하고 소수이며 긍정적인 사건이 낮을 경우의 학교사회
복지사로서 역할을 개척하고 의미발견하기'

(41) '정체성 고민이 부정적이고 부정적 경험이 적고 일시적이며 지지
기반이 강하고 다수이며 긍정적인 사건이 높을 경우의 학교사회
복지사로서 역할을 개척하고 의미발견하기'

(42) '정체성 고민이 부정적이고 부정적 경험이 적고 일시적이며 지지
기반이 강하고 다수이며 긍정적인 사건이 낮을 경우의 학교사회
복지사로서 역할을 개척하고 의미발견하기'

(43) '정체성 고민이 부정적이고 부정적 경험이 적고 일시적이며 지지
기반이 강하고 소수이며 긍정적인 사건이 높을 경우의 학교사회
복지사로서 역할을 개척하고 의미발견하기'

(44) '정체성 고민이 부정적이고 부정적 경험이 적고 일시적이며 지지
기반이 강하고 소수이며 긍정적인 사건이 낮을 경우의 학교사회
복지사로서 역할을 개척하고 의미발견하기'

(45) '정체성 고민이 부정적이고 부정적 경험이 적고 일시적이며 지지
기반이 약하고 다수이며 긍정적인 사건이 높을 경우의 학교사회
복지사로서 역할을 개척하고 의미발견하기'

(46) '정체성 고민이 부정적이고 부정적 경험이 적고 일시적이며 지지
기반이 약하고 다수이며 긍정적인 사건이 낮을 경우의 학교사회
복지사로서 역할을 개척하고 의미발견하기'

(47) '정체성 고민이 부정적이고 부정적 경험이 적고 일시적이며 지지
기반이 약하고 소수이며 긍정적인 사건이 높을 경우의 학교사회
복지사로서 역할을 개척하고 의미발견하기'

(48) '정체성 고민이 부정적이고 부정적 경험이 적고 일시적이며 지지
기반이 약하고 소수이며 긍정적인 사건이 낮을 경우의 학교사회
복지사로서 역할을 개척하고 의미발견하기'

(49) '정체성 고민이 긍정적이고 부정적 경험이 적고 지속적이며 지지
기반이 강하고 다수이며 긍정적인 사건이 높을 경우의 학교사회
복지사로서 역할을 개척하고 의미발견하기'

(50) '정체성 고민이 긍정적이고 부정적 경험이 적고 지속적이며 지지
기반이 강하고 다수이며 긍정적인 사건이 낮을 경우의 학교사회
복지사로서 역할을 개척하고 의미발견하기'

(51) '정체성 고민이 긍정적이고 부정적 경험이 적고 지속적이며 지지
기반이 강하고 소수이며 긍정적인 사건이 높을 경우의 학교사회

복지사로서 역할을 개척하고 의미발견하기'

(52) '정체성 고민이 긍정적이고 부정적 경험이 적고 지속적이며 지지
기반이 강하고 소수이며 긍정적인 사건이 낮을 경우의 학교사회
복지사로서 역할을 개척하고 의미발견하기'

(53) '정체성 고민이 긍정적이고 부정적 경험이 적고 지속적이며 지지
기반이 약하고 다수이며 긍정적인 사건이 높을 경우의 학교사회
복지사로서 역할을 개척하고 의미발견하기'

(54) '정체성 고민이 긍정적이고 부정적 경험이 적고 지속적이며 지지
기반이 약하고 다수이며 긍정적인 사건이 낮을 경우의 학교사회
복지사로서 역할을 개척하고 의미발견하기'

(55) '정체성 고민이 긍정적이고 부정적 경험이 적고 지속적이며 지지
기반이 약하고 소수이며 긍정적인 사건이 높을 경우의 학교사회
복지사로서 역할을 개척하고 의미발견하기'

(56) '정체성 고민이 긍정적이고 부정적 경험이 적고 지속적이며 지지
기반이 약하고 소수이며 긍정적인 사건이 낮을 경우의 학교사회
복지사로서 역할을 개척하고 의미발견하기'

(57) '정체성 고민이 부정적이고 부정적 경험이 적고 지속적이며 지지
기반이 강하고 다수이며 긍정적인 사건이 높을 경우의 학교사회
복지사로서 역할을 개척하고 의미발견하기'

(58) '정체성 고민이 부정적이고 부정적 경험이 적고 지속적이며 지지
기반이 강하고 다수이며 긍정적인 사건이 낮을 경우의 학교사회
복지사로서 역할을 개척하고 의미발견하기'

(59) '정체성 고민이 부정적이고 부정적 경험이 적고 지속적이며 지지
기반이 강하고 소수이며 긍정적인 사건이 높을 경우의 학교사회
복지사로서 역할을 개척하고 의미발견하기'

(60) '정체성 고민이 부정적이고 부정적 경험이 적고 지속적이며 지지

기반이 강하고 소수이며 긍정적인 사건이 낮을 경우의 학교사회
복지사로서 역할을 개척하고 의미발견하기'

(61) '정체성 고민이 부정적이고 부정적 경험이 적고 지속적이며 지지
기반이 약하고 다수이며 긍정적인 사건이 높을 경우의 학교사회
복지사로서 역할을 개척하고 의미발견하기'

(62) '정체성 고민이 부정적이고 부정적 경험이 적고 지속적이며 지지
기반이 약하고 다수이며 긍정적인 사건이 낮을 경우의 학교사회
복지사로서 역할을 개척하고 의미발견하기'

(63) '정체성 고민이 부정적이고 부정적 경험이 적고 지속적이며 지지
기반이 약하고 소수이며 긍정적인 사건이 높을 경우의 학교사회
복지사로서 역할을 개척하고 의미발견하기'

(64) '정체성 고민이 부정적이고 부정적 경험이 적고 지속적이며 지지
기반이 약하고 소수이며 긍정적인 사건이 낮을 경우의 학교사회
복지사로서 역할을 개척하고 의미발견하기'

<부록 4> 가설적 관계 진술문

(1) '정체성 고민이 긍정적이고 부정적 경험이 많고 일시적이며 지지
    기반이 강하고 다수이며 긍정적인 사건이 높을 경우의 학교사회
    복지사로서 역할을 개척하고 의미발견하기'는 관계 맺기, 식구로
    인정받기, 전문성 발휘하기를 통해 학교, 지역사회연계 역할을 하
    면서 의미를 발견할 것이다.

(2) '정체성 고민이 긍정적이고 부정적 경험이 많고 일시적이며 지지
    기반이 강하고 다수이며 긍정적인 사건이 낮을 경우의 학교사회
    복지사로서 역할을 개척하고 의미발견하기'는 관계 맺기, 식구로
    인정받기, 전문성 발휘하기를 통해 학교 변화 역할을 하면서 의미
    를 발견할 것이다.

(3) '정체성 고민이 긍정적이고 부정적 경험이 많고 일시적이며 지지
    기반이 강하고 소수이며 긍정적인 사건이 높을 경우의 학교사회
    복지사로서 역할을 개척하고 의미발견하기'는 관계 맺기, 식구로
    인정받기, 전문성 발휘하기를 통해 학교 변화의 역할을 하면서 의
    미를 발견할 것이다.

(4) '정체성 고민이 긍정적이고 부정적 경험이 많고 일시적이며 지지
    기반이 강하고 소수이며 긍정적인 사건이 낮을 경우의 학교사회
    복지사로서 역할을 개척하고 의미발견하기'는 관계 맺기, 식구로
    인정받기, 전문성 발휘하기를 통해 학교 변화의 역할을 하면서 의
    미를 발견할 것이다.

(5) '정체성 고민이 긍정적이고 부정적 경험이 많고 일시적이며 지지
    기반이 약하고 다수이며 긍정적인 사건이 높을 경우의 학교사회
    복지사로서 역할을 개척하고 의미발견하기'는 관계 맺기, 식구로

인정받기, 전문성 발휘하기를 통해 학교 변화의 역할을 하면서 의
미를 발견할 것이다.

(6) '정체성 고민이 긍정적이고 부정적 경험이 많고 일시적이며 지지
기반이 약하고 다수이며 긍정적인 사건이 낮은 경우의 학교사회
복지사로서 역할을 개척하고 의미발견하기'는 관계 맺기, 식구로
인정받기, 전문성 발휘하기를 통해 학교 변화의 역할을 하면서 의
미를 발견할 것이다.

(7) '정체성 고민이 긍정적이고 부정적 경험이 많고 일시적이며 지지
기반이 약하고 소수이며 긍정적인 사건이 높을 경우의 학교사회
복지사로서 역할을 개척하고 의미발견하기'는 관계 맺기, 식구로
인정받기, 전문성 발휘하기를 통해 개인변화의 역할을 하면서 의
미를 발견할 것이다.

(8) '정체성 고민이 긍정적이고 부정적 경험이 많고 일시적이며 지지
기반이 약하고 소수이며 긍정적인 사건이 낮을 경우의 학교사회
복지사로서 역할을 개척하고 의미발견하기'는 관계 맺기, 식구로
인정받기, 전문성 발휘하기를 통해 개인변화의 역할을 하면서 의
미를 발견할 것이다.

(9) '정체성 고민이 부정적이고 부정적 경험이 많고 일시적이며 지지
기반이 강하고 다수이며 긍정적인 사건이 높을 경우의 학교사회
복지사로서 역할을 개척하고 의미발견하기'는 관계 맺기, 식구로
인정받기, 전문성 발휘하기를 통해 학교 변화의 역할을 하면서 의
미를 발견할 것이다.

(10) '정체성 고민이 부정적이고 부정적 경험이 많고 일시적이며 지지
기반이 강하고 다수이며 긍정적인 사건이 낮을 경우의 학교사회
복지사로서 역할을 개척하고 의미발견하기'는 관계 맺기, 식구로
인정받기, 전문성 발휘하기를 통해 학교 변화의 역할을 하면서 의

미를 발견할 것이다.

(11) '정체성 고민이 부정적이고 부정적 경험이 많고 일시적이며 지지
기반이 강하고 소수이며 긍정적인 사건이 높을 경우의 학교사회
복지사로서 역할을 개척하고 의미발견하기'는 관계 맺기, 식구로
인정받기, 전문성 발휘하기를 통해 학교 변화의 역할을 하면서 의
미를 발견할 것이다.

(12) '정체성 고민이 부정적이고 부정적 경험이 많고 일시적이며 지지
기반이 강하고 소수이며 긍정적인 사건이 낮을 경우의 학교사회
복지사로서 역할을 개척하고 의미발견하기'는 관계 맺기, 식구로
인정받기, 전문성 발휘하기를 통해 개인변화의 역할을 하면서 의
미를 발견할 것이다.

(13) '정체성 고민이 부정적이고 부정적 경험이 많고 일시적이며 지지
기반이 약하고 다수이며 긍정적인 사건이 높을 경우의 학교사회
복지사로서 역할을 개척하고 의미발견하기'는 관계 맺기, 식구로
인정받기, 전문성 발휘하기를 통해 개인변화의 역할을 하면서 의
미를 발견할 것이다.

(14) '정체성 고민이 부정적이고 부정적 경험이 많고 일시적이며 지지
기반이 약하고 다수이며 긍정적인 사건이 낮을 경우의 학교사회
복지사로서 역할을 개척하고 의미발견하기'는 관계 맺기, 식구로
인정받기, 전문성 발휘하기를 통해 개인변화의 역할을 하면서 의
미를 발견할 것이다.

(15) '정체성 고민이 부정적이고 부정적 경험이 많고 일시적이며 지지
기반이 약하고 소수이며 긍정적인 사건이 높을 경우의 학교사회
복지사로서 역할을 개척하고 의미발견하기'는 관계 맺기, 식구로
인정받기, 전문성 발휘하기를 통해 개인변화의 역할을 하면서 의
미를 발견할 것이다.

(16) '정체성 고민이 부정적이고 부정적 경험이 많고 일시적이며 지지
기반이 약하고 소수이며 긍정적인 사건이 낮을 경우의 학교사회
복지사로서 역할을 개척하고 의미발견하기'는 관계 맺기, 식구로
인정받기, 전문성 발휘하기를 통해 개인변화의 역할을 하면서 의
미를 발견할 것이다.

(17) '정체성 고민이 긍정적이고 부정적 경험이 많고 지속적이며 지지
기반이 강하고 다수이며 긍정적인 사건이 높을 경우의 학교사회
복지사로서 역할을 개척하고 의미발견하기'는 관계 맺기, 식구로
인정받기, 전문성 발휘하기를 통해 학교 변화의 역할을 하면서 의
미를 발견할 것이다.

(18) '정체성 고민이 긍정적이고 부정적 경험이 많고 지속적이며 지지
기반이 강하고 다수이며 긍정적인 사건이 낮을 경우의 학교사회
복지사로서 역할을 개척하고 의미발견하기'는 관계 맺기, 식구로
인정받기, 전문성 발휘하기를 통해 학교 변화의 역할을 하면서 의
미를 발견할 것이다.

(19) '정체성 고민이 긍정적이고 부정적 경험이 많고 지속적이며 지지
기반이 강하고 소수이며 긍정적인 사건이 높을 경우의 학교사회
복지사로서 역할을 개척하고 의미발견하기'는 관계 맺기, 식구로
인정받기, 전문성 발휘하기를 통해 학교 변화의 역할을 하면서 의
미를 발견할 것이다.

(20) '정체성 고민이 긍정적이고 부정적 경험이 많고 지속적이며 지지
기반이 강하고 소수이며 긍정적인 사건이 낮을 경우의 학교사회
복지사로서 역할을 개척하고 의미발견하기'는 관계 맺기, 식구로
인정받기, 전문성 발휘하기를 통해 개인변화의 역할을 하면서 의
미를 발견할 것이다.

(21) '정체성 고민이 긍정적이고 부정적 경험이 많고 지속적이며 지지

기반이 약하고 다수이며 긍정적인 사건이 높을 경우의 학교사회
복지사로서 역할을 개척하고 의미발견하기'는 관계 맺기, 식구로
인정받기, 전문성 발휘하기를 통해 개인변화의 역할을 하면서 의
미를 발견할 것이다.

(22) '정체성 고민이 긍정적이고 부정적 경험이 많고 지속적이며 지지
기반이 약하고 다수이며 긍정적인 사건이 낮을 경우의 학교사회
복지사로서 역할을 개척하고 의미발견하기'는 관계 맺기, 식구로
인정받기, 전문성 발휘하기를 통해 개인변화의 역할을 하면서 의
미를 발견할 것이다.

(23) '정체성 고민이 긍정적이고 부정적 경험이 많고 지속적이며 지지
기반이 약하고 소수이며 긍정적인 사건이 높을 경우의 학교사회
복지사로서 역할을 개척하고 의미발견하기'는 관계 맺기, 식구로
인정받기, 전문성 발휘하기를 통해 개인변화의 역할을 하면서 의
미를 발견할 것이다.

(24) '정체성 고민이 긍정적이고 부정적 경험이 많고 지속적이며 지지
기반이 약하고 소수이며 긍정적인 사건이 낮을 경우의 학교사회
복지사로서 역할을 개척하고 의미발견하기'는 관계 맺기, 식구로
인정받기, 전문성 발휘하기를 통해 개인변화의 역할을 하면서 의
미를 발견할 것이다.

(25) '정체성 고민이 부정적이고 부정적 경험이 많고 지속적이며 지지
기반이 강하고 다수이며 긍정적인 사건이 높을 경우의 학교사회
복지사로서 역할을 개척하고 의미발견하기'는 관계 맺기, 식구로
인정받기, 전문성 발휘하기를 통해 개인변화의 역할을 하면서 의
미를 발견할 것이다.

(26) '정체성 고민이 부정적이고 부정적 경험이 많고 지속적이며 지지
기반이 강하고 다수이며 긍정적인 사건이 낮을 경우의 학교사회

복지사로서 역할을 개척하고 의미발견하기'는 관계 맺기, 식구로
인정받기, 전문성 발휘하기를 통해 개인변화의 역할을 하면서 의
미를 발견할 것이다.

(27) '정체성 고민이 부정적이고 부정적 경험이 많고 지속적이며 지지
기반이 강하고 소수이며 긍정적인 사건이 높을 경우의 학교사회
복지사로서 역할을 개척하고 의미발견하기'는 관계 맺기, 식구로
인정받기, 전문성 발휘하기를 통해 개인변화의 역할을 하면서 의
미를 발견할 것이다.

(28) '정체성 고민이 부정적이고 부정적 경험이 많고 지속적이며 지지
기반이 강하고 소수이며 긍정적인 사건이 낮을 경우의 학교사회
복지사로서 역할을 개척하고 의미발견하기'는 관계 맺기, 식구로
인정받기, 전문성 발휘하기를 통해 개인변화의 역할을 하면서 의
미를 발견할 것이다.

(29) '정체성 고민이 부정적이고 부정적 경험이 많고 지속적이며 지지
기반이 약하고 다수이며 긍정적인 사건이 높을 경우의 학교사회
복지사로서 역할을 개척하고 의미발견하기'는 관계 맺기, 식구로
인정받기, 전문성 발휘하기를 통해 개인변화의 역할을 하면서 의
미를 발견할 것이다.

(30) '정체성 고민이 부정적이고 부정적 경험이 많고 지속적이며 지지
기반이 약하고 다수이며 긍정적인 사건이 낮을 경우의 학교사회
복지사로서 역할을 개척하고 의미발견하기'는 관계 맺기, 식구로
인정받기, 전문성 발휘하기를 통해 개인변화의 역할을 하면서 의
미를 발견할 것이다.

(31) '정체성 고민이 부정적이고 부정적 경험이 많고 지속적이며 지지
기반이 약하고 소수이며 긍정적인 사건이 높을 경우의 학교사회
복지사로서 역할을 개척하고 의미발견하기'는 관계 맺기, 식구로

인정받기, 전문성 발휘하기를 통해 개인변화의 역할을 하면서 의미를 발견할 것이다.

(32) '정체성 고민이 부정적이고 부정적 경험이 많고 지속적이며 지지기반이 약하고 소수이며 긍정적인 사건이 낮을 경우의 학교사회복지사로서 역할을 개척하고 의미발견하기'는 관계 맺기, 식구로 인정받기, 전문성 발휘하기를 통해 개인변화의 역할을 하면서 의미를 발견할 것이다.

(33) '정체성 고민이 긍정적이고 부정적 경험이 적고 일시적이며 지지기반이 강하고 다수이며 긍정적인 사건이 높을 경우의 학교사회복지사로서 역할을 개척하고 의미발견하기'는 관계 맺기, 식구로 인정받기, 전문성 발휘하기를 통해 학교, 지역사회 변화의 역할을 하면서 의미를 발견할 것이다.

(34) '정체성 고민이 긍정적이고 부정적 경험이 적고 일시적이며 지지기반이 강하고 다수이며 긍정적인 사건이 낮을 경우의 학교사회복지사로서 역할을 개척하고 의미발견하기'는 관계 맺기, 식구로 인정받기, 전문성 발휘하기를 통해 학교 변화의 역할을 하면서 의미를 발견할 것이다.

(35) '정체성 고민이 긍정적이고 부정적 경험이 적고 일시적이며 지지기반이 강하고 소수이며 긍정적인 사건이 높을 경우의 학교사회복지사로서 역할을 개척하고 의미발견하기'는 관계 맺기, 식구로 인정받기, 전문성 발휘하기를 통해 학교 변화의 역할을 하면서 의미를 발견할 것이다.

(36) '정체성 고민이 긍정적이고 부정적 경험이 적고 일시적이며 지지기반이 강하고 소수이며 긍정적인 사건이 낮을 경우의 학교사회복지사로서 역할을 개척하고 의미발견하기'는 관계 맺기, 식구로 인정받기, 전문성 발휘하기를 통해 학교 변화의 역할을 하면서 의

미를 발견할 것이다.

(37) '정체성 고민이 긍정적이고 부정적 경험이 적고 일시적이며 지지
　　기반이 약하고 다수이며 긍정적인 사건이 높을 경우의 학교사회
　　복지사로서 역할을 개척하고 의미발견하기'는 관계 맺기, 식구로
　　인정받기, 전문성 발휘하기를 통해 학교 변화의 역할을 하면서 의
　　미를 발견할 것이다.

(38) '정체성 고민이 긍정적이고 부정적 경험이 적고 일시적이며 지지
　　기반이 약하고 다수이며 긍정적인 사건이 낮을 경우의 학교사회
　　복지사로서 역할을 개척하고 의미발견하기'는 관계 맺기, 식구로
　　인정받기, 전문성 발휘하기를 통해 학교 변화의 역할을 하면서 의
　　미를 발견할 것이다.

(39) '정체성 고민이 긍정적이고 부정적 경험이 적고 일시적이며 지지
　　기반이 약하고 소수이며 긍정적인 사건이 높을 경우의 학교사회
　　복지사로서 역할을 개척하고 의미발견하기'는 관계 맺기, 식구로
　　인정받기, 전문성 발휘하기를 통해 개인변화의 역할을 하면서 의
　　미를 발견할 것이다.

(40) '정체성 고민이 긍정적이고 부정적 경험이 적고 일시적이며 지지
　　기반이 약하고 소수이며 긍정적인 사건이 낮을 경우의 학교사회
　　복지사로서 역할을 개척하고 의미발견하기'는 관계 맺기, 식구로
　　인정받기, 전문성 발휘하기를 통해 개인변화의 역할을 하면서 의
　　미를 발견할 것이다.

(41) '정체성 고민이 부정적이고 부정적 경험이 적고 일시적이며 지지
　　기반이 강하고 다수이며 긍정적인 사건이 높을 경우의 학교사회
　　복지사로서 역할을 개척하고 의미발견하기'는 관계 맺기, 식구로
　　인정받기, 전문성 발휘하기를 통해 학교 변화의 역할을 하면서 의
　　미를 발견할 것이다.

(42) '정체성 고민이 부정적이고 부정적 경험이 적고 일시적이며 지지
기반이 강하고 다수이며 긍정적인 사건이 낮을 경우의 학교사회
복지사로서 역할을 개척하고 의미발견하기'는 관계 맺기, 식구로
인정받기, 전문성 발휘하기를 통해 학교 변화의 역할을 하면서 의
미를 발견할 것이다.

(43) '정체성 고민이 부정적이고 부정적 경험이 적고 일시적이며 지지
기반이 강하고 소수이며 긍정적인 사건이 높을 경우의 학교사회
복지사로서 역할을 개척하고 의미발견하기'는 관계 맺기, 식구로
인정받기, 전문성 발휘하기를 통해 학교 변화의 역할을 하면서 의
미를 발견할 것이다.

(44) '정체성 고민이 부정적이고 부정적 경험이 적고 일시적이며 지지
기반이 강하고 소수이며 긍정적인 사건이 낮을 경우의 학교사회
복지사로서 역할을 개척하고 의미발견하기'는 관계 맺기, 식구로
인정받기, 전문성 발휘하기를 통해 개인변화의 역할을 하면서 의
미를 발견할 것이다.

(45) '정체성 고민이 부정적이고 부정적 경험이 적고 일시적이며 지지
기반이 약하고 다수이며 긍정적인 사건이 높을 경우의 학교사회
복지사로서 역할을 개척하고 의미발견하기'는 관계 맺기, 식구로
인정받기, 전문성 발휘하기를 통해 개인변화의 역할을 하면서 의
미를 발견할 것이다.

(46) '정체성 고민이 부정적이고 부정적 경험이 적고 일시적이며 지지
기반이 약하고 다수이며 긍정적인 사건이 낮을 경우의 학교사회
복지사로서 역할을 개척하고 의미발견하기'는 관계 맺기, 식구로
인정받기, 전문성 발휘하기를 통해 개인변화의 역할을 하면서 의
미를 발견할 것이다.

(47) '정체성 고민이 부정적이고 부정적 경험이 적고 일시적이며 지지

기반이 약하고 소수이며 긍정적인 사건이 높을 경우의 학교사회
복지사로서 역할을 개척하고 의미발견하기'는 관계 맺기, 식구로
인정받기, 전문성 발휘하기를 통해 개인변화의 역할을 하면서 의
미를 발견할 것이다.

(48) '정체성 고민이 부정적이고 부정적 경험이 적고 일시적이며 지지
기반이 약하고 소수이며 긍정적인 사건이 낮을 경우의 학교사회
복지사로서 역할을 개척하고 의미발견하기'는 관계 맺기, 식구로
인정받기, 전문성 발휘하기를 통해 개인변화의 역할을 하면서 의
미를 발견할 것이다.

(49) '정체성 고민이 긍정적이고 부정적 경험이 적고 지속적이며 지지
기반이 강하고 다수이며 긍정적인 사건이 높을 경우의 학교사회
복지사로서 역할을 개척하고 의미발견하기'는 관계 맺기, 식구로
인정받기, 전문성 발휘하기를 통해 학교 변화의 역할을 하면서 의
미를 발견할 것이다.

(50) '정체성 고민이 긍정적이고 부정적 경험이 적고 지속적이며 지지
기반이 강하고 다수이며 긍정적인 사건이 낮을 경우의 학교사회
복지사로서 역할을 개척하고 의미발견하기'는 관계 맺기, 식구로
인정받기, 전문성 발휘하기를 통해 학교 변화의 역할을 하면서 의
미를 발견할 것이다.

(51) '정체성 고민이 긍정적이고 부정적 경험이 적고 지속적이며 지지
기반이 강하고 소수이며 긍정적인 사건이 높을 경우의 학교사회
복지사로서 역할을 개척하고 의미발견하기'는 관계 맺기, 식구로
인정받기, 전문성 발휘하기를 통해 학교 변화의 역할을 하면서 의
미를 발견할 것이다.

(52) '정체성 고민이 긍정적이고 부정적 경험이 적고 지속적이며 지지
기반이 강하고 소수이며 긍정적인 사건이 낮을 경우의 학교사회

복지사로서 역할을 개척하고 의미발견하기'는 관계 맺기, 식구로 인정받기, 전문성 발휘하기를 통해 학교 변화의 역할을 하면서 의미를 발견할 것이다.

(53) '정체성 고민이 긍정적이고 부정적 경험이 적고 지속적이며 지지기반이 약하고 다수이며 긍정적인 사건이 높을 경우의 학교사회복지사로서 역할을 개척하고 의미발견하기'는 관계 맺기, 식구로 인정받기, 전문성 발휘하기를 통해 개인변화의 역할을 하면서 의미를 발견할 것이다.

(54) '정체성 고민이 긍정적이고 부정적 경험이 적고 지속적이며 지지기반이 약하고 다수이며 긍정적인 사건이 낮을 경우의 학교사회복지사로서 역할을 개척하고 의미발견하기'는 관계 맺기, 식구로 인정받기, 전문성 발휘하기를 통해 개인변화의 역할을 하면서 의미를 발견할 것이다.

(55) '정체성 고민이 긍정적이고 부정적 경험이 적고 지속적이며 지지기반이 약하고 소수이며 긍정적인 사건이 높을 경우의 학교사회복지사로서 역할을 개척하고 의미발견하기'는 관계 맺기, 식구로 인정받기, 전문성 발휘하기를 통해 개인변화의 역할을 하면서 의미를 발견할 것이다.

(56) '정체성 고민이 긍정적이고 부정적 경험이 적고 지속적이며 지지기반이 약하고 소수이며 긍정적인 사건이 낮을 경우의 학교사회복지사로서 역할을 개척하고 의미발견하기'는 관계 맺기, 식구로 인정받기, 전문성 발휘하기를 통해 개인변화의 역할을 하면서 의미를 발견할 것이다.

(57) '정체성 고민이 부정적이고 부정적 경험이 적고 지속적이며 지지기반이 강하고 다수이며 긍정적인 사건이 높을 경우의 학교사회복지사로서 역할을 개척하고 의미발견하기'는 관계 맺기, 식구로

인정받기, 전문성 발휘하기를 통해 개인변화의 역할을 하면서 의
미를 발견할 것이다.

(58) '정체성 고민이 부정적이고 부정적 경험이 적고 지속적이며 지지
기반이 강하고 다수이며 긍정적인 사건이 낮을 경우의 학교사회
복지사로서 역할을 개척하고 의미발견하기'는 관계 맺기, 식구로
인정받기, 전문성 발휘하기를 통해 개인변화의 역할을 하면서 의
미를 발견할 것이다.

(59) '정체성 고민이 부정적이고 부정적 경험이 적고 지속적이며 지지
기반이 강하고 소수이며 긍정적인 사건이 높을 경우의 학교사회
복지사로서 역할을 개척하고 의미발견하기'는 관계 맺기, 식구로
인정받기, 전문성 발휘하기를 통해 개인변화의 역할을 하면서 의
미를 발견할 것이다.

(60) '정체성 고민이 부정적이고 부정적 경험이 적고 지속적이며 지지
기반이 강하고 소수이며 긍정적인 사건이 낮을 경우의 학교사회
복지사로서 역할을 개척하고 의미발견하기'는 관계 맺기, 식구로
인정받기, 전문성 발휘하기를 통해 개인변화의 역할을 하면서 의
미를 발견할 것이다.

(61) '정체성 고민이 부정적이고 부정적 경험이 적고 지속적이며 지지
기반이 약하고 다수이며 긍정적인 사건이 높을 경우의 학교사회
복지사로서 역할을 개척하고 의미발견하기'는 관계 맺기, 식구로
인정받기, 전문성 발휘하기를 통해 개인변화의 역할을 하면서 의
미를 발견할 것이다.

(62) '정체성 고민이 부정적이고 부정적 경험이 적고 지속적이며 지지
기반이 약하고 다수이며 긍정적인 사건이 낮을 경우의 학교사회
복지사로서 역할을 개척하고 의미발견하기'는 관계 맺기, 식구로
인정받기, 전문성 발휘하기를 통해 개인변화의 역할을 하면서 의

미를 발견할 것이다.

(63) '정체성 고민이 부정적이고 부정적 경험이 적고 지속적이며 지지
기반이 약하고 소수이며 긍정적인 사건이 높을 경우의 학교사회
복지사로서 역할을 개척하고 의미발견하기'는 관계 맺기, 식구로
인정받기, 전문성 발휘하기를 통해 개인변화의 역할을 하면서 의
미를 발견할 것이다.

(64) '정체성 고민이 부정적이고 부정적 경험이 적고 지속적이며 지지
기반이 약하고 소수이며 긍정적인 사건이 낮을 경우의 학교사회
복지사로서 역할을 개척하고 의미발견하기'는 관계 맺기, 식구로
인정받기, 전문성 발휘하기를 통해 개인변화의 역할을 하면서 의
미를 발견할 것이다.

〈부록 5〉 연구 과정에 대한 평가

연구 과정에 의한 평가는 Strauss & Corbin(1998)가 제시한 일곱 가지 기준을 중심으로 평가하였다.

기준 1: 원래 표본은 어떻게 선정되었는가? 어떤 근거에서 선정되었는가?

본 연구에서는 한국 학교사회복지사의 역할수행 과정을 탐색하기 위하여 2003년 9월 현재 총 27명의 학교상주 학교사회복지사 중 10명을 의도적으로 표집하여 연구의 대상으로 삼았다. 그 기준은 첫째, 1년 이상의 활동 경험이 있는 자, 둘째, 학교사회복지사로서 경력이 많은 자, 셋째, 개별학교, 교육청, 학교사회사업실천가협회, 복지기관 등 4가지 운영주체를 모두 포함하는 것, 넷째, 중학교와 고등학교의 비율, 다섯째, 공립학교와 사립학교의 비율, 여섯째, 지역과 연구자의 접근성 그리고 마지막으로 본 연구에 자발적 참여의사를 밝힌 자 등 일곱 가지의 기준으로 연구 참여자를 선정하였다.

기준 2: 주요 범주로는 어떤 것들이 출현하였는가?

13개의 주요 범주가 도출되었다. 구체적 범주들은 '학교로 들어감', '부정적 경험', '정체성 고민', '개척하기', '지지기반', '긍정적 변화', '개인적 관계 형성', '식구로 받아들여짐', '전문성 발휘하기', '개인변화', '학교변화', '학교와 지역사회 연계', '의미발견'이다.

기준 3: 이러한 주요 범주를 나타내는 사건이나 행동 (척도 : indicator)에는 어떤 것이 있는가?

범주를 나타내는 사건이나 행동은 자료로부터 확인할 수 있었다. 예를 들어

"솔직히 정체성에 대한 혼란은 지금도 느껴요. 내가 뭐하는 사람인가. 내가 이 일을 평생 할 수 있을까. 내 그 이후의 일은 무엇일까.(중략) 내가 주력해야 될 일이 뭔가. 그리고 내가 할 것과 안 해도 될 것은 뭔가. 그런 것들이 고민이 되고...."

의 자료는 '정체성 고민'의 범주에서 존재에 대한 고민을 나타내었다.

기준 4: 어떤 범주에 기초하여 이론적 표본추출이 진행되었는가? 다시 말하면 이론 형성과정이 자료 수집과정을 어떻게 인도했는가? 이론적 표본추출이 끝난 후에 각 범주들은 어느 정도까지 자료를 대표하는 것으로 밝혀졌는가?

주로 '정체성 고민', '개척하기', '지지기반', '관계맺기', '식구로 인정받기', '전문성 발휘하기', '개인변화', '학교 변화', '학교와 지역사회 연계', '의미발견' 등의 범주를 기초로 하여 '학교사회복지사는 학교에서 구성원으로 인정되고 소속감을 경험하며, 이를 바탕으로 임상적, 학교 변화, 학교와 지역사회 변화 등의 전문성을 모두 발휘할 때에, 학교사회복지사로서 정체성을 느끼면서 역할수행을 할 수 있다'는 이론적 표본 추출을 하였다. 각 범주들은 추출된 이론을 구축하는 핵심 요소이며, 이외의 타 범주들은 이론을 풍부하게 설명해 주는 배경 요소로 나타났다.

기준 5: 개념적 관계에 관련된 가설들은 어떤 것들이며, 어떤 근거 하에 이들이 형성되고 검증되었는가?

범주와 각각의 속성과 차원을 통한 다양한 조합에 근거하여 지속적인 비교과정을 거치면서 개념들 간의 상호 관련성을 발견하게 되었다.

예를 들면

> "정체성 고민이 긍정적이고 부정적 경험이 적고 일시적이며 지지기
> 반이 강하고 소수이며 긍정적인 사건이 높을 경우의 학교사회복지사로
> 서 역할을 개척하고 의미 발견하기는 관계 맺기, 식구로 받아들여짐,
> 전문성 발휘하기를 통해 학교와 지역사회연계의 역할을 하면서 의미를
> 발견할 것이다."

등의 형태로 발견되었다.

기준 6: 가설들이 자료에서 일어나는 일을 설명하지 못하는 경우가
있었는가? 이러한 불일치들은 어떻게 설명이 되었는가? 가
설이 변경되었는가?

본 연구자는 다양한 맥락적 조건과 중재적 조건의 속성과 차원을 고
려하여 64가지의 관계진술을 설정하였다. 따라서 있을 수 있는 경우의
수를 모두 가설로 설정하여 설명되지 못한 가설은 없었다.

기준 7: 핵심범주는 어떻게 선택되었으며 왜 선택되었는가? 이와 같
이 모으는 작업이 갑작스럽게 일어났는가. 점진적으로 일어
났는가? 쉬웠는가, 어려웠는가? 어떤 근거 하에 최종적인
분석적 결정이 이루어졌는가?

본 연구에서 축코딩 과정에서 핵심범주에 대한 윤곽이 설정되었고
핵심범주를 명명하는 과정은 크게 어렵지 않았다. 왜냐하면 본 연구에
서 파악하고자 하는 핵심적인 사항은 학교사회복지사의 역할수행과정
은 어떠한가? 이며 그 과정은 개방코딩에서 중심현상으로 나타났기 때
문이었다. 다만 개방코딩을 통한 전반적인 과정을 검토하면서 '어려움'
도 핵심범주가 될 수 있다고 생각하였으나 개념들과 하위범주를 면밀

하게 분석한 결과 '어려움'은 존재하였지만 학교사회복지사의 역할수행은 '어려움'만 있지 않는 '개척하기'에 가까운 과정이라 판단되어 '개척하기'로 명명하게 되었다. 그 결과 3가지로 유형화 될 수 있으며 그 의미를 검토를 통해 명확하게 발견되었다.

〈부록 6〉 연구의 경험적 근거에 대한 결론

연구의 경험적 근거는 Strauss & Corbin(1998)가 제시한 8가지를 기준으로 평가하였다. 그러나 엄격하고 고정된 평가 규칙으로 받아들여지지 말아야 한다는 지적과 자신만이 절차적 작업 진행했을 때 스스로 밝힐 수 있다는 것, 그리고 자신의 연구 관점 및 연구 과정에 대한 반응을 짤막하게 설명하는 것이 유용할 수 있다는 지적도 함께 고려하여 평가하였다.

기준 1: 개념이 생성되었는가?

개념은 각 자료를 3번 이상 정독하고 난 이후에 실시한 질문하기와 지속적 비교하기 과정을 통한 개방 코딩을 통하여 생성하였다.

기준 2: 개념들이 체계적으로 연결되었는가?

현실기반적 접근에서 중요하게 생각하는 것은 체계적 개념화와 연결이다. 따라서 개념의 생성은 사건과 사건의 비교를 통해 생성하였고, 생성된 개념에 대한 속성을 고려하여 각 개념의 속성과 비교를 통해 체계적으로 연결하였다.

기준 3: 많은 개념적 연결이 존재하는가? 그리고 범주들은 잘 발전되었는가? 범주들이 개념적 밀도를 가지고 있는가?

범주는 연결의 견고성을 강조한다. 이것은 각각의 하위범주와의 관계 및 개개 범주와 더 큰 핵심범주와도 연관되어 있다. 따라서 차원화 할 수 있는 많은 속성을 지닌 치밀한 밀도를 가져야 한다. 본 연구에서 제시된 개념과 범주와의 밀도는 비교적 밀도가 높다고 할 수 있겠다.

기준 4: 변화가 이론 내에 들어 있는가?

개념이 다양한 조건하에서 발전한 것을 나타내는 변화는 매우 중요하게 다루어야 한다. 본 연구에서는 단일한 조건들을 결합하기보다는 맥락적 조건과 중재적 조건을 함께 고려하여 64가지의 발전을 검사하였기 때문에 시간의 흐름에 따른 변화를 설명하였다.

기준 5: 변화가 발견될 수 있는 조건들이 연구 내에 포함되어 있으며 설명되어 있는가?

한 현상에 대한 모든 설명은 그것이 발견될 수 있는 조건을 포함해야 한다. 본 연구에서는 중요한 조건으로 환경적 변화에 대하여는 자세히 설명하였으나 참여자들의 정체성 고민에 대한 내재적 원인에 대하여는 연구의 한계로 남겨두었다. 왜냐하면 본 연구의 목적은 역할수행 과정을 밝히는 것이 우선이고, 또한 변화가 발견될 수 있는 조건에 대한 참여자들의 전문성 정도나 성격 및 태도 등은 다른 차원의 연구가 되므로 본 연구에서는 다루지 않았다. 그러나 그 외의 변화 조건에 대하여는 충분히 설명되어져 있다고 판단된다.

기준 6: 과정이 고려되어 있는가?

과정을 밝히는 것은 이론 사용자가 변화하는 조건하에서 행동을 설명할 수 있기 때문에 중요하다. 따라서 본 연구에서는 시간의 흐름에 따라 핵심범주를 통한 다양한 상황적 조건에 따라 작용/상호작용 행동의 변화를 설명하였다. 각 단계는 학교 진입 전 단계, 정체성 고민 단계, 스스로 찾음 단계, 인정받음 단계, 변화하기 단계이다.

기준 7: 이론적 발견 사항이 의미 있어 보이는가? 어느 정도까지 그러한가?

본 연구의 결과는 학교 조직에 없었던 학교사회복지사가 학교 조직

안에서 어떠한 경험과 과정을 통해 학교사회복지사의 역할을 수행하는
가를 나타내었다. 이러한 결과를 통해 학교사회복지사는 어떠한 자질을
갖추어야 하며, 어떻게 역할을 정립하면서 정체성을 확립해야 하는가의
의미를 발견할 수 있었다. 그리고 어떠한 역할이 직무로 정립하여 제도
적인 조건을 확립할 것인가의 의미도 발견할 수 있었다.

기준 8: 이론이 시간의 시험을 거쳐서 관련 사회집단 및 전문가 집단에 이루어지는 토의와 생각의 일부가 되었는가?

본 연구에서는 분석과정 동안 전문가 집단과의 끊임없는 토의과정과
확인과정을 통해 '연구결과가 과정을 잘 내포하고 있는가?', '연구결과의
제시는 어떠한 의미가 있는가'를 확인하였다. 그 결과 전문가 집단과의
결과는 연구결과를 뒷받침 해주었고, 토의내용의 대부분이 연구결과와
일치하였다.

· 저자 ·

윤철수   · 약 력 ·
     숭실대학교 사회과학대학 사회사업학과 졸업
     숭실대학교 대학원 사회사업학 석사
     가톨릭대학교 대학원 사회복지학 박사

     한국교육개발원 교육복지투자우선지역지원사업 중앙연구지원센터 연구위원
     한국학교사회복지사협회부설 교육복지연구소 소장
     충청남도 천안시 교육청 교육복지 연구지원센터 책임연구원
     인천광역시 교육복지투자우선지역지원사업 연구지원센터 연구원
     한국학교사회복지 자격관리위원회 위원
     현   나사렛대학교 사회복지학부 교수

   · 주요논저 ·
     「학교사회복지서비스의 효과성 측정 척도 개발」
     「학교사회복지 운영 및 실습 실태에 관한 연구」
     「학생 교육권 보장과 교육복지」
     「학교사회복지사의 역할 형성화 과정」
     「지역사회교육전문가의 역할 형성화 과정」
     「학교사회복지사의 직무 분석 및 표준화 방안 연구」
     『산타가 만난 아이들』
     『학교사회복지의 이론과 실제』(공저)
     『사회복지시실천론』(공저)
     『학교교육과 사회복지』(공저)
     외 다수

한국학교사회복지사의 역할
찾아가는 이야기

• 초판 인쇄	2006년 11월 10일
• 초판 발행	2006년 11월 10일
• 지 은 이	윤철수
• 펴 낸 이	채종준
• 펴 낸 곳	한국학술정보㈜
	경기도 파주시 교하읍 문발리 526-2
	파주출판문화정보산업단지
	전화 031) 908-3181(대표) · 팩스 031) 908-3189
	홈페이지 http://www.kstudy.com
	e-mail(출판사업부) publish@kstudy.com
• 등 록	제일산-115호(2000. 6. 19)
• 가 격	29,000원

ISBN   89-534-5890-0 93330 (Paper Book)
       89-534-5891-9 98330 (e-Book)